디지털 건축을 위한

Rhino 3D 6
REALITY

DIGITAL BOOKS since 1999

www.digitalbooks.co.kr

디지털 건축을 위한

Rhino 3D 6
REALITY

| 만든 사람들 |

기획 IT · CG 기획부 **┃ 진행** 양종엽 · 김선화 **┃ 집필** 이행종 **┃ 편집 · 표지 디자인** D.J.I books design studio

| 책 내용 문의 |

도서 내용에 대해 궁금한 사항이 있으시면,
저자의 홈페이지나 디지털북스 홈페이지의 게시판을 통해서 해결하실 수 있습니다.

디지털북스 홈페이지 www.digitalbooks.co.kr
디지털북스 페이스북 www.facebook.com/ithinkbook
디지털북스 카페 cafe.naver.com/digitalbooks1999
디지털북스 이메일 digital@digitalbooks.co.kr
저자 카페 cafe.naver.com/rhino3dworld
저자 이메일 leeceros@naver.com

| 각종 문의 |

영업관련 hi@digitalbooks.co.kr
기획관련 digital@digitalbooks.co.kr
전화번호 (02) 447-3157~8

Rhino 3D는 제품뿐 아니라 건축, 주얼리, 선박 등 다양한 분야에서 형상을 쉽고 빠르게 모델링 할 수 있는 3D 프로그램입니다. 단순한 형태부터 자유로운 곡선의 유기적인 모델링까지 가능하며 데이터 호환성도 뛰어나 여러 분야에서 쉽고 빠르게 접근할 수 있는 효율성이 뛰어난 프로그램입니다.

본 책은 건축 모델링 예제를 통해 기본 명령어들을 활용하여 다양한 건축 형상을 모델링하는 방법을 제시합니다. 라이노를 처음 접하는 분들도 이 책을 다 읽었을 때는 자신감을 가지고 모델링에 도전할 수 있을 것입니다.

책의 도입부에서는 Rhino 3D에 사용되는 NURBS에 대한 개념과 용어를 설명함으로써 라이노를 보다 체계적으로 이해하고 접할 수 있도록 했습니다. 또한 Rhino 6로 버전업되면서 새롭게 추가된 명령어들을 정리했습니다.

모델링 예제가 시작되는 챕터부터는 라이노의 명령을 다양하게 활용하고 응용할 수 있도록 설명합니다. 모델링 작업 중에 발생할 수 있는 문제점들을 해결하는 방법 등에 대해서도 다루었습니다.

책의 후반부에서는 건축에서 많이 사용되는 플러그인의 기본적인 활용 방법에 대해서 설명합니다. 또한 렌더링 부분에서 최근에 나온 Twinmotion을 활용하는 과정을 배울 수 있도록 구성했습니다.

3D 모델링의 노하우는 명령어의 개념을 이해하고 다양한 형태를 만들어 보면서 얻어지는 경험의 산물입니다. 꾸준히 시간을 투자하고 앞으로 나아간다면 누구나 자신의 분야에서 라이노를 활용하여 작업을 할 수 있을 것입니다.

라이노를 시작하는 분들에게 이 책이 좋은 지침서가 되기를 바랍니다. 더욱 업그레이드된 Rhino 3D 6를 통해 즐겁게 모델링하는 시간이 되기를 기원합니다.

저자 이행종

목차

1

시작만이 능사가 아니다!

→ Rhinoceros와 NURBS에 대한 고찰

Lesson 01　Rhino 3D란 어떤 프로그램인가?

Rhinoceros(Rhino 3D)는 1998년 10월에 처음으로 배포되었습니다. 미국의 McNeel사에서 10년 동안 연구해서 만든 프로그램입니다. NURBS 이론을 기반으로 한 자유로운 모델 형상을 만들 수 있는 Rhinoceros(라이노 3D)는 많은 크리에이터·디자이너·설계자들을 만족시킬 수 있는 3차원 모델링 툴입니다.

자유 곡면 모델링은 뛰어난 조작성으로 디자이너의 아이디어를 그대로 이미지화하여 표현할 수 있게 합니다. 3차원 모델을 구현할 수 있으며 어려운 제조 공정으로 요구되는 사양이나 고정밀도의 모델링을 용이하게 실시할 수 있어 컨셉 디자인으로부터 제조 모델까지 모든 공정에 자유롭고 쾌적한 모델링 환경을 제공합니다.

❶ 라이노의 특징

Rhinoceros(Rhino 3D)의 가장 큰 특징은 다양한 데이터 포맷을 지원한다는 것입니다. DXF, DWG는 물론 IGES나 STEP, 그리고 SAT나 Parasolid 등의 파일 포맷도 지원해 CATIA, Cero, I-DEAS, SolidWorks 등의 CAD와의 데이터 교환이 자유롭습니다. 그리고 다각형 메쉬의 정밀도와 밀도의 옵션을 설정해 STL, OBJ, LWO, DXF 등으로 변환 출력도 할 수 있습니다. Rhino 3D의 다양한 데이터는 가상 CG는 물론, RP 모델이나 금형의 CAD, CAM의 데이터 입출력을 순조롭게 합니다.

3D CAD파일형식	파일형식			파일형식	3D CAD
CATTA	IGES	**Rhinoceros**		3DS	3D MAX
Unigraphics	STEP	Rhino 3D Data		IGES	Alias
I-DEAS	DWG/DXF	Export(내보내기)		STEP	Cinema4D
Pro/Engineer	Parasolid			DWG/DXF	MAYA
SolidWorks	ACIS	변환		OBJ	Softimage
Inventor	STL			VRML	Light Wavw 3D
IronCAD	기타			Polygon	기타
ThinkDesign				기타	
기타					

2D CAD/DTP		
Auto CAD 기타	JPEG BMP AI DWG/DXF 기타	Illustrator PhotoShop 기타

Rhino 3D의 메리트

· 서피스의 자유도와 다른 CAD와의 호환성이 좋습니다.
· 디자인 목업을 만드는 것이 가능합니다.
· 디자인 스케치 작성 시간을 단축시킵니다.
· 저비용으로 질 높은 서피스를 작성할 수 있습니다.
· 설계 데이터로 활용할 수 있는 정밀도 모델링이 가능합니다.
· 인터페이스가 쉽습니다.

> **반울림**　RP란 무엇입니까?
>
> 급속조형 기술(Rapid Prototype)을 일컫습니다. 액상의 합성수지나 ABS수지, 금속분말 등으로 오브젝트를 적층하여 형상을 만드는 방법으로 기존의 전통적인 금형 제작이 아닌 RP 장비를 이용해 신속 정확하게 Master Model이나 시제품(Prototype)을 제작할 수 있는 기술입니다.

Lesson 02   모델링 표현 방식

3차원 형상을 컴퓨터로 모델링하는 것에는 다양한 방식들이 존재합니다. 그 특성들을 이해하여 자신이 지금 어떤 작업을 수행해야 하는지를 이해하고, 그에 맞는 툴을 찾아 습득하여 자신의 분야에 맞게 활용해야 합니다. 여기서는 모델링 표현 방식을 아래와 같이 크게 3가지로 나누어 보았습니다.

❶ 솔리드 모델링 방식

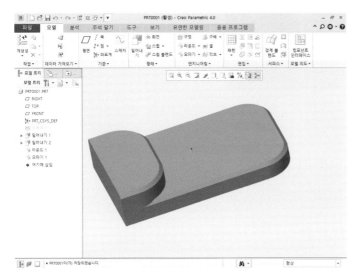

Cero4에서의 작업

솔리드라는 하나의 입체를 정의해두고 조각도로 깎아내듯 모델을 만들어가는 방식을 말하며 대표적인 프로그램으로는 Cero, I-DEAS, SolidWorks, SolidEdge 등이 있습니다. 보통 기구, 설계에 중점을 두고 모델링을 해 나갑니다.

❷ 서피스 모델링 방식

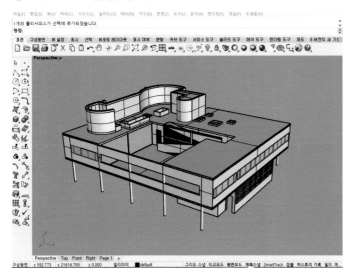

Rhino 3D에서의 작업

커브를 사용하여 오브젝트 전체의 골격을 만들어 두고, 커브와 커브를 연결하여 서피스를 만들어 나가는 방식입니다. 주로 NURBS(넙스) 방식을 채용한 모델러들의 대표적 방법입니다. 프로그램으로는 Solidthinking, Rhinoceros(Rhino 3D), Alias/Wavefront 등이 있습니다.

❸ 폴리곤(Polygon) 모델링 방식

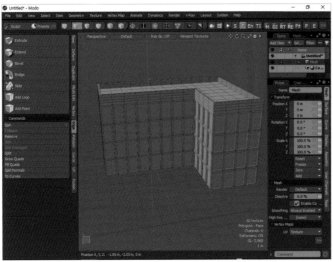

같은 평면상에 위치하는 3개나 4개의 점 (각각 X, Y, Z 좌표를 가집니다)을 연결하여 묶은 형상을 1개의 폴리곤이라고 했을 때, 이러한 집합에 의해 3차원의 기하 형상을 만들어 마치 찰흙 공작처럼 소성 변형하여 표면을 누르거나 당겨서 형태를 만드는 방식입니다. 대표적인 프로그램은 3D Max나 Modo입니다.

Modo에서 Polygon 작업

❹ 소프트웨어의 분류

소프트웨어의 모델링 방식과 사용 용도에 따른 분류입니다.

CG(Computer Graphics)				
소프트웨어 분류				
Product(제품)		Entertainment (영화,Game,캐릭터)	Architecture(건축)	
디자인	기구/설계			BIM
		3D Max		
	Cero	Blender		
Rhino 3D	Catia	Cinema4D	SketchUp	Revit
Alias AutoStudio	NX	LigthWave3D	Bonzai3D	ArchiCAD
Solidthinking	IGEAS	Maya	Form-Z	Vectorworks
	Solidworks	Modo		
		Shade		
모델링 방식				
NURBS		Polygon Subdivison	NURBS Polygon	

최근 하이브리드를 추구하는 경향에 따라 NURBS와 Subdivision를 병행하는 소프트웨어가 많습니다.

Lesson 03 간단히 알아보는 커브의 역사

3차원 데이터를 표현하는 방법은 다양합니다. 그중에서도 점, 선, 면들은 물체를 표현하는 데 있어서 가장 기본적인 요소입니다. 이런 기본 요소들을 표현하기 위해서 가장 중요한 용어가 바로 스플라인(Spline)입니다.

❶ Spline에 대하여

초창기 스플라인은 건축자나 선박 제조업자들이 건물이나 선박의 곡률을 맞추기 위해 사용했던 가느다란 철사나 나무 등의 도구를 일컫는 말이었습니다. 1960년대 이후 커브나 곡면을 컴퓨터로 표현하기 시작하면서부터 스플라인은 곡선이나 곡면을 표현하는 중요한 요소가 되었습니다.

스플라인은 제어점과 제어점의 변형을 통해서 곡률을 쉽게 제어할 수가 있어 부드러운 커브나 곡면의 표현이 가능하게 되었습니다. 스플라인은 크게 Bezier와 NURBS로 분류할 수 있습니다.

☑ Bezier Spline

1971년 르노 자동차 공장의 엔지니어였던 베지어(Pierre Bezier)가 제안한 곡선 표현 방식입니다. 그러나 복잡한 형상의 곡선을 표현할 때는 커브의 차수가 높아져 계산량이 늘어나고, 곡선 형상의 진동이 생기고, Control point를 이용한 국부 조정이 불가능하다는 한계가 있었습니다. 이를 해결하기 위해 De Boor, Cox 등에 의해 제안된 것이 B-spline입니다.

☑ B-Spline

B-Spline 곡선은 베지어 곡선의 일반화된 형태입니다. 제어점들이 일정한 범위에만 영향을 미치기 때문에 모양을 바꾸지 않고 국부 조정을 해 줄 수 있고, 또한 차수를 증가시키지 않고서도 복잡한 형태의 곡선을 표현할 수 있습니다. 이런 국부 조정이 가능하게 된 것은 매듭점, 즉 Knot 덕분입니다. 각 세그먼트들이 연결되는 연결점을 Knot라 하고, 이 점에서의 매개변수 값을 Knot Value라 합니다. 이러한 Knot가 연속되는 값의 집합을 Knot Vector라고 부릅니다.

☑ NURBS(Non-Uniform Rational B-Spline)

비균일 유리화 B-스플라인을 넙스라고 합니다. 컴퓨터는 넙스를 기반으로 하여 곡선이나 서피스를 3D 형상으로 정확하고 자유롭게 표현합니다. 현재까지 나온 모델링 방식 중에서 가장 진보된 방식 중의 하나입니다.

NURBS를 그대로 해석하면 '비균일 유리화 B-스플라인'이지만, 이 단어에는 눈으로 보이지 않는 복잡한 수학적 개념들이 포함되어 있습니다. 이 장에서는 넙스의 개념에 대해 간략히 설명하고, Rhino 3D와 어떠한 관계가 있는지 알아보겠습니다.

❶ NURBS 커브의 구성요소

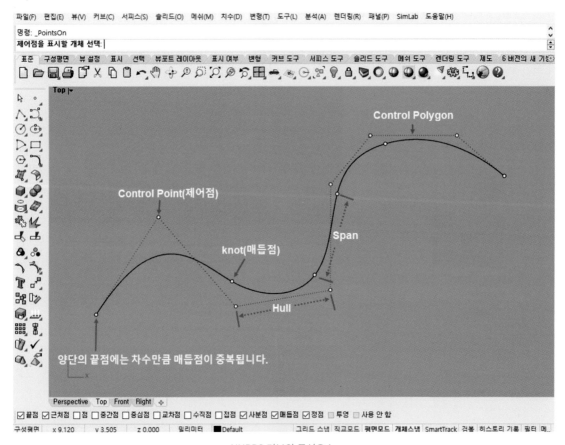

NURBS 커브의 구성요소

① Control Point(CP) 타 프로그램에서는 CV(Control Vertice)라고도 합니다. 커브를 편집할 때 주로 사용됩니다. 제어점이라고도 합니다.

② Hull 두 CP를 연결한 마디를 말합니다.

③ Span Knot와 Knot 사이를 말합니다. Segment라고도 합니다.

④ Knot CP를 추가시키기 위한 파라미터 값이며 선의 곡률을 유지해주는데 중요한 역할을 합니다.

⑤ Control Polygon CP와 CP 구간에 나타나는 가는 점선을 말합니다.

❷ NURBS를 구성하는 4개의 키워드

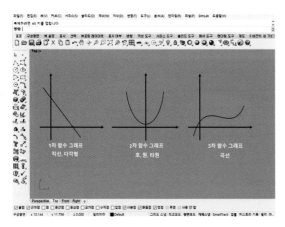

차수에 따른 그래프

① 차수(Degree)

넙스는 B - 스플라인 곡선의 동료로, B - 스플라인 곡선은 3차원 공간에 그려진 n차식(차수)의 그래프입니다. 1차 함수라면 정비례나 반비례의 그래프가 '직선'이나 '2개의 곡선'으로 나타납니다. 2차 함수라면 U자형의 포물선 형태를 띕니다. 3차 함수라면 N자형이 됩니다. 자유곡선을 그리기 위해서는 최소 Degree가 3 이상인 커브가 필요합니다. 컴퓨터는 이런 곡선을 수식으로 그리며 그것은 3차원 공간상에 나타납니다.

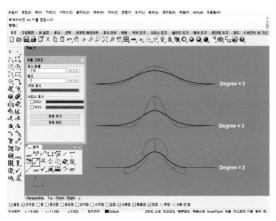

차수에 따른 곡률 그래프

차수가 높아질수록 곡률이 부드러워집니다. Degree = 2 일 때는 곡률이 불연속하여 그래프가 끊긴다는 것을 확인할 수 있습니다. 라이노에서 차수가 2인 형태는 원, 호, 타원입니다. 서피스를 만들 때 꼭 기억해 두시기 바랍니다.

반올림   차수와 선의 상관관계

차 수	Degree = 1	Degree = 2	Degree = 3
형태	Polyline, Polygon Rectangle	Arc, Circle, Eilipse	자유곡선
곡률	없음	불연속	연속
서피스 생성 시	Polysurface	단일 서피스 또는 Polysurface	단일 서피스
CP 에디팅	원칙적으로 불가	원칙적으로 불가	가능

위의 표는 제품이나 건축뿐만 아니라 비정형 형태의 형상을 만들거나 곡면을 만들 때 가장 기본이 되는 내용이므로 꼭 머릿속에 기억해 두고 상황에 맞게 응용할 수 있어야 합니다.

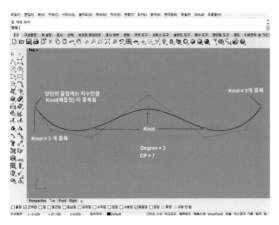

CP와 Knot

② 제어점(CP) 개수

NURBS의 커브나 서피스에서 CP 수는 적어도 Degree + 1개의 포인트 리스트를 가집니다. Knot 수 = CP 수 + Degree – 1입니다. 아래 그림의 그래프에서 차수는 3이고 CP가 7개이므로 Knot의 개수는 7 + 3 - 1, 즉 9개입니다.

반올림   Order란 무엇인가요?

라이노에서 Order는 Degree(차수) + 1을 뜻합니다. Degree를 표현하기 위한 최소한의 CP(Control Point) 수입니다. 예를 들어 Degree = 3인 커브를 그리기 위해서는 CP가 최소 4개 이상 필요합니다. 만약 CP 수가 3개면 이는 Degree가 2인 곡률 불연속의 커브가 됩니다. 곡률 연속인 커브를 쓰기 위해서는 Degree = 3 이상, CP 4개 이상이 필요합니다. Order = Degree + 1 식에 의해 기본적인 차수의 CP 수가 결정됩니다. (Degree = 3은 CP 4개, Degree = 4는 CP 5개, Degree = 6은 CP 7개)

차수와 Order와의 관계는 다음과 같습니다.

Degree(차수)	Degree = 1	Degree = 2	Degree = 3	Degree = 5
최소 CP수(Order) = Degree + 1	2	3	4	6
커브 형태	직선	원, 타원, 호	자유곡선	자유곡선

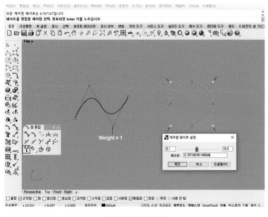

원의 Weight값

③ 제어점(Control Point)

NURBS 커브의 지오메트리를 변경하는 가장 간단한 방법입니다. 제어점(Control Point)은 적어도 차수 + 1개를 가집니다. CP마다 좌표값과 Weight를 가집니다. 원의 경우 웨이트값은 외접하는 정방형의 각 변의 중점에서 1입니다. 각 정점에서는 0.707107의 웨이트값을 가집니다.

가중치를 뜻합니다. NURBS의 오브젝트는 CP의 좌표치, NURBS를 표현하는 차수, CP가 가진 Weight값으로 자유 곡선을 표현합니다. Rhino 3D로 만드는 자유 곡선 CP의 Weight는 1입니다. 제어점의 웨이트는 커브 또는 서피스가 제어점에 얼마나 많이 이끌리는가와 관계합니다.

④ Knot Vector

NURBS에 따른 자유 곡선은 CP의 좌표치와 웨이트에 의해 표현되지만, NURBS 커브 자체는 Knot라 불리는 커브상의 점으로써 몇 개의 세그먼트로 나누어져 있습니다. 이 연속된 값의 집합을 Knot Vector라고 합니다. Knot점을 기준으로 자르면 포인트가 추가되지 않습니다.

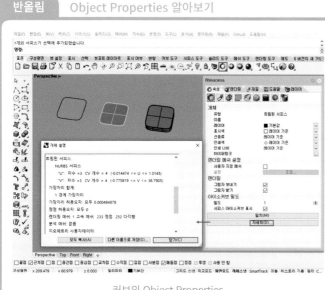

F3 키를 누르면 시행되는 명령입니다. 오브젝트의 특성을 알고 싶을 때 활용합니다. 선택한 오브젝트의 정보를 살펴볼 수 있습니다

커브의 Object Properties

❸ Uniform 과 Non-Uniform 비교

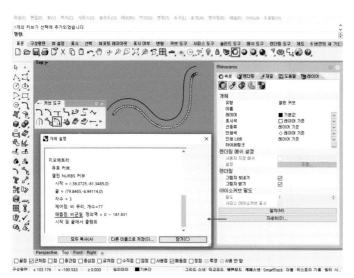

NURBS가 Non-Uniform(비균일)하다는 것은 Knot의 간격이 일정하지 않다는 말입니다. NURBS에서 곡률이 급격한 곳에서는 Knot의 간격이 좁아지고, 곡률이 완만한 곳에서는 간격이 넓어져 서피스의 표현력을 극대화할 수 있습니다. 라이노에서 커브나 서피스는 필요에 따라서 Knot를 비균일하게 배치합니다. 대표적인 명령이 옵셋명령입니다.

Sweep 2 Rail로 생성된 면과 커브

❹ Rational 과 Non-rational

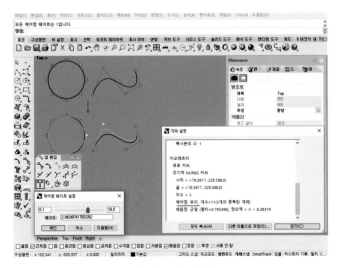

커브의 Weight 변경

NURBS는 기본적으로 Rational(유리)로 표현됩니다. Rational을 사용하는 이유인 원근 변환 곡선을 얻기 위해서는 기반 함수 자체가 유리 함수여야 합니다. 이런 원근 변환을 Rhino 3D에서는 CP에 Weight값을 갖게 하여 표현합니다. CP의 Weight값을 변경하면 Rational이 됩니다. Rhino 3D에서 NURBS 커브는 Weight가 모두 1인 Non-rational입니다.

❺ 파라메트릭 곡면

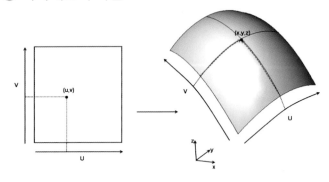

파라메트릭 곡면 생성

1조의 파라미터(u, v)를 편성하여 u, v에 각각 적당한 값을 주면 대응하는 점(x, y, z)이 만들어집니다. u, v를 각각 독립적으로 범위 내에서 무한히 변화를 주면 점들이 생성되는데, 그때의 점들을 모으면 하나의 곡면이 됩니다. 즉 u, v로부터 점(x, y, z)에 대응되어 얻을 수 있는 곡면을 파라메트릭 곡면이라고 합니다. 관례에 의해 가로 방향을 U, 세로 방향을 V로 합니다.

❻ 라이노 3D 서피스의 구성

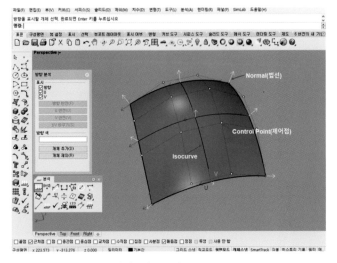

서피스의 U, V와 Isocurve

라이노 서피스는 서피스의 방향을 나타내는 U, V와 서피스의 안과 밖을 나타내는 Normal(법선)과 서피스를 편집할 수 있는 Control Point, 그리고 Knot에서 생성되는 Isocurve로 구성됩니다.

Lesson 05   NURBS 사용 시 유의점

라이노는 NURBS의 요소를 직접 조작할 수 있습니다. 사용자가 엉뚱한 조작을 해 모델링을 하면 작성된 곡선이나 곡면은 라이노 이외의 시스템에서는 받아들여지지 않습니다. 그러므로 다음과 같은 사항을 이해하고 작업해야 합니다.

1. CP(Control Point, 제어점)가 교차하거나 인접해서 꼬이거나 겹치지 않도록 해야 합니다.
2. CP 간격이 극단적으로 불균일할 경우 작업 시 오류가 발생하기도 합니다.
3. 노트 간격이 극단적으로 불균일할 때 연산에 실패할 수 있습니다.
4. 모든 오브젝트는 중복되지 않아야 합니다.

2

Rhino 3D 6 인터페이스

→ 작업환경(Interface) 알아보기

처음 라이노 3D를 시작하는 분들에게 인터페이스를 이해하는 것은 가장 빨리 라이노 프로그램과 친해질 수 있는 방법입니다. 라이노5에서 라이노6으로 업그레이드되면서 새로운 명령과 기능이 향상되었습니다. 도움말 기능을 활용하면 새로운 기능을 이해하는 데 많은 도움이 될 것입니다.

라이노 3D는 Auto CAD와 같은 명령어 입력 방식을 겸하고 있어서 기존 CAD 사용자들에게는 친숙한 인터 페이스를 가지고 있습니다.

전반적인 화면 인터페이스 살펴보기

툴바에 어떤 명령 아이콘이 있으며 숨겨진 툴바가 어디에 있는지 숙지하면 라이노 3D를 보다 쉽게 접할 수 있고, 모델링 작업을 능률적이고 효율적으로 수행할 수 있습니다.

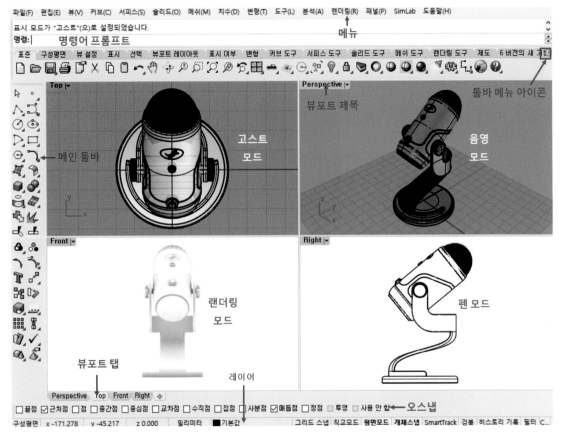

1️⃣ 문자로 된 메뉴 바나 아이콘의 툴바 모두 명령어를 실행시킬 수 있습니다.

2️⃣ Command area의 행수는 마우스로 드래그해 바꿔줄 수 있습니다.

   Command area에 대한 내용은 F2 키를 눌러서 History 창으로 볼 수 있습니다.

3️⃣ 툴바는 크게 Standard 툴바와 Main 툴바로 나뉩니다.

   이들 툴바에서 마우스로 드래그해 이동하는 툴바를 Floating 툴바라 부릅니다.

4️⃣ Status bar(상태 바)의 좌표계는 마우스를 클릭하면 World axis(실세계 좌표계)로 바뀝니다.

   작업 시 마우스 커서의 좌표 표시만 변경되어 나타나고 실제 수치 입력에는 영향이 없습니다.

5️⃣ Status bar의 현재 Layer는 마우스 왼쪽 버튼을 클릭하면 나타납니다.

   현재 Layer를 ON/OFF/LOCK할 수 있습니다.

   마우스 오른쪽 버튼을 클릭했을 때는 레이어 다이얼로그 창이 표시되어 Layer를 추가시켜 줄 수 있습니다.

Lesson 02 마우스 사용법

마우스의 조작법과 활용법에 대해서 알아봅니다.

❶ 마우스 왼쪽 버튼(Left Mouse Button)

· 메뉴나 툴바에서 Command(명령어)를 실행합니다.
· 명령어에 있는 옵션을 선택할 수 있습니다.
· Viewport title을 더블클릭하여 뷰포트를 최대 크기로 활성화합니다.
· 상태 바의 모델링 보조 기능의 ON, OFF와 Osnap(오스냅)을 설정합니다.
· 상태 바의 레이어를 조작합니다.
· 계층(하얀 삼각형)이 있는 아이콘을 클릭해 확장합니다.
· 오브젝트를 선택합니다.
· 작업 창의 경계를 드래그해 창을 조정할 수 있습니다.
· Command area의 창을 드래그해 행수를 늘릴 수 있습니다.
· 아이콘을 누른 채 (Ctrl) 키를 누르고 드래그해 아이콘을 복사할 수 있습니다.
· 아이콘을 누른 채 (Shift) 키를 누르고 드래그해 아이콘을 지울 수 있습니다.

❷ 마우스 오른쪽 버튼(Right Mouse Button)

· 명령어 실행 중에 마우스 오른쪽 버튼을 누르면 선택이 종료되거나 명령이 끝납니다.
  (Enter) 키와 (Space Bar)도 같은 기능을 합니다.
· 이전에 실행했던 명령을 재실행합니다.
· Command area에서 명령어 목록을 볼 수 있습니다.
· 아이콘 버튼을 편집할 수 있습니다.
· Top, Right, Front 뷰에서 Pan(뷰 이동) 기능
· Perspective는 회전, (Shift)+RMB은 Pan, (Ctrl)+RMB은 줌인/줌아웃을 합니다.

❸ 마우스 가운데 버튼(Middle Mouse Button)

· 마우스 휠 버튼을 회전하면 뷰를 확대/축소할 수 있습니다.
· Popup 메뉴 창이 뜹니다.

Cursor ToolTips

마우스 커서를 설정하면 좀 더 깔끔한 폰트와 오브젝트를 그릴 수 있고, 이동할 때 수치가 나오도록 할 수 있습니다. 🞜 Option 아이콘을 클릭한 후 Rhino 옵션 > 모델링 보조 기능 >커서 도구 설명에서 우측에 있는 개체 스냅과 거리를 선택합니다.

❹ 팝업 메뉴에 아이콘 추가하기

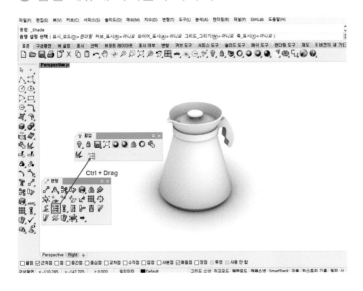

팝업 창에 등록하고자 하는 명령어를 Ctrl + Drag하여 팝업 창에 가져다 놓습니다. 팝업 창에 있는 아이콘을 지울 때는 Shift + Drag하여 작업 창에 가져다 놓고 삭제합니다.

❺ 명령어의 취소와 중단

· 키보드의 Esc 키를 누릅니다.
· ▷ Cancel 명령어로 취소합니다.
· RMB 클릭(모두취소) : 선택 해제, 곡률 그래프와 CP를 OFF 합니다.

Lesson 03   키보드와 앨리어스

자주 쓰는 단축키와 앨리어스 기능을 활용하는 방법에 대해서 알아보겠습니다.

❶ 키보드의 단축키 설정

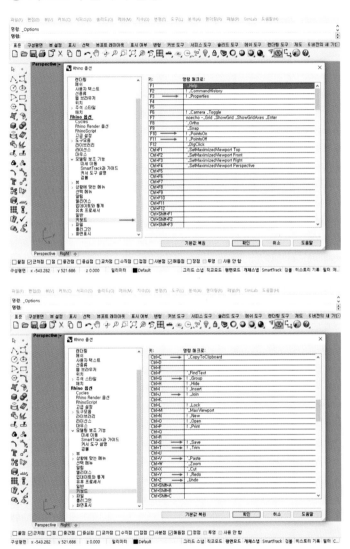

자주 쓰는 명령어 단축키는 숙지하고 쓰시면 작업을 보다 편리하게 할 수 있습니다.

⚙ Option항목에서 Rhino 옵션 > 키보드 항목의 기능키는 자주 쓰이므로 숙지하시기 바랍니다.

❷ 앨리어스(Aliases) 기능의 사용

앨리어스란 명령어를 단축어로 정의하여 사용하는 것을 말합니다. 자주 쓰는 명령어를 텍스트 단축키로 정의해 놓고 씀으로써 작업 효율을 높일 수 있습니다.

반올림   앨리어스 기능 활용하기

앨리어스의 기능을 활용하기 위해서는 특수문자의 뜻을 이해하고 사용해야 합니다. 특수문자와 명령어를 조합해서 쓰면 됩니다. 특수문자의 뜻은 다음과 같습니다.

- (!) 바로 전 명령을 취소합니다.
- (-) 영어 명령의 이름으로 인식하도록 해 명령을 실행합니다.
- (') 다음에 오는 명령이 중첩할 수 있는 명령입니다.

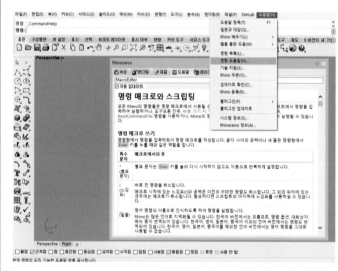

매크로 도움말

매크로와 스크립팅의 자세한 내용은 Help 파일을 참고하시면 많은 도움이 됩니다. 도움말 > 명령 도움말에서 'MacroEditor'로 검색하면 자세한 내용을 알 수 있습니다.

Lesson 04 오브젝트(Object)의 선택

Rhino 3D는 명령어를 실행할 때부터 대상 오브젝트를 선택합니다. 오브젝트를 선택 후 명령을 실행하면 조작의 부하를 경감시키면서 작업 효율을 높일 수 있습니다.

① 마우스로 오브젝트 선택하는 방법

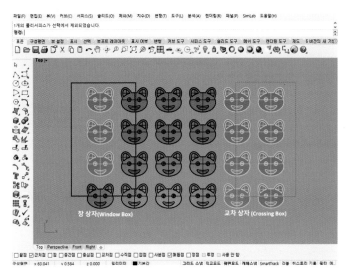

■ 왼쪽에서 오른쪽으로 드래그

창 상자 안에 포함된 오브젝트만 선택됩니다.

■ 오른쪽에서 왼쪽으로 드래그

교차 상자에 걸치기만 해도 오브젝트가 선택됩니다.

다중 선택은 (Shift) 키를 누르고 해주면 됩니다. 잘못 선택했을 때는 (Ctrl) 키를 눌러 취소합니다.

반올림 마우스 설정하기

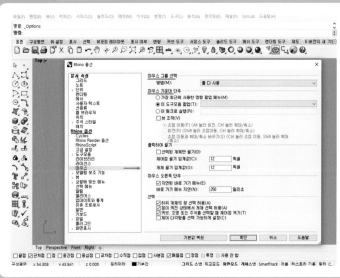

⚙ Option 명령에서 Rhino 옵션 > 마우스 항목으로 갑니다. '둘 다 사용'은 Crossing Box와 Window Box를 같이 쓰겠다는 뜻입니다.

❷ 명령어를 실행하여 오브젝트를 선택하는 방법

표준 툴바에 있는 Select toolbar의 명령어들은 오브젝트를 칼라. 레이어, 커브 등 다양하게 선택하는 방법을 제공합니다. CP를 선택하는 편리한 명령어도 담고 있습니다.

1️⃣ ▣ Invert 명령은 모든 선택된 개체를 해제하고, 이전에 선택되지 않았던 모든 개체를 선택합니다.

2️⃣ ◉ SelDup 명령은 다른 개체 속성과 상관없이 동일한 위치에 다른 개체와 기하학적으로 동일한 개체(중복된)를 선택합니다.

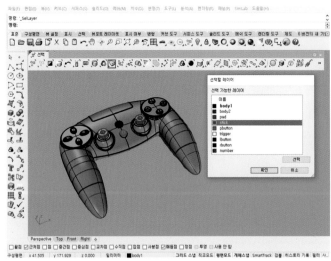

3️⃣ ▣ SelLayer 명령은 모든 개체를 선택합니다.

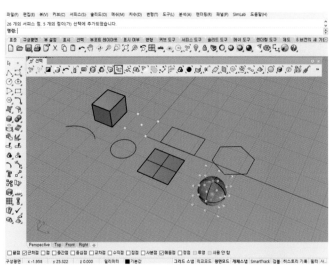

4️⃣ ⊛ SelPt 명령은 모든 점의 개체, 제어점, 편집점, 솔리드점을 선택합니다.

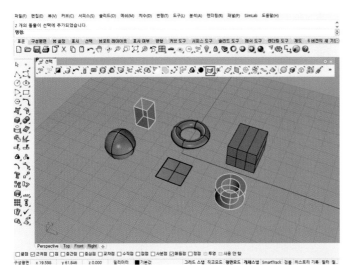

[5] SelPolysrf 명령은 모든 폴리서피스
를 선택합니다.

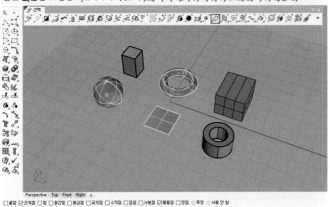

[6] SelSrf 명령은 모든 서피스를 선택
합니다.

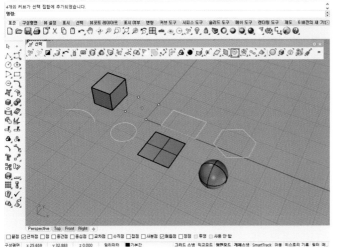

[7] SelCrv 명령은 모든 커브를 선택합
니다.

Rhino 3D에서의
CP(Control Point, 제어점) 편집 방법

라이노에는 다양하게 CP를 제어할 수 있는 명령어들이 있습니다. CP 에디팅을 통하여 커브의 편집과 서피스의 편집을 자유롭게 해줄 수 있습니다.

❶ 제어점 편집

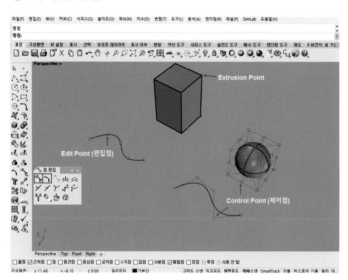

제어점을 F10 한 다음 CP를 선택해 마우스로 이동합니다. CP뿐만 아니라 Edit point를 이용해서도 이동 편집해줄 수 있습니다. 좌측은 체를 ON 한 것이고 우측 커브는 Edit point를 ON 한 것입니다. Polysurface는 편집을 해줄 수 없습니다. 다음 그림을 참고하기 바랍니다.

❷ 가중치 변경

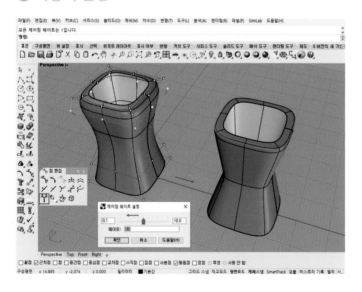

Weight 명령으로 CP를 선택한 다음 설정 창의 Weight(가중치)를 변경하여 CP의 가중치를 조절함으로써 서피스에 영향을 줍니다.

❸ CP 추가

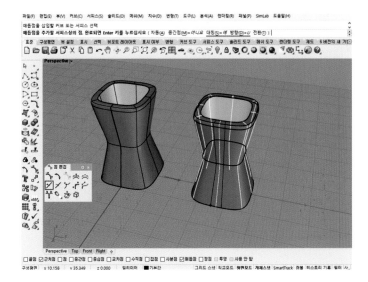

InsetKnot 명령은 CP를 추가하여 편집할 수 있습니다.

④ CP를 정밀하게 컨트롤 하는 방법

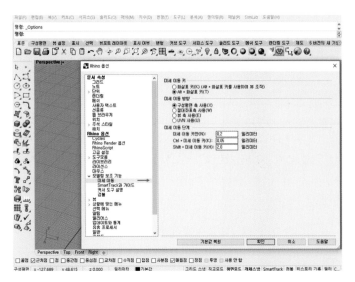

① Nudge(너지) key(방향키)를 이용
하는 방법

✿ Option명령 실행 후 Rhino 옵션 > 모
델링 보조 기능의 미세 이동 항목에 미세
이동(Nudge) 키 설정이 있습니다.
Nudge는 '조금씩 밀다'라는 뜻입니다.
키보드의 방향키로 미세하게 오브젝트를
이동시키는 명령입니다. (Alt) + arrow
keys(방향키)를 누르면 0.2mm씩 이동합
니다.

② Organic(유기적) 명령어를 이용하
는 방법

Organic 툴바에 있는 이동 아이콘들은 포
인트를 0.1mm씩 움직이게 값이 정해져
있습니다. ☝ compress_along_y 명령
을 클릭하면 Y축 대칭으로 선택한 포인트
를 0.1mm씩 이동시킵니다. 원점을 기준
으로 대칭일 때만 양방향으로 포인트가 이
동합니다.

③ Move UVN 명령을 이용한 CP 편집

✐ Move UVN 명령은 서피스의 제어점을
U, V, N 방향으로 할 수 있습니다.

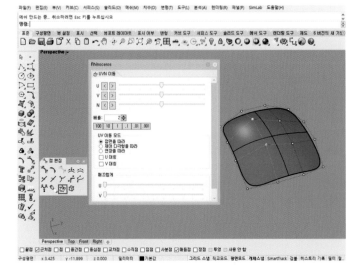

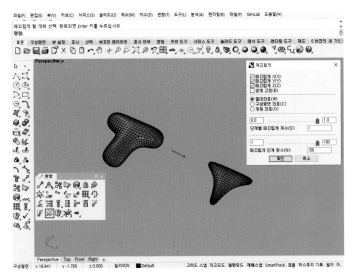

④ 명령을 통한 제어점의 변형

≋ Smooth 명령은 커브나 서피스나 메쉬의 제어점들의 영역을 선택하여 U, V 방향이 아닌 좌표계(X, Y, Z) 축으로 제어점들을 부드럽게 변형 조작할 수 있는 명령어입니다. Smooth factor 수치를 조절하여 부드러운 정도를 조절할 수 있습니다.

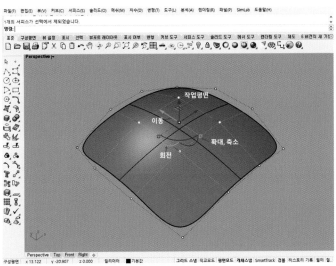

⑤ Gumball(검볼) 활용하기

검볼은 오브젝트나 CP를 선택해 이동, 크기 조정, 회전 변형을 줄 수 있게 합니다. Rhino 3D 6에서는 검볼이 더 개선되었습니다.

· Alt 키를 누르면서 검볼을 이동하면 오브젝트가 복사됩니다.
· 3D 오브젝트 선택 후 Shift 키를 누르고 스케일 핸들을 드래그하면 3D Scale이 실행됩니다.
· 검볼의 원점 포인트는 Ctrl를 누르고 선택하여 위치를 지정해 줄 수 있습니다.

3

유쾌하게 따라해 보는
라이노 3D의 기본기

라이노에서 가장 기본이 되는 명령어들을 알아보겠습니다.

Lesson 01   Osnap(Object Snap, 오스냅)에 대해 알아보자

오스냅은 직선이나 곡선 또는 원이나 타원 등으로 도면을 그릴 때 커브의 정확한 지점을 찾아주는 명령입니다.

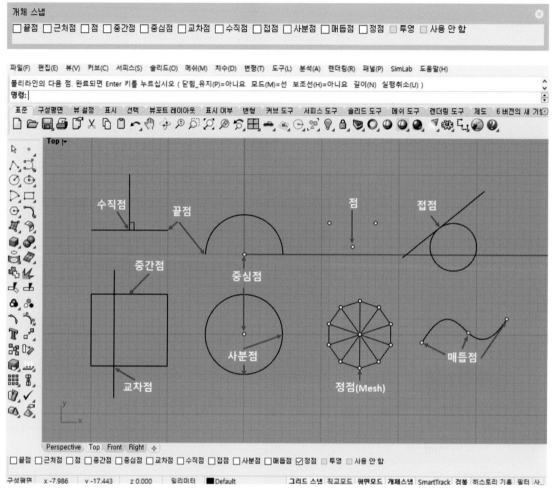

① End(끝점) 체크 시 마우스 커서가 라인이나 다각형의 끝점, 서피스 Edge의 끝점에 스냅, 즉 걸립니다.

② Near(근처점) 체크 시 마우스 커서가 가장 가까운 선이나 커브에 스냅됩니다.

③ Point(점) 마우스 커서가 포인트나 컨트롤 포인트에 스냅됩니다.

④ Mid(중간점) 마우스 커서가 라인이나 커브 서피스의 Edge의 중간지점에 스냅됩니다.

⑤ Cen(Center, 중심점) 원이나 타원 또는 구의 외곽선을 선택했을 때 마우스 커서가 중심점에 스냅됩니다. 사각형이나 다각형도 포함됩니다.

⑥ Int(Intersection, 교차점) 라인과 커브, 커브와 서피스, 또는 서피스와 서피스 간의 서로 교차된 지점에 스냅합니다.

⑦ Perp(Perpendicular, 수직점) 어느 한 점에서 출발한 커브가 수직인 점이나 직각인 점에 스냅합니다.

⑧ Tan(Tangent, 접선) 커브의 접선을 찾아줍니다. Tangent는 곡선에만 존재하므로 이 지점은 매끄럽게 됩니다.

⑨ Quad(Quadrant, 사분점) 원이나 타원 등의 사분점을 스냅합니다.

⑩ Knot(매듭점) Knot는 CP를 컨트롤하기 위한 파라미터 값입니다. Osnap에서 Knot가 체크되어 있을 때는 커브에 존재하는 Knot점을 스냅합니다. 끝점에는 Knot가 존재합니다.

⑪ Vertex(정점) 메쉬 정점에 스냅합니다.

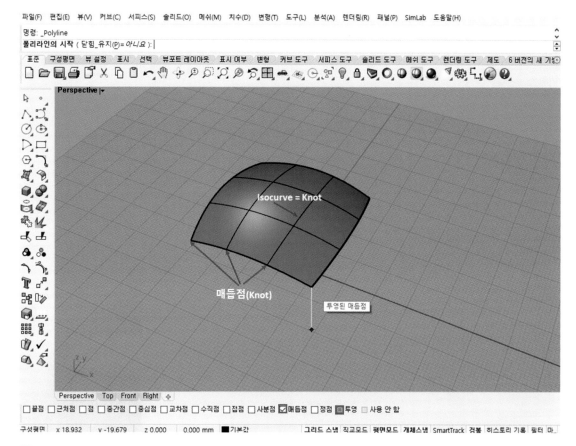

⑫ Project(투영) 어떤 라인이나 커브를 그릴 때 항상 작업 평면과 수직인 점에서 라인이나 커브를 그릴 수 있습니다.

⑬ Disable(사용 불가) 오스냅을 Off 시키는 기능입니다.

Lesson 02   Tangency(접선) 맞춰 선 그리기

접선을 맞춰서 선을 그려야 하는 이유는 선이나 서피스가 부드럽게 표현되도록 하기 위해서입니다. 접선을 맞추지 않으면 커브와 커브가 만나는 점 또는 서피스의 모서리와 모서리가 만났을 때 각지게 됩니다.

❶ 직선에서 두 선간의 접선 그리기

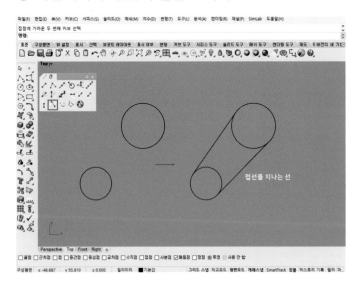

Line(Tangent to 2 Curves) 명령은 두 커브에 접선이 되는 직선을 만듭니다.

❷ 접선을 이용한 호 그리기

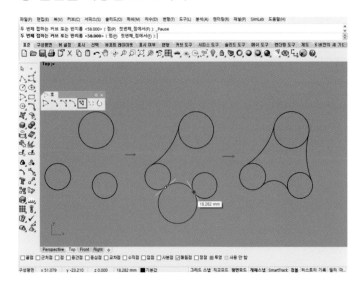

Arc(ttr) 명령은 두 커브를 지나면서 접선으로 호를 만듭니다.

❸ 접선을 활용해서 원 그리기

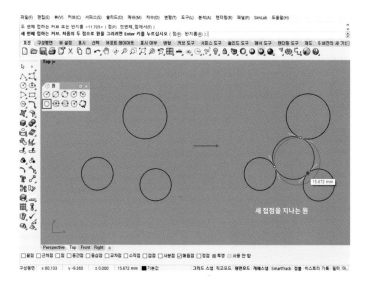

세 접점을 지나는 원

○ Circle(ttt) 명령은 3개의 커브가 있을 때 커브에 접하는 원을 그립니다.

❹ 접선을 맞추지 않았을 때의 서피스 상태

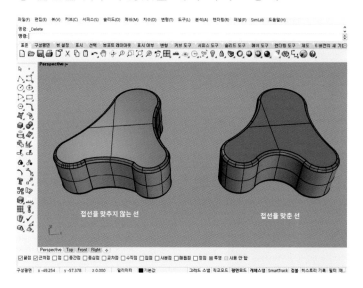

접선을 맞추지 않는 선   접선을 맞춘 선

접선을 맞추지 않고 그린 커브로 서피스를 만들면 각이 지게 됩니다.

Lesson 03   Split과 Trim 이해하기

Split과 Trim, 이 두 명령은 자주 쓰는 명령어입니다. 서로 비슷한 성격을 가지고 있으나 차이점을 확실히 이해하고 작업에 맞게 써주어야 합니다.

❶ Split

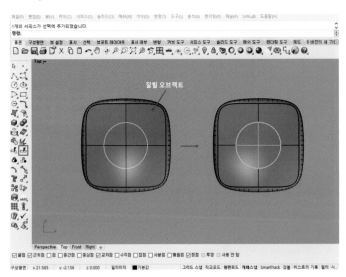

⚒ Split은 '나누다' '쪼개다' 라는 뜻을 가지고 있습니다. Split 명령은 어떤 객체를 자르는 명령입니다. 색종이 위에 도형이나 패턴을 그리고 칼로 잘라낸다고 이해하면 쉽습니다.

❷ Trim

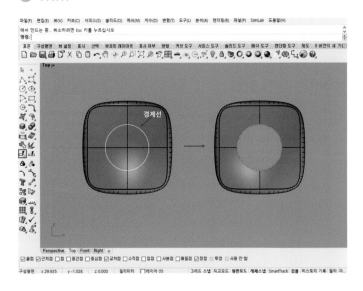

⚒ Trim은 '잘라내다' 라는 뜻을 가지고 있습니다. Trim은 경계선이나 경계면을 기준으로 선이나 서피스를 지웁니다.

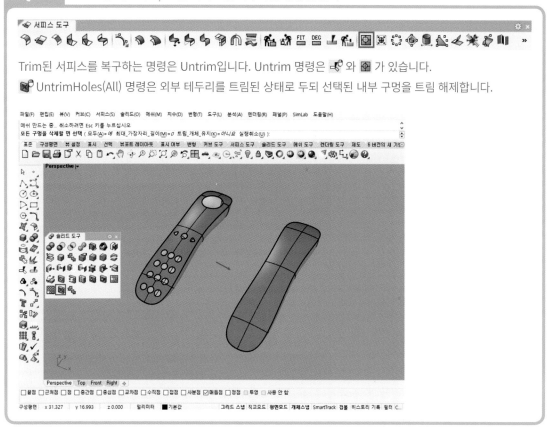

Trim된 서피스를 복구하는 명령은 Untrim입니다. Untrim 명령은 🐾 와 📷 가 있습니다.

📷 UntrimHoles(All) 명령은 외부 테두리를 트림된 상태로 두되 선택된 내부 구멍을 트림 해제합니다.

❸ Trim 서피스와 Untrim 서피스의 개념 이해하기

라이노에서 쓰이는 서피스는 크게 Trim 서피스와 Untrim 서피스로 구분됩니다.

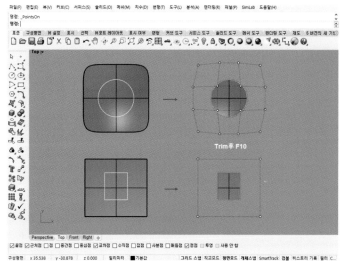

Trim된 서피스 CP ON

① Trim 서피스

Split이나 Trim 명령으로 자른 서피스들을 Trim 서피스라고 합니다. 잘린 서피스를 선택하고 단축키로 F10 키를 누르면 원래 서피스의 제어점 구조를 가지고 있습니다.

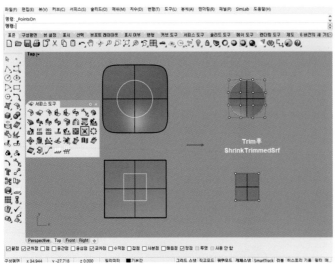

Trim된 서피스를 선택하고 ⊡ Shrink TrimmedSrf 명령을 실행하면 잘린 서피스에 맞게 제어점과 아이소커브가 재설정됩니다.

Trim된 서피스는 꼭 ShrinkTrimmedSrf를 해줍니다.

ShrinkTrimmedSrf을 한 후 CP ON

② Untrim 서피스

Surface Creation

Trim과 Split되지 않는 원래의 서피스를 Untrim 서피스라 합니다.

◆ Patch 명령은 Trim 서피스며 그 외의 대부분의 명령어는 Untrim 서피스를 만듭니다.

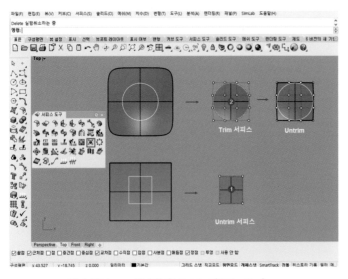

ShrinkTrimmedSrf 한 후 Untrim과 Trim Surface

③ ⊡ ShrinkTrimmedSrf 실행 시 Untrim과 Trim 서피스 구분 방법

ShrinkTrimmedSrf을 하면 서피스에 맞게 제어점이 축소됩니다. ShrinkTrimmedSrf된 상태에서 사각형 구조로 제어점이 맞으면 Untrim 서피스가 되고 그렇지 않은 서피스는 Trim 서피스가 됩니다.

이는 NURBS의 서피스 구조가 사각형 구조를 지향하기 때문입니다. Trim이나 Split한 후 ShrinkTrimmedSrf하더라도 사각형 구조가 아닌 서피스는 모두 Trim 서피스가 됩니다.

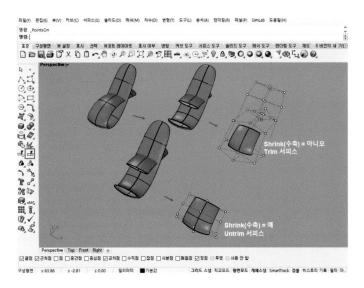

④ Untrim 서피스로 자르기

Split 명령을 통해 Isocurve 방향으로 서피스를 자를 때 '수축 = 예' 하면 Untrim 서피스가 됩니다.

Trim 서피스는 MergeSrf를 할 수 없습니다. MatchSrf 명령도 두 서피스가 모두 Trim 서피스면 Match를 할 수 없습니다. Properties 명령어로 Trim 서피스를 확인할 수 있습니다.

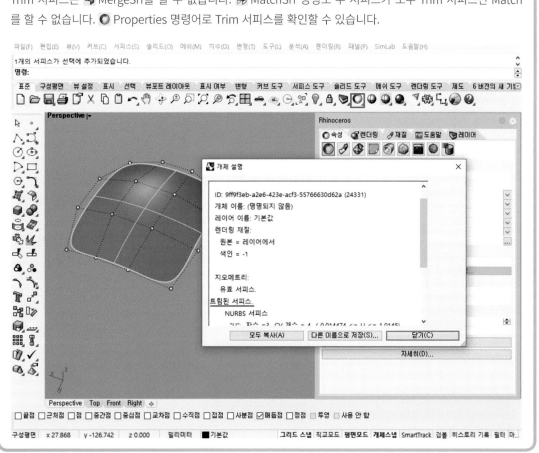

Lesson 04 오브젝트의 결합과 분해

라이노에는 같은 오브젝트끼리 결합해주는 Join 명령과 반대로 결합한 오브젝트를 분해하는 Explode 명령이 있습니다.

❶ 선택 요소에 따른 결합과 분해

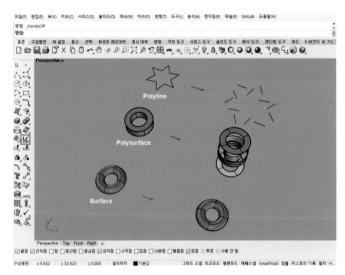

Explode된 커브와 서피스

커브는 커브끼리, 서피스는 서피스끼리 결합되며 Torus 같은 단일 오브젝트는 분해되지 않습니다.

❷ 라이노에 있어서 조인

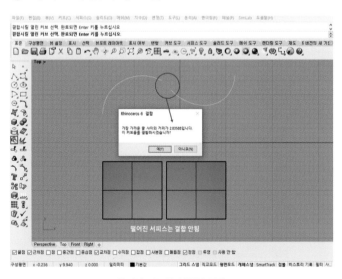

떨어진 커브를 연결할 경우

Join 명령은 커브나 서피스 오브젝트를 결합하는 명령입니다.
두 커브가 떨어져 있을 때 Join을 하면 조인 여부를 물어봅니다. 떨어진 서피스는 Join(결합)되지 않습니다.

❸ 두 서피스를 하나로 만들기

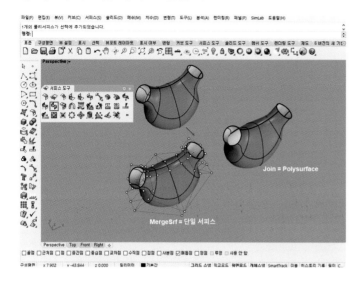

MergeSrf 명령은 두 서피스를 트림되지 않은 가장자리에서 하나의 서피스로 결합합니다.

라이노에서 Seam(이음새 또는 접합부)이란 서피스가 시작될 때 처음 Edge 부분과 마지막 Edge 부분이 만나는 접합부입니다. 서피스의 Edge가 굵게 표시된 부분이 Seam입니다.

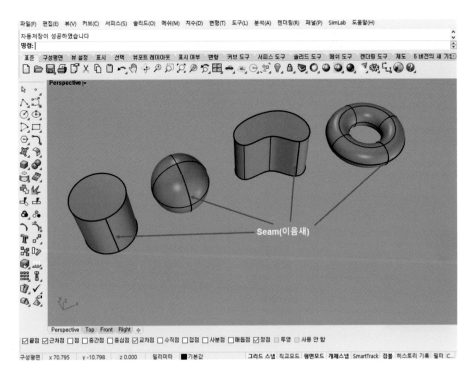

❶ Seam의 위치를 자를 때

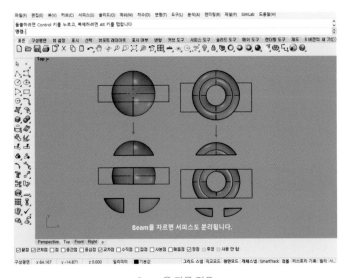

Seam을 자른 경우

Seam을 지나는 커브로 서피스를 자르면 서피스는 자동으로 2개로 나눕니다.

❷ 원에서 Seam의 위치

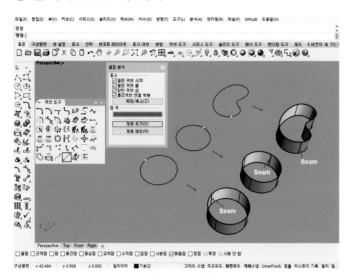

원의 Seam의 위치

원을 어느 방향으로 그리냐에 따라서 Seam의 위치가 달라집니다. ✏️ShowEnds 명령으로는 닫힌 커브의 Seam 위치를 확인할 수 있습니다.

반올림 올바르게 원이나 구 만들기

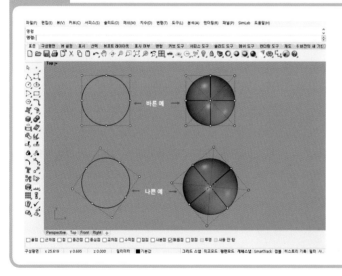

원이나 구를 만들 때 Seam의 위치가 문제를 일으키는 경우가 있으므로 항상 올바르게 만들도록 합니다.

Lesson 06   Kink(킹크)란 무엇일까?

Kink는 끊긴 점 또는 꼬인 점입니다. 커브에 Kink를 추가하여 제어점을 당겨보면 각지게 나옵니다. 커브를 분해 (Explode)하면 Kink점을 기준으로 커브가 분리됩니다.

❶ Kink점이 있는 커브를 당겼을 경우

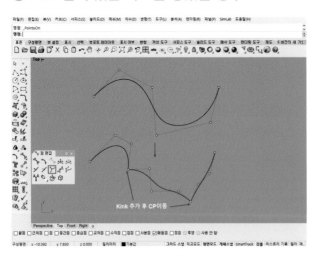

Kink점 이동

✏ InsertKink 명령으로 자유곡선에 Kink점을 추가한 후 그 제어점을 당기면 각지게 됩니다.

❷ Kink가 있는 커브로 서피스를 만들었을 경우

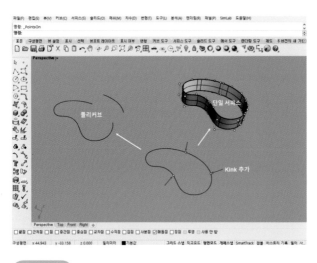

Kink를 커브에 추가하면 커브는 폴리커브로 분해되지만, 서피스는 분해되지 않습니다.

Q&A   kink를 없앨 수는 없나요?

🏃 Rebuild 명령으로 커브를 Degree(차수)가 3차 이상으로 재설정해주면 Kink점은 사라집니다. 또는 곡률 연속인 형태로 커브나 서피스를 만들어주면 됩니다.

CPlane(작업평면)이란 무엇인가?

CPlane은 Construction Plane의 약어로, 각 뷰포트에 존재하고 있는 작업평면을 말합니다. 모든 오브젝트들은 각 뷰의 작업평면을 기준으로 해서 그려집니다. Top에서 그리면 Top 뷰의 작업평면에, Right에서 그리면 Right 뷰의 작업평면에, Front에서 그리면 Front 뷰의 작업평면에 그려지게 됩니다.

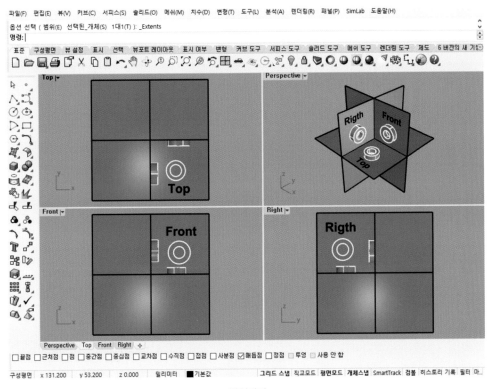

작업평면

Q&A CPlane을 응용한 명령어는 없나요?

모델링 작업을 하다 보면 작업평면을 바꾸어주면서 오브젝트를 생성할 때가 있습니다. 이때 쓰는 명령이 Set CPlane 명령입니다. AUTOCAD의 UCS 좌표를 바꾸어가면서 작업하는 것과 같은 비슷한 원리라고 생각하면 됩니다. 표준 툴바에 있는 구성평면 툴바를 보면 CPlanes을 설정하는 명령어들이 다양하게 있습니다.

변형 툴바에도 🔧 RemapCPlane 명령과 ⚡ ProjecToCPlane 명령이 있습니다.

Lesson 08   Polysurface(폴리서피스)와 Solid(솔리드)

Polysurface와 Solid오브젝트에 대해 알아보고 솔리드 오브젝트 간의 Boolean(불리언)연산과 어떤 솔리드 오브젝트
가 있는지 알아보겠습니다.

❶ Polysurface(폴리서피스) 와 Solid(솔리드)

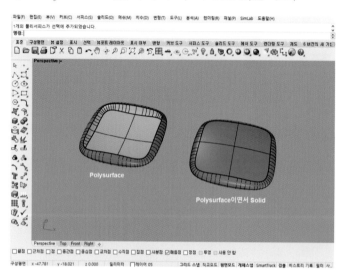

폴리서피스는 서피스가 2개 이상 붙어 있
는 상태입니다. Solid는 서피스의 Edge(모
서리)들이 결합하여 닫혀 있는 상태입니다.

Polysurface와 Solid

반올림   서피스의 안과 바깥 설정

라이노 ⚙ Option 항목에서 서피스의 안
과 밖을 설정할 수 있습니다.

❷ Solid의 종류

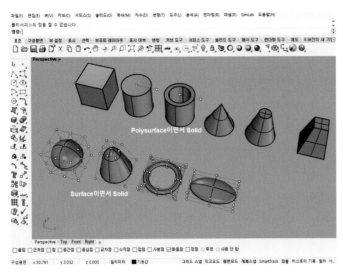

Solid

라이노에서 솔리드의 종류는 두 가지입니다. 첫번째는 2개 이상의 서피스가 결합하여 닫혀 있는 상태의 폴리서피스(Solid), 두 번째는 단일 서피스로 구성된 솔리드 오브젝트입니다. 이 둘의 차이점은 CP 편집의 유무에 있습니다. Polysurface는 CP 편집을 원칙적으로 할 수 없습니다.

❸ Solid 오브젝트의 Boolean 연산

솔리드 오브젝트를 합치거나 빼는 등 계산하는 것이 Boolean 명령입니다. 불리언을 하려면 기본적으로 오브젝트가 솔리드여야 합니다. 라이노에서는 불리언 연산이 4가지가 있습니다.

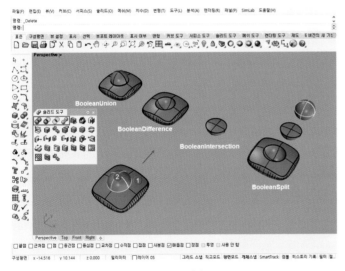

Boolean 연산

① Solid 오브젝트 간의 Boolean 연산
불리언은 기본적으로 솔리드 오브젝트끼리 합치고 빼는 작업입니다.

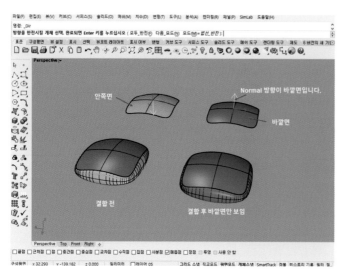

Surface와 솔리드의 Direction 방향

열린 서피스의 Normal 방향은 앞, 뒤가 바뀔 수 있으며 Normal 방향이 서로 다른 서피스라도 결합(Join)되면 서피스의 Normal 방향은 자동으로 밖을 향하게 됩니다.

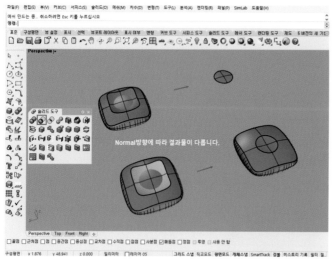

Solid와 Surface의 Booleandifference

솔리드와 서피스의 Normal 방향이 서로 다를 때 🍩 Boolean Difference 명령을 실행하면 결과물이 서로 다르게 나옵니다.

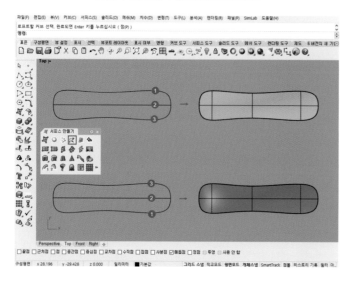

③ 서피스와 Normal 관계

커브의 선택 순서에 따라서 서피스의 안과 밖이 바뀝니다. 여러 서피스 명령들이 이런 원칙을 가지고 만들어 집니다. 서피스의 Normal은 🖐 Flip 명령으로 반전할 수 있습니다.

④ Solid의 특징

　　· 항상 Direction(Normal)은 밖을 향합니다.

　　· 닫혀 있습니다.

　　· 제어점을 켤 수 없습니다.

⑤ 불리언 연산에 오류가 나는 경우

파이프의 Seam 부분과 불리언하려는 서피스의 경계가 겹치면 불리언이 안 되는 경우가 종종 생깁니다. 이럴 때는 파이프의 Seam 위치를 변경하거나 Seam과 겹치지 않게 오브젝트를 이동시켜야 합니다.

Chapter

4

NURBS 커브 이해하기

라이노에서는 커브에 대한 이해가 중요합니다. 커브의 속성은 서피스에도 똑같이 적용됩니다. Degree(차수)와 Knot에 대해서 더 자세히 알아보겠습니다.

Lesson 01 Degree와 CP와 Knot의 관계

Degree를 이해하고 이와 관련된 커브의 속성들을 알아봅시다.

❶ 라이노의 차수

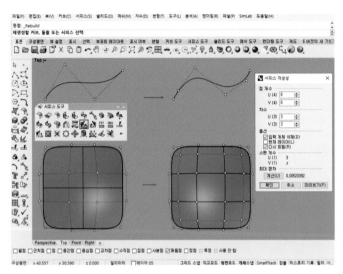

Rebuild

Degree(차수)는 양의 정수이며 1~11까지 존재합니다. 🐾 Rebuild 명령은 제어점 수와 차수를 변경할 수 있습니다.

Q&A Rebuid 명령 말고 Degree를 변경하는 명령은 없나요?

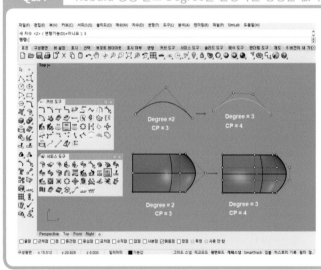

DEG ChangeDegree와 DEG ChangeDegree 명령은 매듭점 구조를 유지하면서 스팬 사이의 제어점 수를 추가하거나 빼는 방법으로 커브 또는 서피스의 Degree를 변경합니다. Degree를 변경할 때는 낮은 차수에서 높은 차수 순으로 변경해야 CP 에디팅이 편해집니다.

❷ Degree

Degree는 NURBS Curve와 Surface의 차수를 말합니다.

③ 선과 커브의 차수 구분

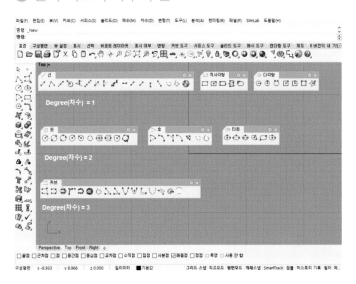

Line, Polyline, Rectangle. Polygon 같은 직선 형태는 모두 차수가 1이며 Arc, Circle, Ellipse는 차수가 2입니다. 라이노에서 곡선이나 곡면을 그리는 것은 Degree = 3인 커브나 서피스입니다. 곡률 연속인 커브나 서피스를 만들기 위해서는 최소 Degree가 3 이상이어야 합니다.

④ 차수에 따른 곡률

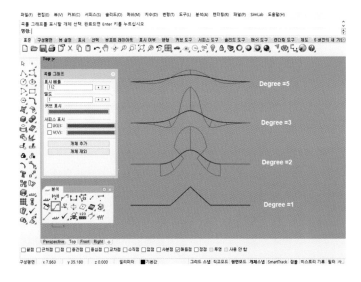

Degree가 높아지면 커브는 부드러워지나 편집하기는 어려워집니다. Degree가 높아질수록 CP(제어점)가 많아지기 때문입니다. 직선은 곡률이 없습니다.

CurvatureGraph 명령으로 커브들의 곡률의 흐름을 볼 수 있습니다.

반올림　　Degree =2인 커브의 문제점 알아보기

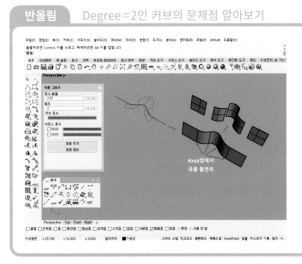

Degree = 2인 커브도 곡선이긴 하나 Knot점에서 곡률이 불연속하기 때문에 폴리서피스가 생성됩니다.

❺ Order

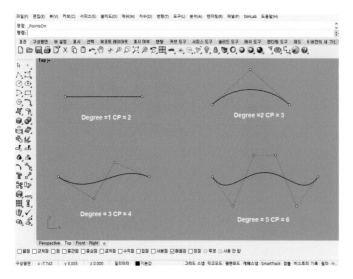

Order＝degree＋1, 즉 degree＝order−1. 여기서 Order는 Degree를 표현하는데 필요한 최소한의 컨트롤 포인트 수입니다. Degree＝3인 커브를 생성하겠다면 최소한 CP를 4개 생성해야 합니다. 4개 이상 생성하는 건 상관없으나 3개를 생성하면 자동으로 Degree＝2인 커브가 됩니다.

❻ 차수와 제어점

차수	1	2	3	5	7	9	11
최소CP수	2	3	4	6	8	10	12

차수와 CP와의 관계

Control Point는 적어도 Degree＋1개인 포인트들의 개수입니다. Degree＝3인 커브를 사용하고자 할 때는 CP가 4개 이상 필요합니다. 라이노는 차수가 11차까지 존재하며 소수로 만들어집니다.

❼ Knot와 제어점

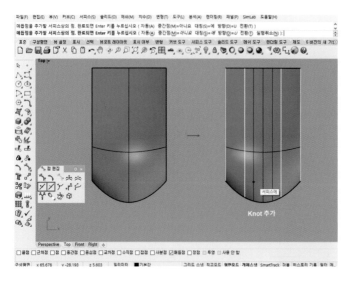

CP(Control Point)는 Knot에 의해 추가 또는 삭제됩니다. CP를 추가하기 위한 Parameter(매개변수)값이 Knot입니다. 이런 Knot(매듭점)를 추가 또는 삭제하는 명령이 ✎ InsertKnot 명령과 ✎ RemoveKnot 명령입니다.

❽ Knot

Knot(매듭점)는 또한 Segment(마디) 역할을 합니다. Knot와 Knot 사이가 한 마디가 되므로 이 잘린 마디의 속성은 차수의 속성을 그대로 따라갑니다. 다시 말하면 Degree＝3일 때 Knot와 Knot를 자르면 그 마디는 Degree＝3이고 CP＝4가 됩니다.

Lesson 02 Continuity(연속성) 이해하기

Continuity는 라이노 3D에서 가장 핵심적인 요소입니다. Continuity는 커브와 커브, 또는 서피스와 서피스 간의 연결 속성을 결정짓습니다.

❶ Position(위치 연속성 : G0)

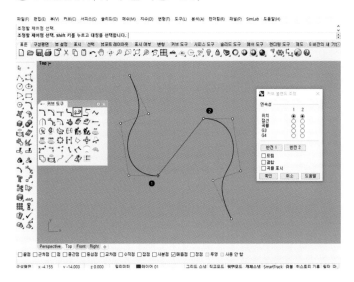

BlendCrv 명령으로 위치를 선택해 연결하면 차수가 1인 직선이 만들어집니다. 제어점은 2개입니다.

❷ Tangency(위치 + 접선(기울기) 연속성 : G1)

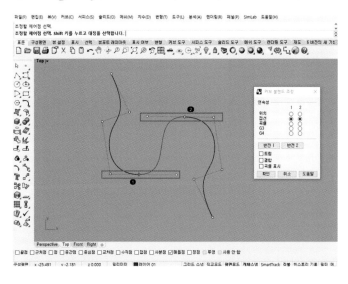

BlendCrv 명령으로 접선을 선택해 연결하면 차수가 3인 곡선이 만들어집니다. 제어점은 4개입니다.

❸ Curvature(위치 + 접선(기울기) + 곡률 연속성 : G2)

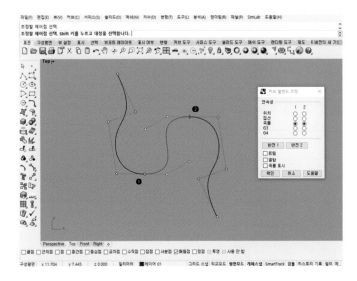

BlendCrv 명령으로 곡률을 선택해 연결하면 차수가 5인 곡선이 만들어지며 제어점은 6개입니다. G2 이상부터는 모두 곡률 연속을 보장합니다.

❹ GCon을 이용한 연속성 알아보기

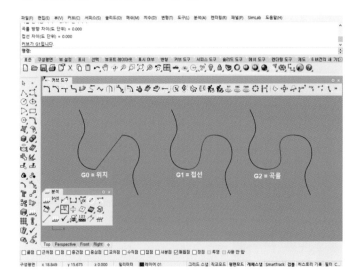

GCon 명령은 두 커브 사이의 기하학적 연속성을 보고합니다. 연속성을 확인해보면 BlendCrv의 연속성과 같습니다.

Continuity(연속성)가 존재하는 명령어들

라이노의 중요한 서피스 명령어에는 연속성을 선택하는 옵션이 꼭 있습니다. 명령어의 종류는 다음과 같습니다.

❶ BlendSrf

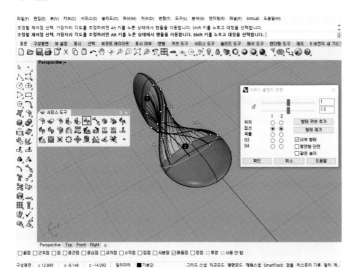

BlendSrf 명령은 두 서피스를 연결하는 서피스를 만듭니다. 커브나 서피스의 연속성 속성은 같습니다.

❷ MatchSrf

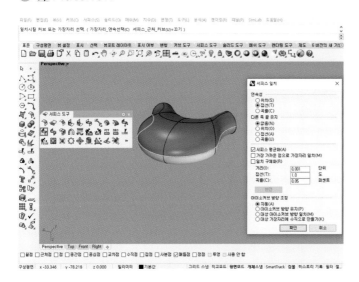

BlendSrf 명령은 두 서피스를 연결하는 서피스를 만듭니다. 커브나 서피스의 연속성 속성은 같습니다.

❸ Sweep2

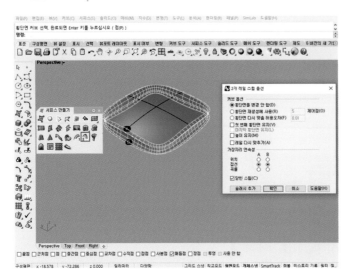

Sweep2 명령은 서피스의 가장자리를 정의하는 2개의 커브와 서피스의 형태를 정의하는 일련의 프로파일 커브를 사용하여 서피스를 맞춥니다.

❹ NetworkSrf

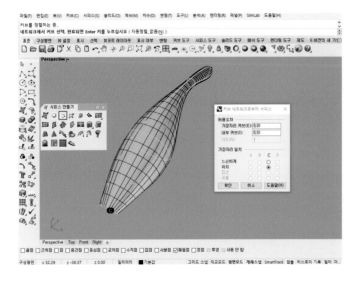

NetworkSrf 명령은 교차하는 커브로 이루어진 네트워크로 서피스를 만듭니다. 한 방향의 커브는 다른 방향에 있는 모든 커브와 교차해야 하며 또한 동일한 방향의 커브는 서로 교차하면 안 됩니다.

Lesson 04   Curvature 명령을 이용한 곡률연속 확인

Curvature 명령은 원의 반지름을 사용하여 커브 또는 서피스 위 한 점의 위치에서 곡률을 계산합니다.

❶ 두 커브를 Blend시켜 Tangency(G1=접선)로 설정한 경우

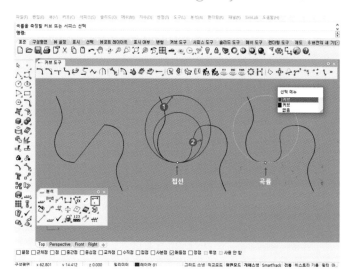

접선 일치일 때 ❶커브의 곡률 반경(빨간 원)과 ❷커브의 곡률 반경(파란 원)이 서로 다릅니다. 접선 일치는 곡률 불연속이기 때문입니다. 접선이 맞아 있기 때문에 각은 지지 않습니다.

❷ 접선 일치일 때 곡률 그래프로 살펴보기

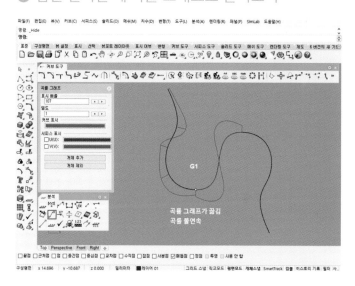

CurvatureGraph 명령은 그래프를 사용하여 곡률을 시각적으로 평가합니다. 접선 일치 부분에 곡률 그래프가 끊겨 있습니다. 곡률 불연속이기 때문입니다.

❸ 두 커브를 Blend시켜 Curvature(G2=곡률)로 설정한 경우

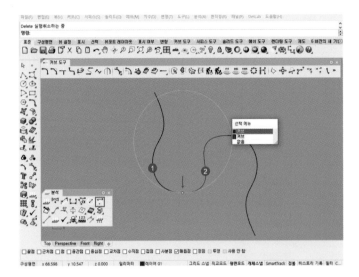

곡률 일치일 때는 ❶과 ❷ 커브의 곡률 반경이 일치하기 때문에 곡률 연속입니다. 라이노에서는 가장 이상적인 연결입니다.

❹ 앞 결과를 곡률 그래프로 살펴보기

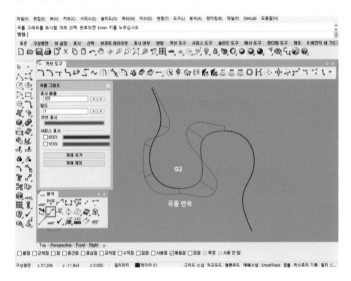

CurvatureGraph 명령으로 곡률 그래프가 끊기지 않고 이어져 있습니다. 이런 곡률 연속은 가장 자연스러운 커브나 서피스를 생성하게 합니다.

❺ Zebra 명령을 이용한 연속성 확인

📖 Zebra 명령은 줄무늬 맵을 사용하여 매끄러운 정도와 연속성을 시각적으로 평가합니다. Zebra 명령은 일련의 시각적인 서피스 분석 명령 중 하나입니다. 이런 명령은 NURBS 서피스 평가와 렌더링 기법을 사용하여 시각적으로 서피스의 매끄러움, 곡률, 기타 중요한 속성을 분석하는 데 도움을 줍니다.

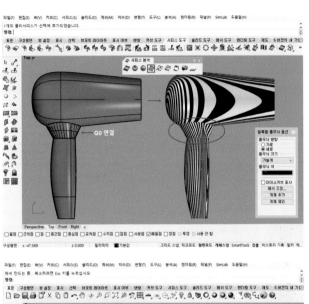

① 연속이 G0일 때 Edge에서의 Zebra

줄무늬가 서피스가 만나는 부분에서 연결되지 않고 끊겨 있습니다. 두 서피스가 서로 접하지만 각이져 있습니다.

② 연속이 G1일 때 Edge에서의 Zebra

줄무늬가 연결된 부분을 건너는 부분에서 급작스럽게 방향을 바꾸는 것은 두 서피스에서 위치와 접선 방향이 일치함을 의미합니다. 다른 뷰에서도 확인하기 바랍니다.

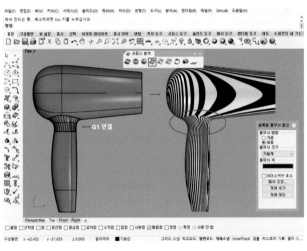

③ 연속이 G2일 때 Edge에서의 Zebra

줄무늬가 일치하고 연결된 부분에서도 매끄럽게 계속되면 두 서피스의 위치, 접선 방향, 곡률이 일치함을 의미합니다. BlendSrf, MatchSrf, 또는 NetworkSrf 명령으로 연결된 서피스에서 이러한 줄무늬가 나타납니다. NetworkSrf 명령의 옵션에서 서피스 가장자리를 커브 네트워크의 일부로 사용하는 경우, 위와 같은 연결 상태가 가능합니다.

❻ Emap(Enviroment Map, 환경 맵)을 이용한 시뮬레이션

🔘 EMap 명령은 서피스에 반사된 이미지를 사용하여 서피스 표면의 매끄러운 정도를 시각적으로 평가합니다.

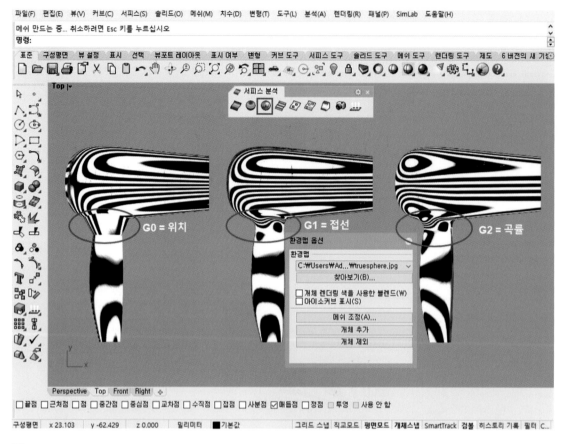

① 연속이 G0일 때 Edge에서의 환경 맵

서피스의 연결된 부위를 보면 환경 맵 자체가 단절되게 표현됩니다. 이는 G0이 연속된 서피스이기 때문입니다. 맵핑이 끊기거나 시제품을 만들 때 이런 부위는 날카롭게 각이 집니다.

② 연속이 G1일 때 Edge에서의 환경 맵

G1보다는 좋은 서피스 특성을 보이며 접선 기울기가 맞아떨어진 곳이므로 곡률은 불연속일지라도 보다 자연스러운 맵핑이 가능하고 시제품 제작 시 각이 없는 형상이 만들어집니다.

③ 연속이 G2일 때 Edge에서의 환경 맵

가장 이상적인 곡률 연속을 가지므로 자연스럽게 서피스가 연결되고 맵핑 또한 자연스럽게 적용됩니다. 시제품 역시 깔끔한 형태의 서피스로 만들어집니다.

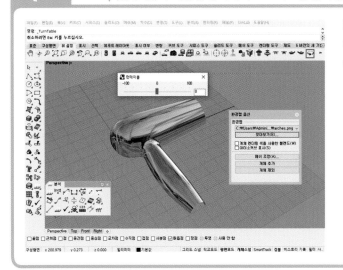

환경 맵이 적용된 상태에서 Turntable 명령을 실행하면 턴테이블 창이 나오고 슬라이더를 움직이면 오브젝트가 회전됩니다.

❼ 연속성을 유지한 채로 편집하기

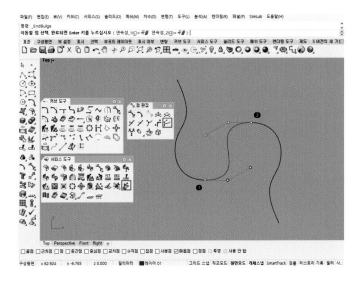

연속성을 맞추었으면 연속성의 조건이 되는 제어점을 유지하면서 CP를 편집해줄 수 있는데 이때 사용할 수 있는 명령이 EndBulge 명령입니다. 커브와 서피스에 둘 다 존재합니다.

Chapter

5

꼭 알아야 하는 명령어들

라이노의 명령어는 많이 있지만 이 장에서는 필수적으로 쓰이는 서피스 명령어들에 대해서 알아보겠습니다.

서피스 만들기

라이노에서 서피스를 생성하는 중요한 명령어는 크게 6가지가 있습니다. 라이노를 처음 접하시는 분들은 꼭 이 여섯 가지 명령어들을 이해하고 특징을 알고 있어야 합니다. 이외의 명령어는 의외로 간단하기 때문에 쉽게 익힐 수 있습니다.

❶ EdgeSrf

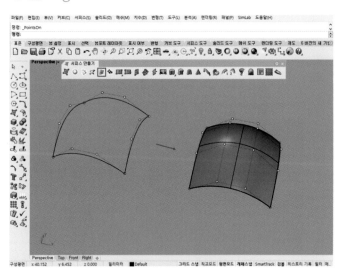

EdgeSrf 명령은 둘, 셋, 또는 네 개의 선택된 커브로 서피스를 만듭니다.

■ 특징

· 커브와 서피스의 제어점 수가 같습니다.
· 커브의 Degree(차수)가 2일 때 폴리서피스가 됩니다. 차수의 영향을 받습니다.
· Untrim 서피스입니다.

❷ Loft

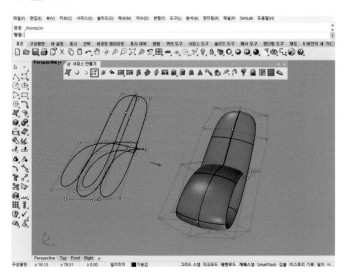

Loft 명령은 선택된 프로파일 커브에 서피스를 맞춥니다. 라이노에서 가장 활용도가 높은 명령입니다.

■ 특징

· 프로파일 커브의 제어점 수가 같아야 균일하게 아이소커브가 생성됩니다.
· 커브의 Degree가 2일 때 폴리서피스가 됩니다. 차수의 영향을 받습니다.

라이노의 모든 명령은 커브를 시계방향 순으로 선택했을 때와 반시계 방향으로 선택했을 때, 서피스의 안과 밖이 서로 뒤바뀌게 됩니다. 라이노의 몇 가지 명령어는 서피스 바깥 면을 기준으로 실행되므로 서피스는 항상 바깥 면이 보이게 하는 게 좋습니다.

❸ 🔧 Sweep2

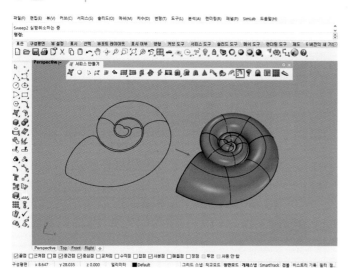

Sweep2 명령은 서피스 가장자리를 정의하는 2개의 커브와 서피스 형태를 정의하는 일련의 프로파일 커브를 사용하여 서피스를 맞춥니다.

■ 특징

· 2개의 레일 커브 속성(차수, 제어점 수)이 같아야 커브의 속성을 따라 서피스가 생성됩니다.
· 생성된 서피스는 중복된 Knot를 가집니다.
· 커브의 Degree가 2일 때 폴리서피스가 됩니다. 차수의 영향을 받습니다.
· Untrim 서피스입니다.

반올림   CP, Knot, Isocurve

라이노에서 CP와 Knot는 일심동체라고 보면 됩니다. 또한 Knot 지점에서 Isocurve가 생성되므로 CP, Knot, Isocurve는 항상 같이 붙어 다닙니다. CP를 추가하면 Knot도 자동으로 추가되며 만약 Knot를 지우면 자동으로 CP가 지워집니다. 만약 Isocurve를 지우게 되면 Knot와 CP도 동시에 지워집니다. 셋은 항상 같이 존재합니다.

❹ 🔧 NetworkSrf

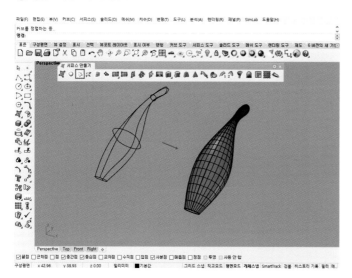

NetworkSrf 명령은 교차하는 커브로 이루어진 네트워크로 서피스를 만듭니다. 한 방향의 커브는 다른 방향에 있는 모든 커브와 교차해야 하며 또한 동일한 방향의 커브는 서로 교차하면 안 됩니다.

■ 특징

· 가장 복잡한 형태의 서피스를 만들 수 있습니다.
· 차수의 영향을 받지 않습니다. 무조건 Degree가 3인 서피스를 만듭니다.
· Untrim 서피스입니다.

❺ 🔧 RailRevolve

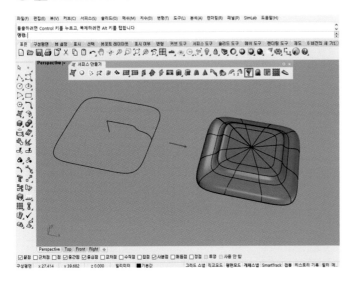

RailRevolve 명령은 서피스 가장자리를 정의하는 레일 커브를 중심으로, 서피스 형태를 정의하는 프로파일 커브를 회전시켜 서피스를 만듭니다

■ 특징

· 커브의 Degree가 2일 때 폴리서피스가 됩니다. 차수의 영향을 받습니다.
· Untrim 서피스입니다.

❻ 🔷 Patch

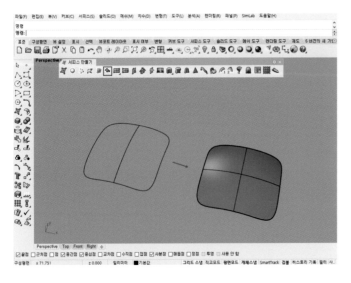

Patch 명령은 선택된 커브, 메쉬, 점 개체, 점 구름을 통과하도록 서피스를 맞춥니다.

■ 특징

· 차수의 영향을 받지 않으며 Degree가 3인 서피스를 만듭니다.
· Trim 서피스입니다.

서피스 도구에 있는 명령어들은 주로 서피스의 연장, 옵셋, 필렛 등의 기본 툴과 서피스의 연속성을 맞춰주는 Match 명령, 서피스의 연속을 맞춰 서피스를 생성하는 Blend 명령, 서피스의 차수나 CP를 재설정하는 Rebuild 명령 등으로 구성됩니다.

❶ FilletSrf

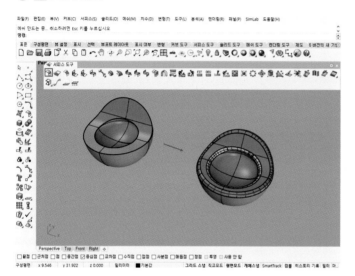

FilletSrf 명령은 2개의 서피스 사이에 일정한 반지름을 가진 둥근 서피스를 하나 만듭니다. FilletEdge로 필렛이 깨질 때 FilletSrf를 활용해도 됩니다.

❷ MatchSrf

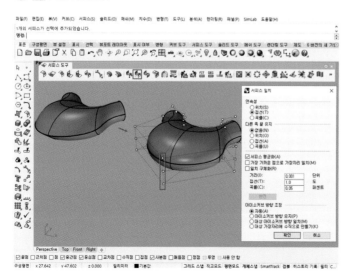

MatchSrf 명령은 2개의 서피스가 맞닿아 있거나 떨어져 있을 때 두 서피스가 만나는 Edge에서의 위치, 접선, 곡률 연속성을 갖도록 조정합니다. 두 서피스가 맞닿아 있을 때는 반드시 쓰도록 합니다.

❸ 🔧 MergeSrf

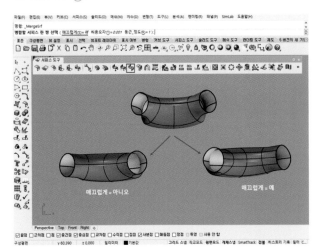

MergeSrf 명령은 두 서피스를 Edge에서 하나의 서피스로 결합합니다. Trim 서피스는 MergeSrf 를 할 수 없습니다.

❹ 🔧 BlendSrf

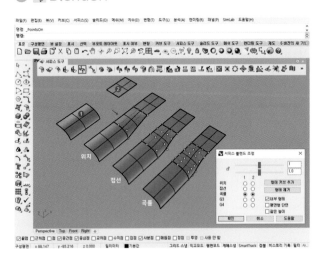

BlendSrf 명령은 2개의 서피스가 서로 떨어져 있을 때 중간을 연결하는 새로운 서피스를 생성합니다. 맞닿은 Edge는 MatchSrf가 됩니다.

반올림   **BlendSrf와 MatchSrf의 관계**

BlendSrf로 생성된 서피스는 기존의 서피스와 맞닿기 때문에 MatchSrf가 된 것과 같습니다. MatchSrf에서 적용되었던 CP 순서가 BlendSrf에서도 똑같이 적용됩니다. Position(끝점)을 체크하면 평면 형태의 서피스가 생성되며 Degree(차수) = 1, CP(제어점) = 2가 됩니다. Tangency(접선)를 체크하면 곡면이 생성되며 Degree = 3, CP = 4가 됩니다. Curvature(곡률)를 체크할 경우 곡면이 생성되며 Degree = 5, CP = 6이 됩니다.

---

❺ 🖾 Rebuild

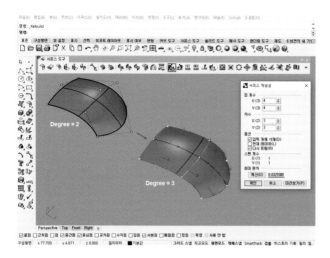

Rebuild 명령은 선택한 단일 서피스의 CP 개수와 차수를 재설정합니다. Rebuild를 하면 항상 Uniform 한 형태로 서피스가 변형되며 좀 더 부드럽게 서피스를 편집할 수 있습니다. 편차가 발생합니다.

❻ 🖾 ChangeDegree

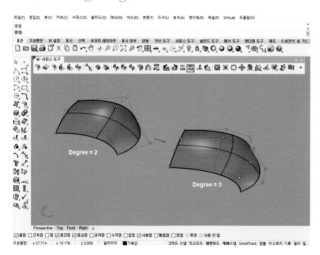

Rebuild 명령과 다르게 형태가 변형되지 않습니다. Degree(차수)를 증가시켜 CP(제어점 수)를 추가합니다.

Degree = 1 ⇨ CP = 2
Degree = 2 ⇨ CP = 3
Degree = 3 ⇨ CP = 4
Degree = 5 ⇨ CP = 6

❼ 🖾 OffsetSrf

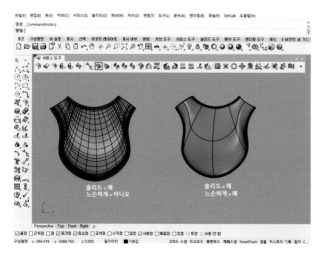

OffsetSrf 명령은 서피스 또는 폴리서피스를 복사하여 복사된 서피스의 위치가 원래 서피스로부터 동일하게 지정된 거리에 있게 됩니다.

⑧ ✂ UnrollSrf

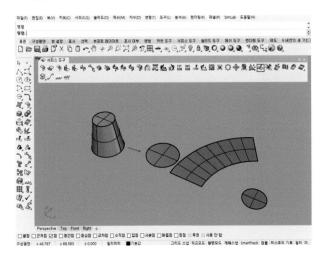

UnrollSrf 명령은 서피스 또는 폴리서피스를 평면형 서피스에 대해 1방향의 곡률로 전개합니다. 복곡면은 전개되지 않습니다.

반올림   단곡면과 복곡면 비교

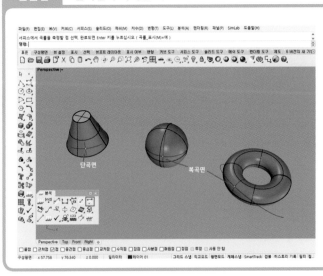

Curvature 명령어로 서피스의 곡률을 표시합니다. 명령 실행 후 서피스를 선택하면 곡률을 나타내는 선이 나옵니다. 복곡면인 경우 곡률이 양방향으로 표시됩니다. 단곡면인 경우 한쪽 곡률은 직선 형태를 띕니다.

---

⑨ ◼ ShrinkTrimmedSrf

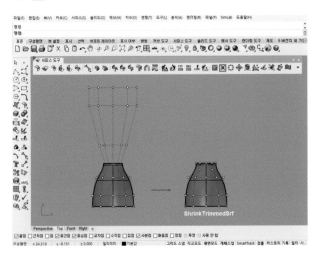

ShrinkTrimmedSrf 명령은 트림 서피스의 제어점을 서피스 경계에 가깝게 축소합니다.

⑩ RemoveMultKnot

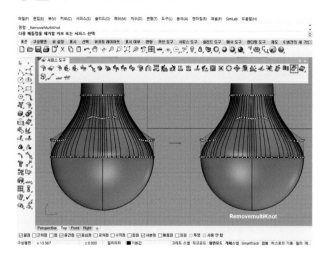

RemoveMultiKnot 명령은 서피스의 중복된
Knot(매듭점)를 제거합니다. Sweep2 명령과
BlendSrf로 만들어진 서피스는 중복된 Knot가
생성됩니다.

⑪ SrfSeam

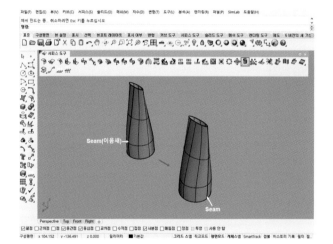

SrfSeam 명령은 서피스의 시작과 끝, 가장자리
가 만나는 닫힌 서피스 상의 위치를 변경합니다.

⑫ ExtendSrf

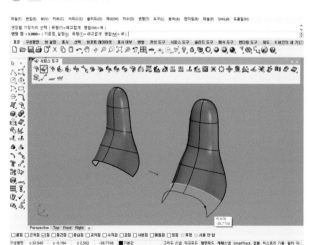

ExtendSrf 명령은 서피스 Edge를 움직여 서피스
의 길이를 연장합니다.

Lesson 03 솔리드 도구

솔리드 도구에는 솔리드를 합치거나 빼기, 필렛과 같은 명령어와 솔리드 오브젝트의 엣지나 서피스의 이동 구멍 등을 생성할 수 있는 명령어들이 포함되어 있습니다.

❶ BooleanDifference

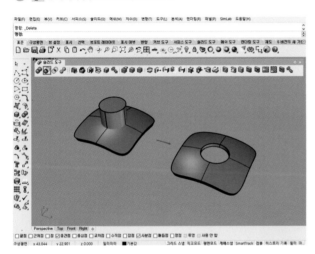

BooleanDifference 명령은 선택된 폴리서피스 또는 서피스에서, 다른 폴리서피스 또는 서피스와 공통된 영역을 잘라냅니다.

❷ BooleanSplit

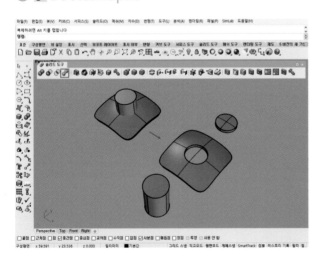

BooleanSplit 명령은 선택된 polysurfaces 또는 서피스의 공통 영역을 나누고, 공통의 영역과 그렇지 않은 영역을 별도의 폴리서피스로 만듭니다.

❸ 🔩 Shell

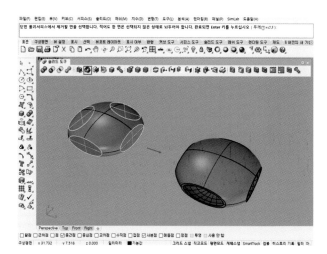

Shell 명령은 솔리드로 속이 빈 쉘(껍데기)을 만듭니다. 간단한 솔리드 다양체 폴리서피스에서만 실행됩니다. 이 서피스는 제거되고 남은 부분이 안쪽으로 간격 띄우기 실행됩니다.

❹ 📦 FilletEdge

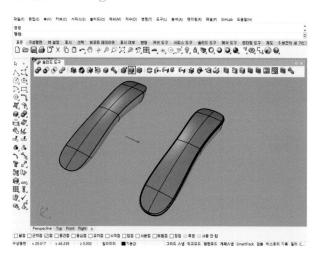

FilletEdge 명령은 여러 개의 폴리서피스 가장자리 사이에 다양한 반지름 값을 사용하여 접하는 서피스를 만들고, 트림 실행하여 이를 필렛 서피스에 결합합니다.

❺ 📦 Cap

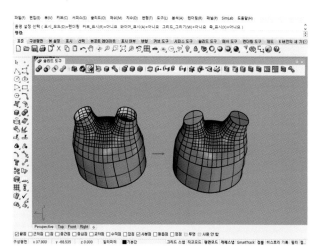

Cap 명령은 평면형 서피스를 구멍 가장자리에 결합시켜 서피스 또는 폴리서피스의 열린 부분을 채웁니다.

⑥ ExtractSrf

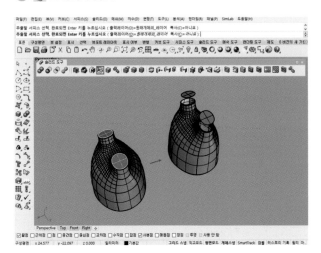

ExtractSrf 명령은 폴리서피스 면을 분리하거나 복사합니다.

⑦ SolidPtOn

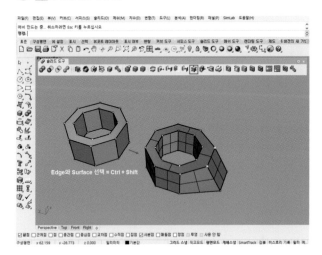

SolidPtOn 명령은 서피스 끝점, 결합된 폴리서피스 가장자리의 제어점을 켭니다.

개체로 커브 만들기 툴바

Curve from Object 툴바에는 서피스에서 커브를 추출하거나, Isocurve를 통해 커브 및 교차선 등을 추출하거나, U, V 및 도면을 추출할 수 있는 명령어 등이 있습니다.

❶ 🥫 Project

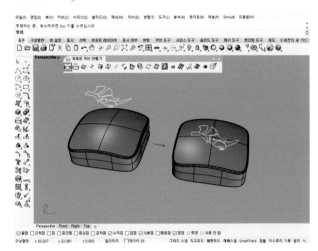

Project 명령은 구성 평면을 향하여 투영된 서피스와 커브, 점의 교차인 서피스에 커브 또는 점을 만듭니다. 현재 작업 창에서 보이는 커브가 그대로 투영됩니다.

❷ 📄 DupBorder

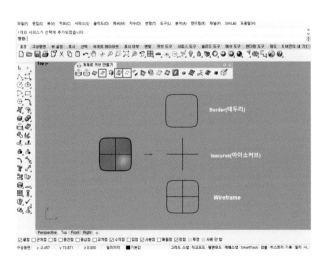

DupBorder 명령은 열린 서피스, 폴리서피스, 해치, 메쉬의 테두리를 복제하는 커브 또는 폴리라인을 만듭니다.

❸ 📄 ExtractIsoCurve

ExtractIsocurve 명령은 서피스의 지정된 위치에 아이소커브를 복제하는 커브를 만듭니다.

❹ 📄 ExtractWireframe

ExtractWireframe 명령은 와이어프레임 뷰에 표시되는 서피스, 폴리서피스 아이소커브, 메쉬 가장자리를 복제하는 커브를 만듭니다.

⑤ Blend_Perpendicular

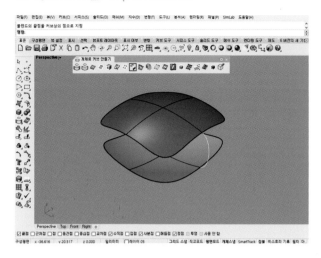

Blend_Perpendicular 명령은 Edge에 수직으로 블렌드 커브를 만듭니다.

⑥ Intersect

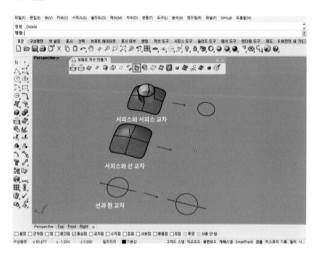

Intersect 명령은 2개 이상의 커브와 서피스가 서로 교차하는 지점에 점 개체 또는 커브를 만듭니다.

⑦ Contour

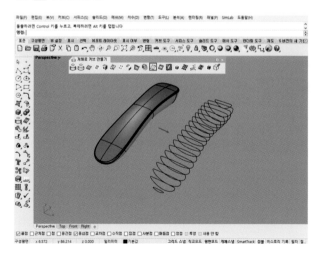

Contour 명령은 커브, 서피스, 폴리서피스, 또는 메쉬를 통과하는 정의된 절단 평면을 교차한 결과인, 일정한 간격을 둔 일련의 평면형 커브와 점을 만듭니다.

⑧ 🔲 Silhouette

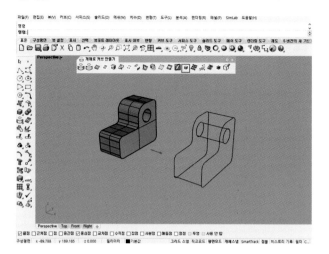

Silhouette 명령은 선택된 서피스, 돌출, 폴리서피스 또는 메쉬 개체로부터 외곽선 커브를 만듭니다.

⑨ 🔲 CreateUVCrv

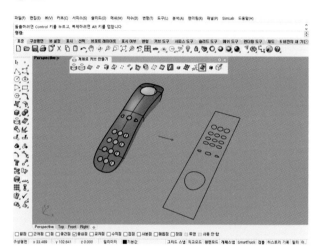

CreateUVCrv 명령은 서피스의 트림되지 않은 경계를 투영하고 커브를 절대좌표 XY 평면 상에 트림합니다. 제어 다각형은 UV 커브의 크기를 결정합니다.

반올림   Control Polygon(제어 다각형)

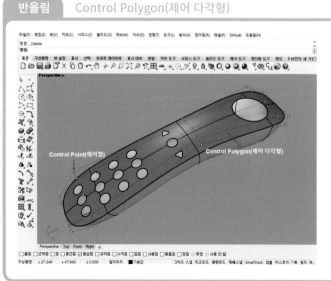

제어점과 제어점을 잇는 점선입니다.

⑩ 🔩 Make2D

Make2D 명령은 지오메트리를 구성 평면에 투영
하여 2D 도면을 만듭니다.

Lesson 05 변형 툴바

이 툴바에는 오브젝트를 회전, 복사, 배열, 크기 조정할 수 있는 명령어들과 솔리드 오브젝트를 변형할 수 있는 다수의 명령어가 있습니다.

❶ SoftMove

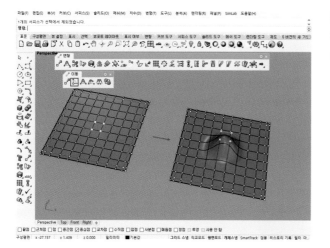

SoftMove 명령은 Falloff 커브로, 이동의 기준 또는 참조 위치에 대하여 상대적으로 개체를 이동합니다.

❷ Orient3Pt

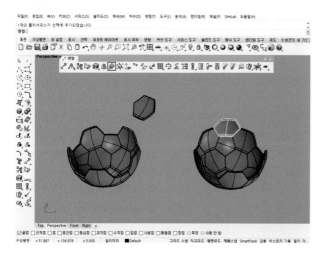

Orient3Pt 명령은 3개의 참조점과 3개의 대상점을 사용하여 개체를 복사/이동하고 회전시킵니다.

❸ OrientOnSrf

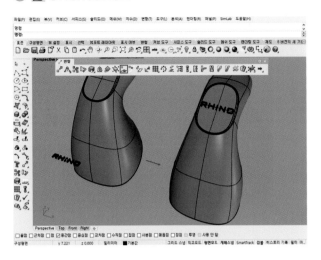

OrientOnSrf 명령은 서피스 법선 방향을 방향의 기준으로 사용하여 서피스 상의 개체를 이동/복사하고 회전시킵니다.

❹ OrientOnCrv

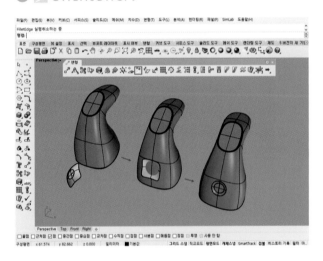

OrientOnCrv 명령은 커브 방향을 방위로 사용하여 커브를 따라 개체를 이동/복사하고 회전시킵니다.

❺ RemapCPlane

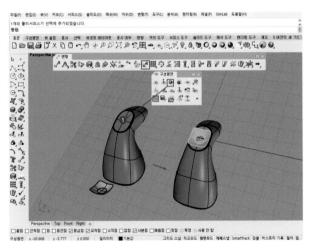

RemapCPlane 명령은 선택된 개체를 다른 구성평면으로 다시 방위 변형합니다.

❻ 🔧 ArrayCrvOnSrf

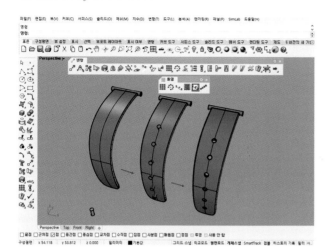

ArrayCrvOnSrf 명령은 서피스 상에 있는 커브를
따라 개체의 복사본을 지정된 간격으로 배열하고
회전시킵니다.

❼ 🔧 SetPt

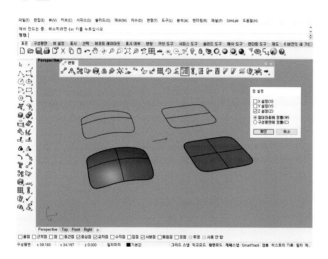

SetPt 명령은 개체를 X, Y, 와/또는 Z 방향으로 지
정된 위치로 이동시킵니다.

❽ 🔧 Twist

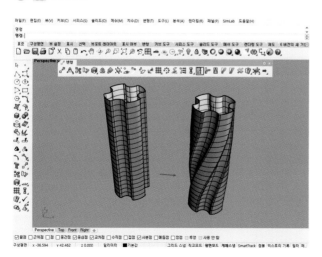

Twist 명령은 축을 중심으로 개체를 회전시켜 변
형합니다.

⑨ Flow

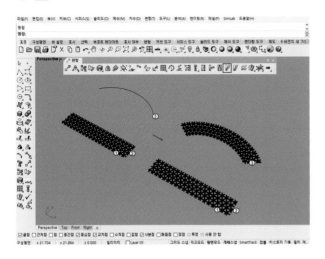

Flow 명령은 기준 커브에서 대상 커브까지 개체 또는 개체 그룹을 다시 정렬합니다.

⑩ FlowAlongSrf

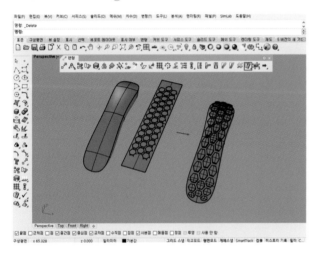

FlowAlongSrf 명령은 원본 서피스에서 대상 서피스로 개체를 모프(morph) 변형합니다.

⑪ CageEdit

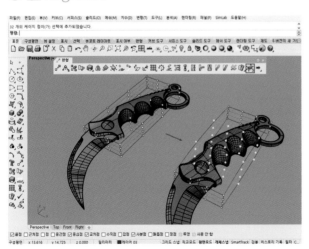

CageEdit 명령은 2차원, 3차원적인 케이지 개체를 사용하여 개체를 매끄럽게 변형합니다.

Lesson 06 분석 툴바

분석 툴바에는 각종 이상 유무를 검사하는 명령과 서피스의 흐름 등을 분석하는 명령어들이 있습니다.

❶ Dir

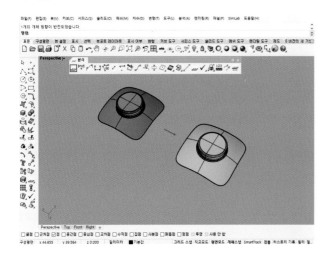

Dir 명령은 방향 분석 제어를 열고, 커브, 서피스,
폴리서피스의 방향을 표시합니다.

❷ CurvatureGraph

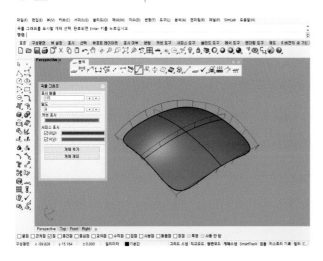

CurvatureGraph 명령은 그래프를 사용하여 곡률
을 시각적으로 평가합니다.

❸ 📐 ShowEdges

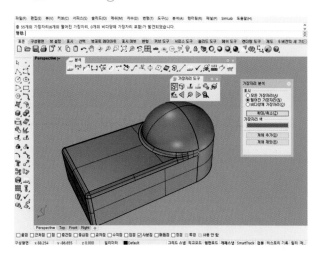

ShowEdges 명령은 서피스, 폴리서피스, 메쉬의 열린 Edge를 표시합니다.

❹ 📐 SplitEdge

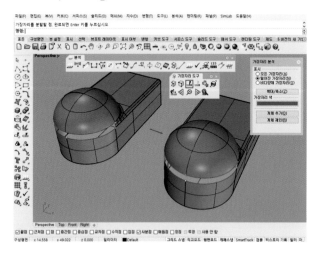

SplitEdge 명령은 지정한 위치에서 서피스 가장 자리를 나눕니다.

❺ 📐 JoinEdge

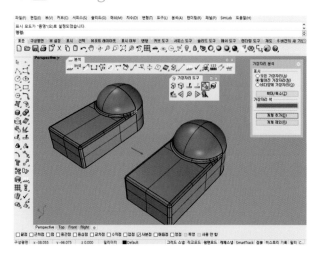

JoinEdge 명령은 허용오차의 범위를 넘는 2개의 떨어진 가장자리를 결합합니다.

Memo

6

Rhino 3D 6 새 명령

이 장에서는 Rhino 3D 6에 추가된 새 명령어들에 대해서 알아보겠습니다. Rhino 3D 6에서는 오류들이 개선되어 좀 더 편리한 사용이 가능해졌습니다.

❶ AddGuide 토

이 명령어는 임시 모델링 보조 기능으로 사용할 수 있는 무한대의 선을 만듭니다. 토 RemoveGuide 명령으로 보조선을 제거합니다.

❷ AMF 파일 가져오기 / 내보내기

라이노에서 재질 적용

모든 3D 프린터에서 가공되는 3D 객체의 모양과 구성을 기술할 수 있도록 설계된 XML 기반 파일 형식입니다. 이전 모델인 STL 형식과 달리 AMF 는 개체의 색상과 재료에 대한 정보를 가지고 있습니다.

AMF파일과 STL파일 비교

다음 그림은 AMF와 STL 파일을 비교한 것입니다. 금속 재질의 경우 검은색으로 표현되며 플라스틱 재질은 적용된 색상이 표현됩니다.

❸ Catanary ⏝

Catenary 명령은 케이블 또는 사슬이 양쪽 끝에만 고정되어 자체 무게로 인해 아래로 쳐져 매달린 커브, 즉 현수선(양 끝이 고정되어 있는 끈이 중력에 의하여 이루는 자연스러운 곡선)을 그립니다.

Catenary 활용 사슬

❹ CopyLinkedBlock(아이콘화 되지 않았습니다.)

Insert로 불러온 파일을 블록 지정한 후 CopyLinkedBlock 명령으로 복사해 링크합니다.

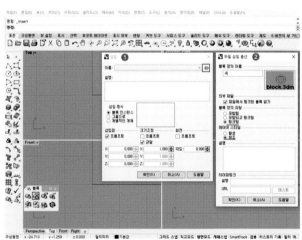

1️⃣ Insert 명령으로 'block.3dm'파일을 불러옵니다. 블록 정의 이름을 A로 하고, 옵션을 그림처럼 체크합니다.

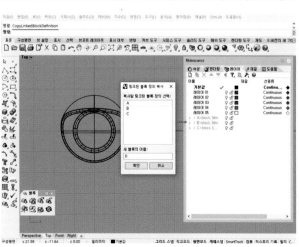

2️⃣ 명령 프롬프트에 CopyLinkedBlockDefinition를 입력하고 새 블록 이름을 B, C, D 순으로 반복해 복사합니다. 레이어 창에 복사된 블록이 나타납니다. 레이어 색상을 변경합니다.

③  Insert 명령으로 이름 항목에 B, C, D 순으로 삽입합니다.

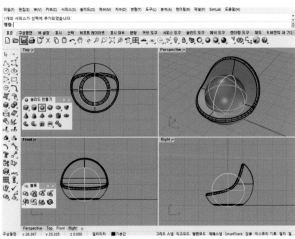

④ 라이노를 새롭게 시작해 'block.3dm' 파일을 불러온 후 Sphere 명령으로 구를 만들고 Save 명령으로 저장합니다.

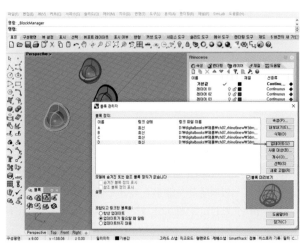

⑤ BlockManager 명령으로 각 블록을 선택하고 '업데이트'를 해줍니다.

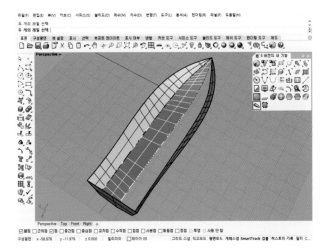

[6] 복사된 블록이 변경됩니다.

❺ DevLoft 🖌

DevLoft 명령은 두 레일 사이에 전개 가능한 단일 서피스를 만듭니다. 결과로 얻은 서피스는 UnrollSrf 명령으로 평면화할 수 있습니다.

DevLoft로 만든 서피스

반올림 Interactive Mode(대화식 모드) 사용 방법

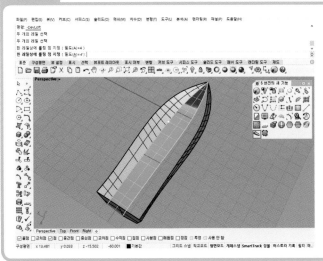

명령어 앞에 하이픈을 입력합니다.
예) -DevLoft
대화식 모드에서는 옵션을 통해 세밀하게 조정하여, 원하는 서피스를 만들 수 있습니다.

■ Rulings(룰링) 직선 긋기. 전개 가능한 서피스 상의 직선 단면을 가로지르는 선입니다. 전개 가능한 서피스는 스트레치 또는 압축 왜곡을 최소화하고, 룰링 선을 따라 구부려 평평한 평면이 될 수 있습니다.

❻ Distribute

Distribute 명령은 개체를 균일하게 분산시킵니다.

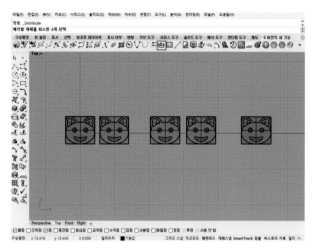

① 불균등하게 오브젝트가 배열된 상태

불균등하게 나열된 오브젝트

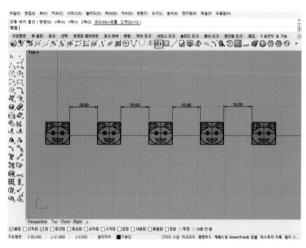

② Distribute 명령으로 오브젝트 배열(빈틈 모드)

모드=빈틈과 간격=10 X축 배열

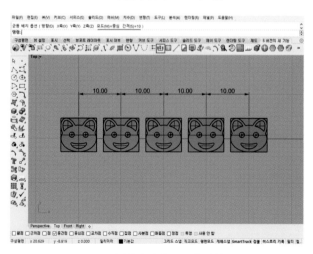

③ Distribute 명령으로 오브젝트 배열(중심 모드)

모드=중심과 간격=10 X축 배열

❼ DragStrength ⊘

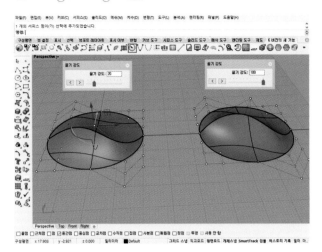

DragStrength 명령은 검볼을 끌어오는 세기를 말합니다. 개체를 마우스로 끌어오는 세기(제어점 포함)를 설정합니다. 수치가 높을수록 많이 당겨집니다.

❽ ExtendSrf ◪ 의 강화

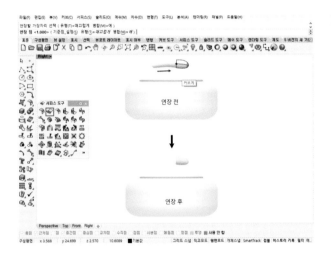

ExtendSrf 명령으로 보다 쉽게 가장자리를 클릭하여 안과 밖으로 끌어 연장시킬 수 있습니다. 또한 추가된 병합 옵션을 통해, 연장(또는 수축)이 별도의 서피스가 될 수 있습니다.

❾ FilletEdge ⬛

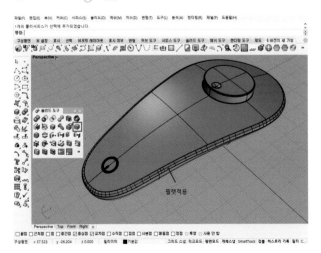

FilletEdge의 필렛을 했을 때는 반지름과 선택을 편집할 수 있습니다. 편집은 필렛 처리된 폴리서피스의 복사본과 파일 내보내기/가져오기에서도 유지됩니다. 또한 필렛 명령이 개선되었습니다.

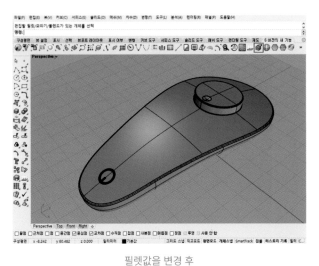

적용된 필렛을 변경하고자 할 경우에는 Fillet-Edge(편집) 명령으로 리모콘의 몸체를 선택한 후 적용된 엣지의 필렛 반지름을 변경하면 됩니다.

필렛값을 변경 후

❿ FlowAlongSrf

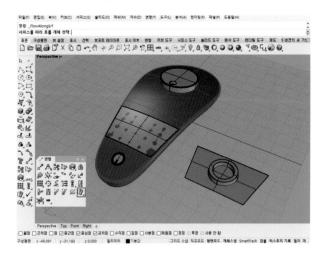

FlowAlongSrf 명령의 새로운 '법선 제한' 옵션을 사용하여 개체를 모프 변형할 때 기본적인 구조를 유지할 수 있습니다. 평면에 있는 개체에 구배를 추가하고 개체의 구배 방향을 유지할 수 있게 되었습니다.

FlowAlongSrf 명령 전

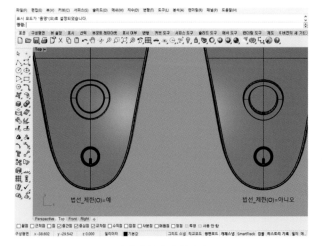

법선_제한(O)=예   법선_제한(O)=아니오

법선 제한 옵션 차이점

⓫ History의 강화

■ MatchSrf 🔁 에서 히스토리 사용

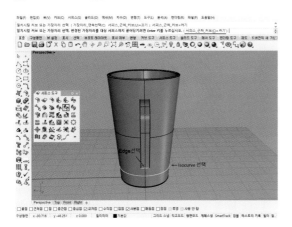

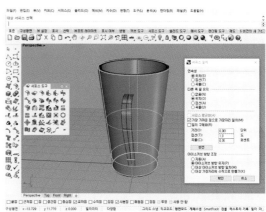

1️⃣ MatchSrf 명령을 실행하고 손잡이 아랫부분의 엣지를 선택합니다. '서피스 근처 커브(C) =켜기'로 변경한 다음 Isocurve를 선택합니다.

2️⃣ 옵션은 다음 그림과 같이 체크 한 뒤 명령을 마칩니다.

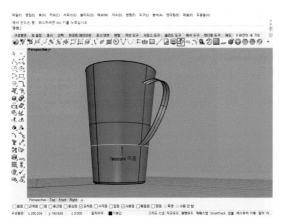

3️⃣ MoveExtractedIsocurve 🔁 명령으로 Isocurve를 이동하면 매치된 부분의 손잡이 끝부분도 같이 움직입니다.

■ BlendSrf 🔀 에서 히스토리 사용

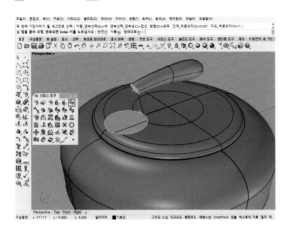

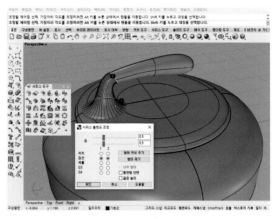

☐1 BlendSrf 명령으로 연결할 두 엣지를 선택합니다.

☐2 옵션을 설정합니다.

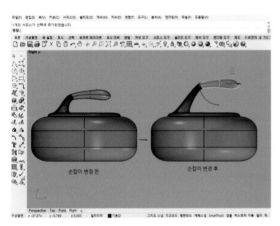

☐3 손잡이를 선택하고 검볼을 사용하여 이동하면 블렌드로 생성된 서피스도 함께 움직입니다. 검볼을 사용하여 회전, 스케일도 변경 가능합니다.

⑫ IPlane(InfinitiPlane) 🖊️

무한 평면(InfinitePlane) 옵션을 사용하면 개체와 무한대로 펼쳐진 어느 한 평면을 교차시켜 점/커브를 얻을 수 있습니다. 단독 명령으로도 쓰이고 BooleanSplit 🔗 과 같은 명령과 함께 쓰이기도 합니다.

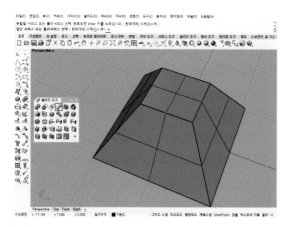

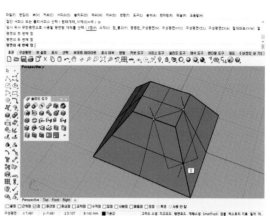

1️⃣ BooleanSplit 명령을 실행하고 육면체를 선택한 다음 Enter 합니다. ip를 입력하고 Enter 합니다.

2️⃣ 옵션 중에 3점(P) 항목을 클릭한 다음 3점을 선택합니다.

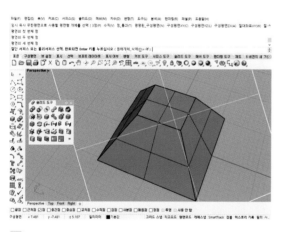

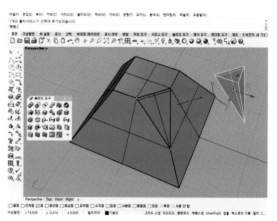

3️⃣ 3점을 지나는 무한 평면이 생성됩니다.

4️⃣ 잘린 서피스를 이동시킬 수 있습니다.

⑬ Isolate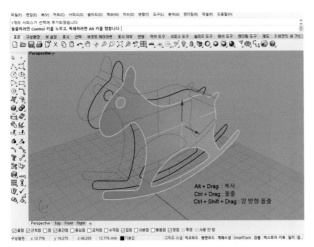

Isolate 명령은 기존 버전에 있었던 '숨기기 반전'을 대체합니다.

⑭ Gumball Extrude(검볼 돌출)

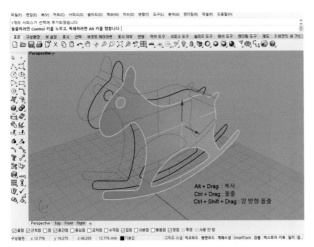

검볼을 사용하여 점 또는 양쪽 변을 돌출시킬 수 있습니다. Point를 선택하여 Ctrl + Drag하면 선으로 돌출됩니다.

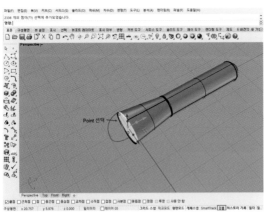

① Point를 선택합니다.

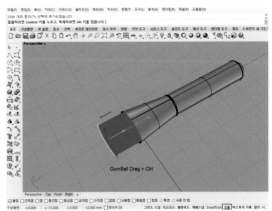

② 검볼로 Point를 이동하고 Ctrl 키를 누릅니다.

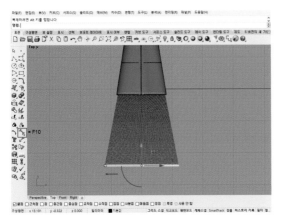

③ 선의 제어점을 켜고 검볼의 크기 조정 핸들로 크기를 늘립니다.

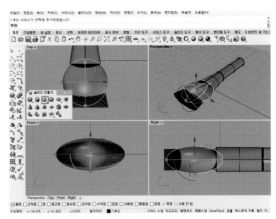

④ 🔵 Sphere 명령어로 구를 그리고 검볼을 활용해 크기를 줄입니다.

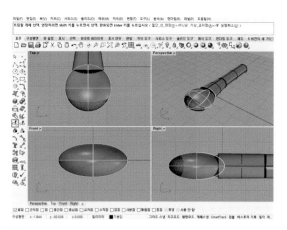

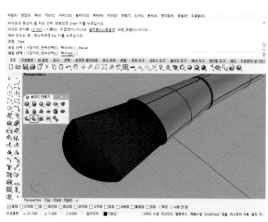

⑤ 🔧 Trim 명령으로 구를 경계로 튀어나온 선을 지워
줍니다. 구는 지웁니다.

⑥ 🔩 Pipe 명령으로 선을 선택하고 파이프를 만듭니다.

⑮ MeshFromLines 🔲

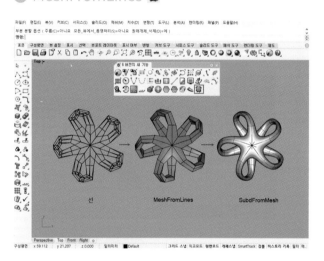

선　　　　　　MeshFromLines　　　　SubdFromMesh

MeshFromLines 명령은 교차하는 선으로 메쉬를
만듭니다.

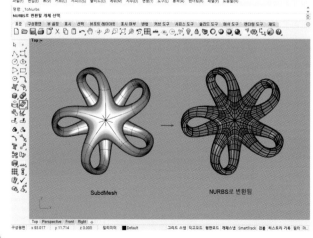

SubdMesh　　　　　　NURBS로 변환됨

MeshFromLines과 SubdFrom - Mesh 명
령은 기존의 T - Splines에 있던 명령어로,
Rhino 3D 6 버전에 추가되었습니다. Rhino
3D 6 WIP(개발 버전) 당시에는 명령 프롬프
트에서 명령어 앞 단어만 입력하면 자동 완
성되었으나 SubdFromMesh 명령은 그 설
정에서 제외되어서 명령어를 모두 입력한
상태에서 Enter 해야 실행됩니다.
다음 버전인 Rhino 3D 7에 다양한 기능이
포함될 예정입니다. SubdMesh는 ToNurbs
🎴 명령으로 NURBS로 바뀝니다.

⑯ OneView ▣

OneView 명령은 하나의 창에서 모델링하는 방식에 적합하게, 활성화시킨 구성 평면을 절대좌표 Top, Bottom, Front, Right, Left, Back에 설정할 수 있습니다. 이 모드는 뷰포트를 최대화된 Perspective 뷰로 자동 설정합니다. 뷰를 회전하여 절대좌표 구성 평면의 평면 뷰, 절대좌표 Top, Bottom, Front, Right, Left, Back에 가까이 가면, 해당 뷰와 연결된 구성 평면이 활성화됩니다.

⑰ OffsetMultiple 〰

OffsetMultiple 명령은 여러 커브를 복사하여, 복사된 커브 상의 모든 위치가 원래 커브로부터 지정된 거리로 떨어지게 합니다.

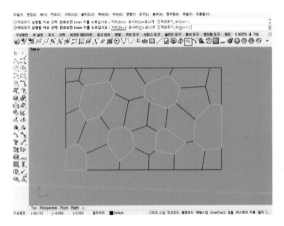
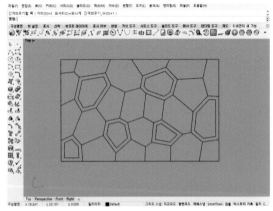

① **OffsetMultiple** 실행 후 옵셋하고자 한 선을 모두 선택합니다.

② 폐곡선의 안쪽을 클릭하면 안쪽으로 옵셋됩니다.

⑱ Picture ▣

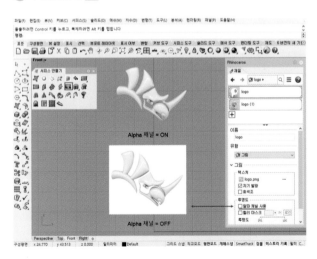

Picture 명령은 기존의 BackgroundBitmap 명령과 PictureFrame 명령을 대체하며, 자체적인 간단한 재질 유형을 갖췄습니다.

⑲ PointCloudContour(아이콘화 되지 않았습니다)

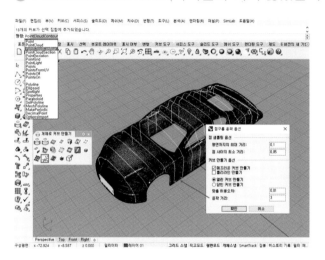

PointCloudContour 명령은 점 또는 점 구름 개체와 평면을 교차시켜 평면형 커브를 만듭니다. 유사 명령은 PointCloudSection 명령입니다.

⑳ RemoveAllNakedMicroEdges

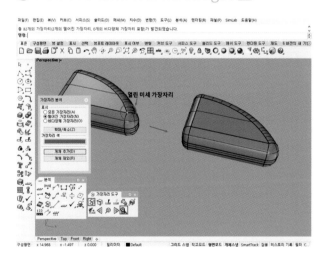

RemoveAllNakedMicroEdges 명령은 크기가 매우 작은, 떨어진 단일 가장자리를 제거합니다. 이러한 가장자리는 연산 오류를 일으키는 원인 중의 하나입니다. 열린 Edge의 확인은 ShowEdges 명령으로 열린 미세 가장자리를 확인하고 RemovedAllNakedMicroEdges 명령으로 열린 미세 가장자리를 메꾸어 줍니다.

㉑ ShowEnds

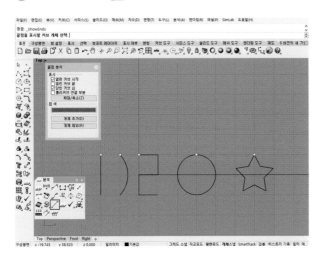

ShowEnds 명령은 끝점 분석 제어를 열고, 커브의 끝점을 표시합니다.

㉒ Thickeness

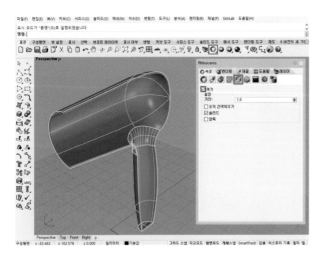

Thickeness 명령은 선택된 개체의 두께 속성을 관리합니다. Properties 명령의 개체 속성 명령어 중 하나입니다. 쉐이드나 렌더링 시 보이는 두께 입니다.

㉓ ViewCaptureTo

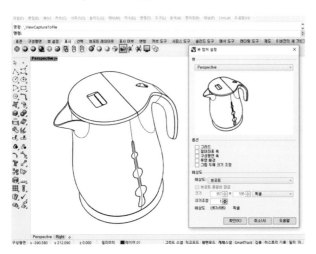

ViewCaptureToFile 명령은 현재 뷰의 이미지를 파일로 저장합니다.

■ 그 밖의 개선된 점들

· ReduceMesh 입력 메쉬의 감소를 더 많이 제어할 수 있게 되었습니다.
· 더 많은 명령에서 히스토리가 지원됩니다. 지원 되는 명령은 아래와 같습니다.

> BlendSrf
> Bounce
> ChamferSrf
> FilletSrf
> InterpCrvOnSrf
> MatchSrf
> MoveExtractedIsocurve
> VariableFilletSrf

· 부울 연산이 같은 위치를 공유하는 면에서 더욱 안정적으로 실행됩니다.
· STEP 가져오기 기능이 완전히 새롭게 작성되어 폴리서피스 지원이 향상되었습니다.

반올림   시작하기 전에 읽어두기

[1] 마우스 사용법

■ LMB(Left Mouse Button, 마우스 왼쪽 버튼)

오브젝트를 선택
(Shift) + 오브젝트 선택 ⇨ 오브젝트 추가 선택
(Ctrl) + 오브젝트 선택 ⇨ 선택 오브젝트 해제

■ RMB(Right Mouse Button, 마우스 오른쪽 버튼)

이전 명령 실행 또는 작업 마침
Pan(화면 이동) Perspective 뷰에서는(회전)

■ MMB(Middle Mouse Button, 마우스 가운데 버튼, 휠 버튼)

화면 확대/축소
Popup 메뉴

[2] 오브젝트 선택방법

■ Window Box(창 상자)   LMB + 드래그(좌측에서 우측으로 드래그)

실선으로 표시되며 오브젝트가 포함되어야 선택됩니다.

■ Crossing Box(교차 상자)   LMB + 드래그(우측에서 좌측으로 드래그)

점선으로 표시되며 오브젝트가 점선에 걸치기만 해도 선택됩니다.

■ 추가 선택   (Shift) 키 누름

■ 선택 해제   (Ctrl) 키 누름

③ 자주 쓰는 단축키

Esc	작업 취소	F1	도움말 보기
Ctrl + N (New)	새로운 작업 시작	F2	History 보기
Ctrl + O (Open)	파일 열기	F3	Object Properties(객체 특성보기)
Ctrl + S (Save)	파일 저장	F7	Grid On, Off(격자 켜기/끄기)
Ctrl + C (Copy)	복사	F10	Control Points On(제어점 켜기)
Ctrl + V (Paste)	붙여넣기	F11	Control Points Off(제어점 끄기)
Ctrl + A (All)	모두 선택		
Ctrl + Z (Undo)	작업취소		

④ 자주 쓰는 용어 이해하기

Surface(면)	서피스 폴리곤은 Face라 부릅니다.
CP(Control Point, 제어점)	폴리곤은 Vertex라 부릅니다.
Solid(솔리드)	닫힌 오브젝트
Polysurface(폴리서피스)	2개 이상 붙어있는 서피스
Object(객체)	라이노에서 사용되는 점, 선, 면 등을 통틀어 객체라 부릅니다.
Osnap(오스냅)	Object Snap
CPlane(Construction Plane)	작업 평면
Click(마우스 왼쪽 버튼 누름)	주로 선택하는 기능
Enter (마우스 오른쪽 버튼 기능)	키보드의 Space Bar 도 같은 기능

⑤ 라이노 예제파일은 각 챕터의 3dm 폴더에 이미지는 image 폴더에 있습니다.

⑥ 영상강좌 일정은 http://cafe.naver.com/rhino3dworld 카페에 공지됩니다.

Memo

Chapter

7

기본 서피스 명령 활용하기

이 장에서는 라이노에서 가장 많이 활용되는 서피스 명령어들에 대해서 알아보겠습니다.

EdgeSrf 명령은 둘, 셋, 또는 네 개의 선택된 커브로 서피스를 만드는 명령입니다.

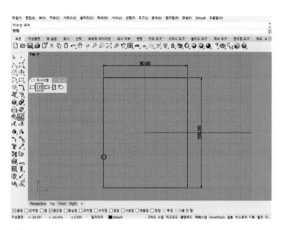

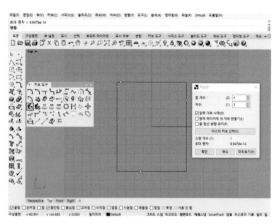

1️⃣ Rectangle 명령으로 원점에서 80×100인 사각형을 만듭니다. ❶ 사각형을 선택하고 Explode 명령으로 사각형을 분해합니다.

2️⃣ 선들을 모두 선택하고 Rebuild 명령으로 점 개수 4, 차수 3으로 변경합니다.

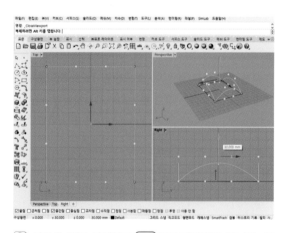

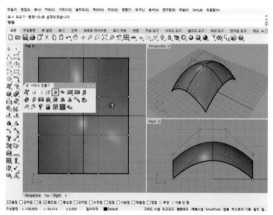

3️⃣ 선들을 모두 선택하고 F10으로 제어점을 켭니다. 그림처럼 제어점을 선택하고 30mm 정도 Z 방향으로 올립니다.

4️⃣ EdgeSrf 명령을 선택하고 선들을 모두 선택하여 서피스를 만듭니다. 만든 ❶ 서피스를 선택하고 F10으로 제어점을 켭니다. Shade_Viewport 모드로 음영을 표시합니다.

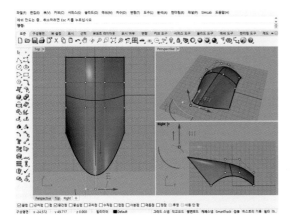

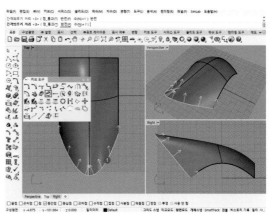

⑤ Top 뷰에서 제어점을 선택하고 그림처럼 이동시킨 후 Right 뷰에서 제어점을 Z 방향으로 이동시킵니다.

⑥ OffsetCrvOnSrf 명령으로 ❶Edge를 선택하고 안쪽으로 3mm 옵셋합니다.

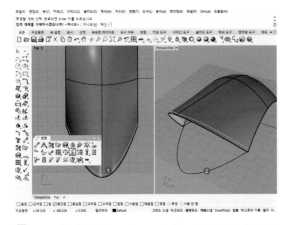

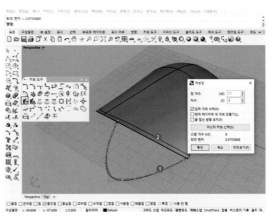

⑦ Top 뷰에서 ProjectToCPlane명령으로 ❶커브를 CPlane(작업평면)에 투영하면 ❷커브가 생성됩니다.

⑧ Rebuild 명령으로 ❶커브를 점 개수 11, 차수 3으로 변경하고 ❷커브는 선택해서 지웁니다.

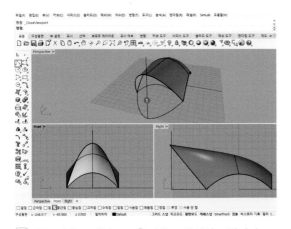

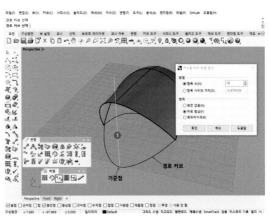

⑨ Polyline명령으로 ❶선을 그림처럼 그립니다.

⑩ ArrayCrv 명령으로 ❶선의 끝점을 기준점으로 선택한 뒤 경로 커브를 선택하고 옵션을 그림처럼 설정하고 선을 배열합니다.

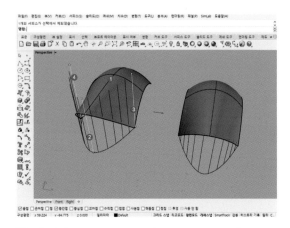

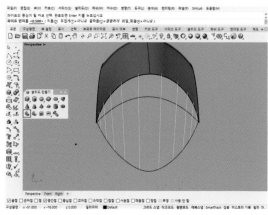

⑪ ❷❸❹ 선은 지웁니다. ✂ Trim 명령으로 ❶ 서피스를 경계로 해서 튀어나온 선을 그림처럼 지워줍니다.

⑫ 🔩 Pipe 명령 옵션의 복수(M)를 선택하고 선들을 모두 선택한 뒤 반지름이 0.5mm인 파이프를 만듭니다.

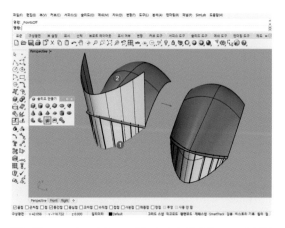

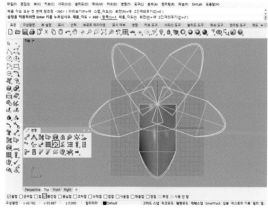

⑬ 🔲 Extrude 명령으로 ❶ 커브를 선택하고 그림처럼 돌출한 후 ✂ Trim 명령으로 ❷ 서피스를 경계로 해서 그림처럼 서피스를 지웁니다.

⑭ Top뷰에서 🌸 ArrayPolar 명령으로 모든 오브젝트를 선택하고 그림처럼 서피스 엣지의 중간점에서 5개를 원형 배열합니다.

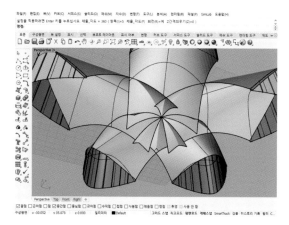

15 Perspective 뷰에서 보면 배열된 오브젝트의 밑 부분이 교차되어 있습니다.

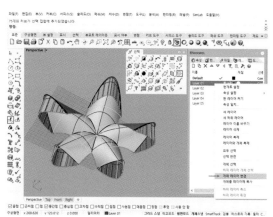

16 🔍 SelCrv 명령으로 커브를 선택합니다. 🎨 Layer 명령을 실행하고 "Layer 01"을 선택합니다. 오른쪽 마우스 버튼을 눌러 커브를 선택한 뒤 개체 레이어 항목을 선택합니다. "Layer 01"은 끕니다. 🔧 Trim명령으로 교차한 서피스를 그림처럼 지워줍니다.

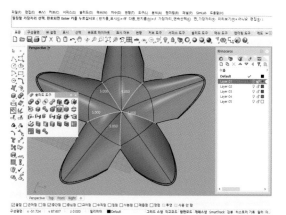

17 🔧 Join 명령으로 서피스를 모두 합친 후 🔷 Fillet Edge 명령으로 그림처럼 엣지를 선택하고 5mm 필렛합니다.

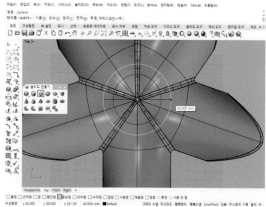

18 Top 뷰에서 🔵 Sphere 명령으로 중심점에서 반지름이 40mm인 구를 그림처럼 만듭니다.

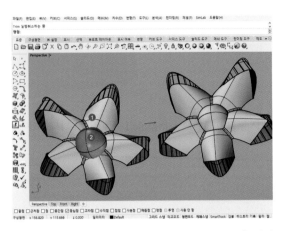

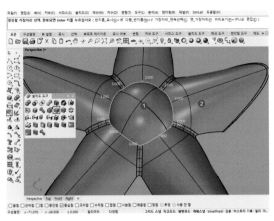

⑲ ⬚ Trim 명령으로 ❶서피스를 경계로 해서 ❷서피스의 아랫부분을 그림처럼 지워줍니다.

⑳ ❶과 ❷서피스를 ⬚ Join 명령으로 합친 후 ⬚ FilletEdge 명령으로 그림처럼 엣지를 선택하고 필렛을 3mm 합니다.

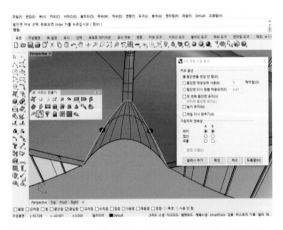

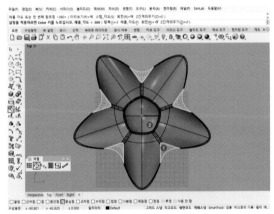

㉑ ⬚ Sweep2 명령으로 그림처럼 서피스를 만듭니다.

㉒ Top 뷰에서 ⬚ ArrayPolar 명령으로 ❶서피스를 중심점에서 5개 배열합니다. ⬚ Join 명령으로 ❷오브젝트와 원형 배열된 서피스를 합칩니다.

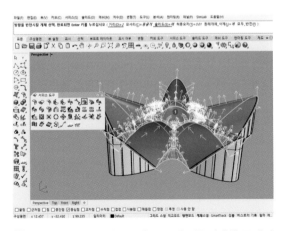

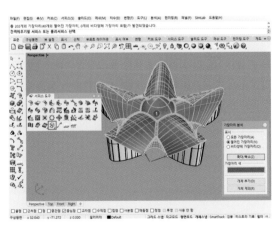

㉓ ⬚ OffsetSrf 명령으로 ❶오브젝트를 선택해 두께가 2mm인 솔리드를 만듭니다.

㉔ ⬚ ShowEdge 명령으로 ❶오브젝트를 선택해서 떨어진 가장자리를 확인합니다. 떨어진 가장자리(화살표)가 분홍색으로 표시됩니다.

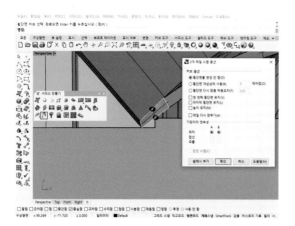

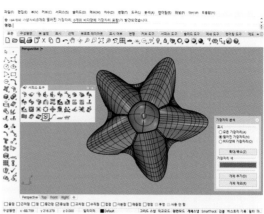

25 떨어진 가장자리를 확대해서 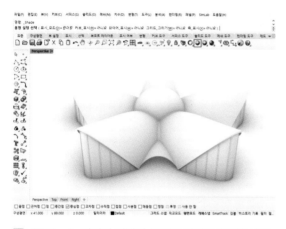 Sweep2 명령으로 그림처럼 서피스를 만든 후 나머지 부분도 서피스를 만듭니다. Join 명령으로 서피스를 모두 합칩니다.

26 ShowEdge 명령으로 ❶오브젝트를 선택해서 열려 있는 엣지가 있는지 다시 확인합니다. 이상이 없음을 알 수 있습니다.

27 Shade 명령의 렌더링 모드로 결과를 확인합니다.

Sweep2 명령은 서피스 가장자리를 정의하는 2개의 커브와 서피스 형태를 정의하는 일련의 프로파일 커브를 사용하여 서피스를 맞춥니다.

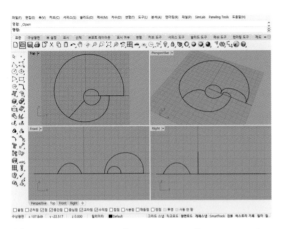

28 Open 명령으로 "sweep2.3dm" 파일을 불러옵니다.

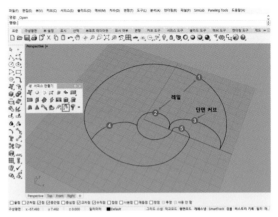

29 Sweep2 명령으로 ❶과 ❷ 레일을 선택한 후 ❸ ❹ ❺ 단면 커브를 순서대로 선택합니다.

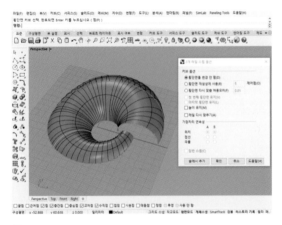

30 Sweep2 옵션은 다음과 같이 설정하고 서피스를 만듭니다.

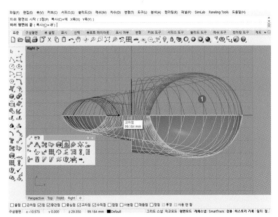

31 Right 뷰에서 Mirror 명령으로 ❶ 서피스를 선택해 대칭 복사합니다.

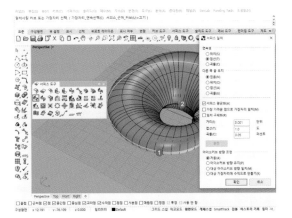

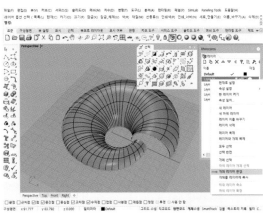

32 MatchSrf 명령으로 ❶지점의 엣지를 두 번 선택해 그림과 같이 서피스를 일치시킵니다. 안쪽의 ❷지점의 엣지도 같은 방식으로 서피스 일치를 하여 각지지 않게 합니다. 아랫면은 선택해서 지웁니다.

33 SelCrv 명령으로 커브를 선택한 후 Layer 명령으로 레이어 옵션 창에서 선택된 커브를 "Layer 01"로 변경하고 "Layer 01"은 끕니다.

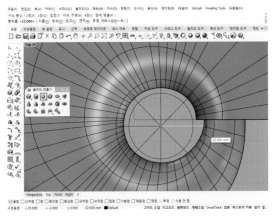

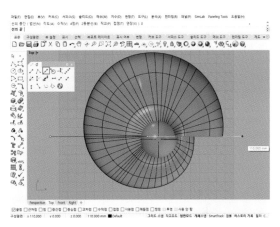

34 Top 뷰에서 Sphere 명령으로 반지름이 22mm인 구를 만듭니다.

35 Line 명령으로 원점에서 그림과 같이 선을 그려줍니다.

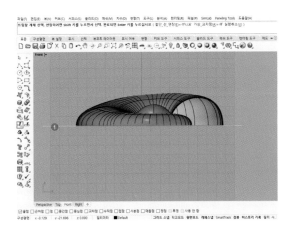

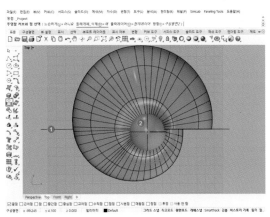

36 Front 뷰에서 Trim 명령으로 ❶선을 기준으로 선 아래 면들을 선택해 그림처럼 지워줍니다.

37 Top 뷰에서 Project 명령으로 ❶선을 ❷서피스에 투영합니다.

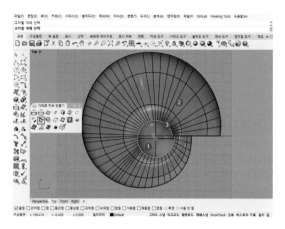

38 ▶ Intersect 명령으로 ❶과 ❷서피스의 교차선을
구합니다. ❸교차선이 만들어집니다.

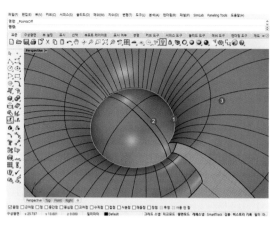

39 ▶ Trim 명령으로 ❶커브를 경계로 해서 ❷커브 지
점을 클릭해 커브를 지웁니다. 💡 Hide 명령으로 ❸서
피스는 숨깁니다.

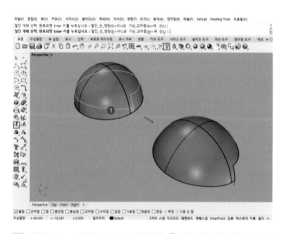

40 ▶ Trim 명령으로 그림처럼 ❶커브를 경계로 해서
커브의 아랫면을 선택해 지운 후 💡 Show 명령으로 오
브젝트를 모두 보이게 합니다.

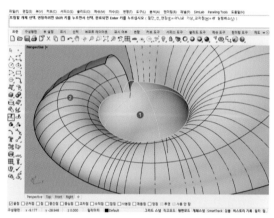

41 ▶ Trim 명령으로 ❶서피스를 경계로 해서 ❷서피
스의 튀어나온 부분을 선택해 지웁니다.

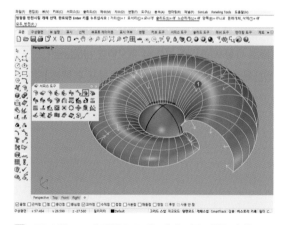

42 ▶ OffsetSrf 명령으로 ❶서피스를 안쪽 방향으로
1mm 솔리드 두께를 줍니다.

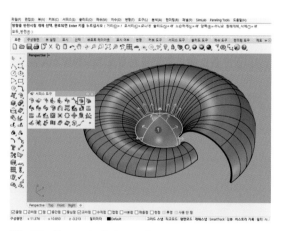

43 ▶ OffsetSrf 명령으로 ❶서피스를 바깥 방향으로
1mm 솔리드 두께를 줍니다.

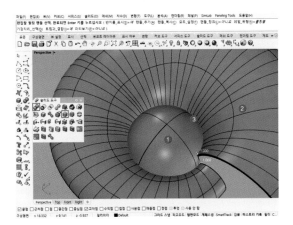

44 🖱 BooleanUnion 명령으로 ❶과 ❷ 오브젝트를 하
나로 합친 후 🖱 FilletEdge 명령으로 ❸ 엣지를 선택해
1mm 필렛을 줍니다.

45 🖱 Shade 명령으로 다음과 같은 결과를 얻습니다.

☑ Loft 명령은 서피스 형태를 정의하는 선택된 프로파일 커브에 서피스를 맞춥니다.

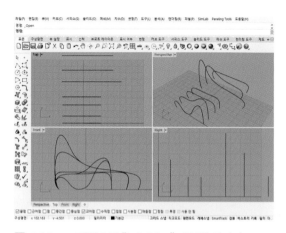

㊻ 📂 Open 명령으로 "loft.3dm" 파일을 엽니다.

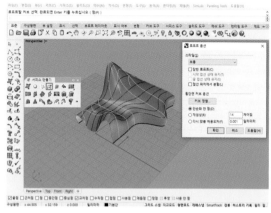

㊼ ☑ Loft 명령으로 커브를 순서대로 선택해서 서피스를 만듭니다.

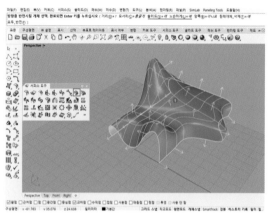

㊽ 🖱 OffsetSrf 명령으로 ❶ 서피스의 두께를 1mm 줍니다.

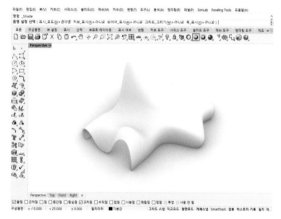

㊾ ● Shade 명령으로 결과물을 확인합니다.

Lesson 04 NetworkSrf 명령 활용하기

📎 NetworkSrf 명령은 교차하는 커브로 이루어진 네트워크로 서피스를 만듭니다. 한 방향을 향하는 커브는 다른 방향에 있는 모든 커브와 교차하여야 하며 또한 동일한 방향의 커브는 서로 교차하면 안 됩니다.

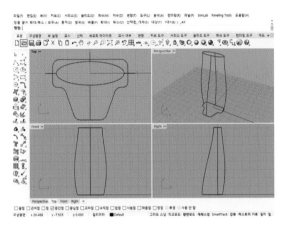

50 📂 Open 명령으로 "network.3dm" 파일을 엽니다.

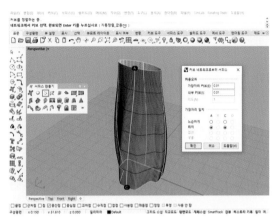

51 📎 NetworkSrf 명령으로 커브를 모두 선택하여 서피스를 만듭니다.

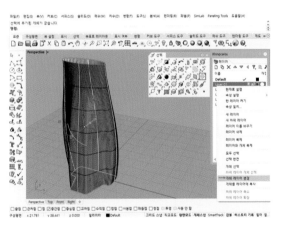

52 📎 SelCrv 명령으로 커브를 선택 후 📎 Layer 명령으로 선택한 커브를 "Layer 01"로 변경하고 레이어를 끕니다.

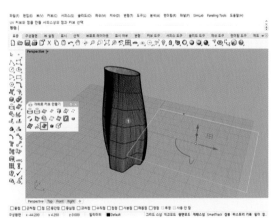

53 📎 CreateUVCrv 명령으로 ❶ 서피스를 선택해서 커브로 펼칩니다.

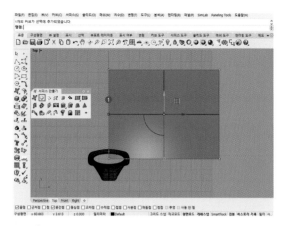

54 ❶ 사각형을 선택하고 ⊙ PlanarSrf 명령으로 평면을 만듭니다.

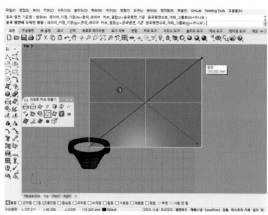

55 ✎ Contour 명령으로 ❶ 서피스를 선택합니다. 그림처럼 대각선으로 선택한 후 거리를 3mm로 설정하고 윤곽선을 만듭니다. 반대편도 대각선으로 윤곽선을 만듭니다.

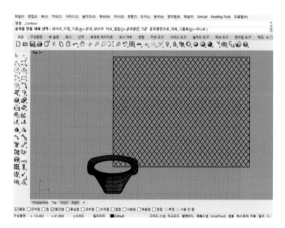

56 평면 서피스는 지웁니다.

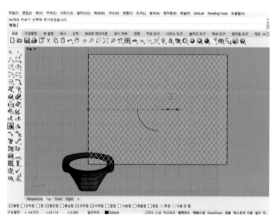

57 그림처럼 선들을 선택하고 ⬢ Group 명령으로 그룹으로 묶습니다.

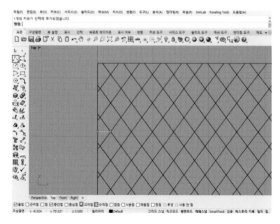

58 Top 뷰에서 그림처럼 확대한 후 ⋀ PolyLine 명령으로 선을 만듭니다. 반대편도 선을 만듭니다.

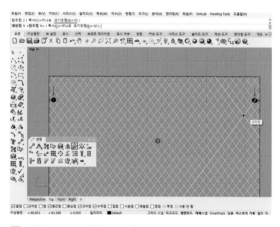

59 ✎ Orient 명령으로 ❶ 선을 선택하고 크기 조정 = 1D로 설정한 후 그림처럼 참조점(화살표 지점) ❶과 ❷를 선택합니다.

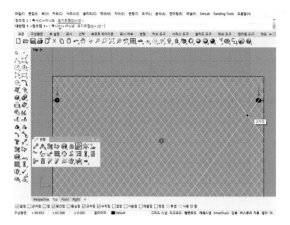

59 　Orient 명령으로 ❶선을 선택하고 크기 조정 =
1D로 설정한 후 그림처럼 참조점(화살표 지점) ❶과 ❷
를 선택합니다.

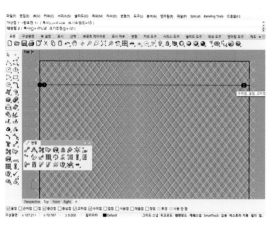

60 대상점은 그림처럼 선의 끝점으로 ❶과 ❷를 지정합
니다.

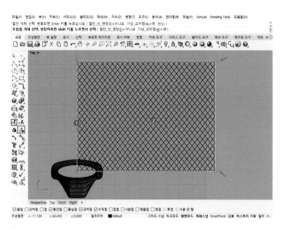

61 　Trim 명령으로 ❶선을 기준으로 선 밖의 튀어나
온 선을 모두 지웁니다. 그룹으로 설정된 ❷선들은 　
Ungroup 명령으로 그룹을 해제하고 화살표가 지시한
선들을 지웁니다.

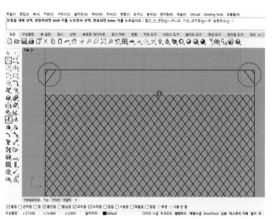

62 　Polyline 명령으로 ❶선을 그림처럼 만들고 　
Trim 명령으로 ❶선을 기준으로 위쪽 선들을 그림처럼
지웁니다. 빨간 원 안의 선은 따로 지웁니다.

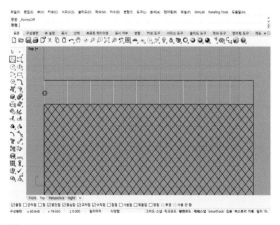

63 　Polyline 명령으로 ❶과 같은 선을 그림과 같이 9
개 만듭니다.

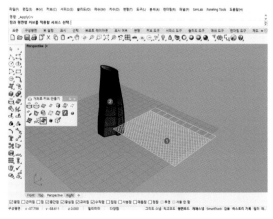

64 　ApplyCrv 명령으로 ❶선을 모두 선택하고
Enter 후 ❷서피스에 선택합니다.

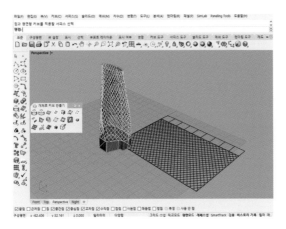

65 선들이 그림처럼 서피스에 매핑됩니다.

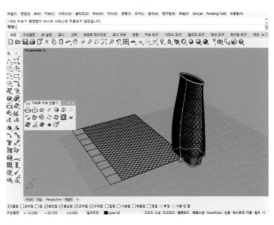

66 필요 없는 커브들은 선택해서 지웁니다.

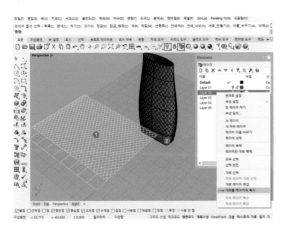

67 ❶ 커브들을 선택하고 🔲 Layer 명령으로 선택한 선들을 "Layer 02"로 변경 후 레이어는 끕니다. ❷ 서피스를 선택하고 💡 Hide 명령으로 숨깁니다.

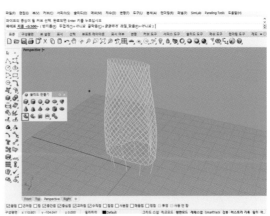

68 🔧 Pipe 명령으로 선들을 복수로 선택하고 지름이 0.5mm인 파이프를 만듭니다.

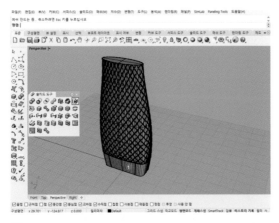

69 💡 Show 명령으로 서피스를 보이게 합니다. ❶ 서피스를 선택하고 🔧 Cap 명령으로 솔리드를 만듭니다.

70 🔵 Shade 명령의 렌더링 모드입니다.

◆ Patch 명령은 선택된 커브, 메쉬, 점 개체, 점 구름을 통과하도록 서피스를 맞춥니다.

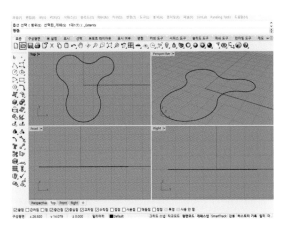

71 📂 Open 명령으로 "patch.3dm" 파일을 불러옵니다.

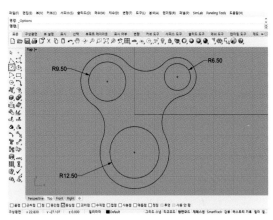

72 ⊙ Top 뷰에서 ⊙ Circle 명령으로 그림과 같이 3개의 원을 만듭니다.

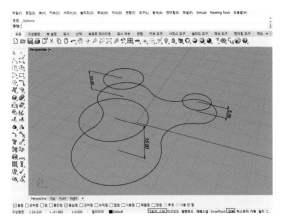

73 그림처럼 원들의 높이를 각각 15, 10, 5mm씩 Z 방향으로 이동시킵니다.

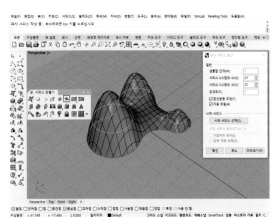

74 ◆ Patch 명령을 실행하고 모든 커브를 선택합니다. 옵션을 그림처럼 변경 후 서피스를 만듭니다.

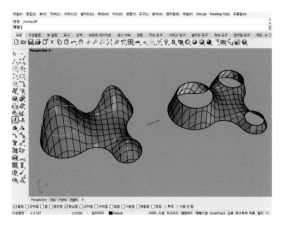

75 🖉 Trim 명령으로 3개의 원을 경계로 위쪽 부분의 원을 그림처럼 지웁니다.

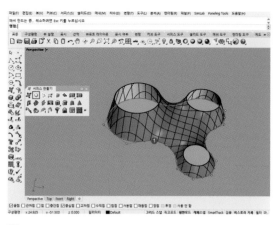

76 ❶커브를 선택하고 ⊙ PlanarSrf 명령으로 평면을 만듭니다.

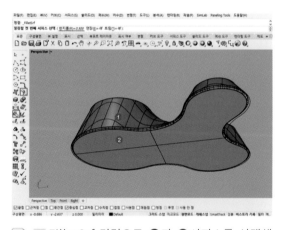

77 🖉 FilletSrf 명령으로 ❶과 ❷서피스를 선택해 0.5mm 필렛합니다. 서피스를 모두 선택해 🖇 Join 명령으로 합칩니다.

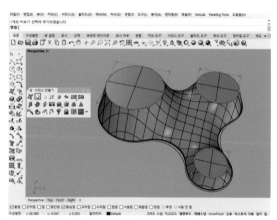

78 그림처럼 3개의 원을 선택하고 ⊙ PlanarSrf 명령으로 평면을 만듭니다.

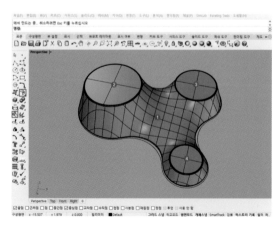

79 🖉 FilletSrf 명령으로 ❶과 ❷ ❶과 ❸ ❶과 ❹각각 0.5mm 필렛합니다. 서피스를 모두 선택하고 🖇 Join 명령으로 합칩니다.

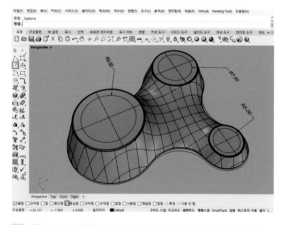

80 ⊙ Circle 명령으로 그림과 같이 원을 3개 만듭니다.

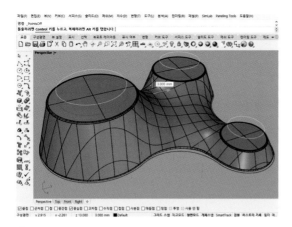

81 3개의 원을 선택하고 검볼을 Z 방향으로 3mm 이동 시 Ctrl 키를 누르면 서피스가 돌출됩니다.

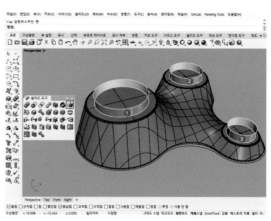

82 ❶❷❸ 서피스를 선택하고 🔓 Cap 명령으로 솔리드 를 만듭니다.

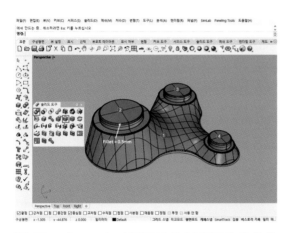

83 🔓 BooleanUnion 명령으로 ❶ 오브젝트와 ❷❸❹ 오브젝트를 합친 후 🔓 FilletEdge 명령으로 그림과 같이 0.5mm 필렛합니다.

84 🔓 Shade 명령의 렌더링 모드입니다.

Chapter

8

기본 형상 만들기 (I)

이 장에서는 라이노 기초 명령을 활용하여 기초 형상을 만들어가는 방법에 대해서 알아보겠습니다.

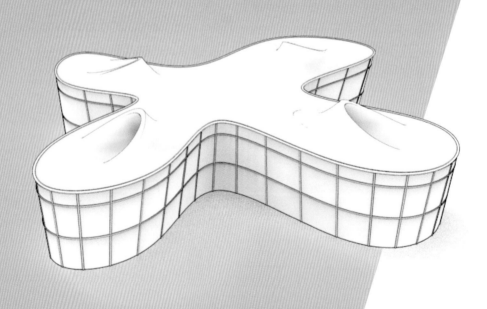

Loft 명령을 활용한 서피스 만들기

라이노에서 자주 쓰이는 Loft 명령을 이해하고 명령 사용 시 일어날 수 있는 문제점도 알아보겠습니다.

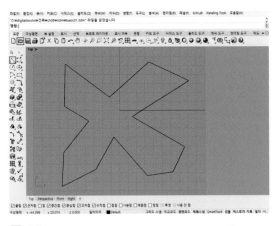

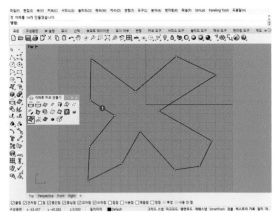

1️⃣ Polyline 명령으로 만든 "basic01.3dm" 파일을 Open 명령으로 불러옵니다.

2️⃣ ExtractPt 명령으로 ❶선을 선택하고 점을 추출합니다.

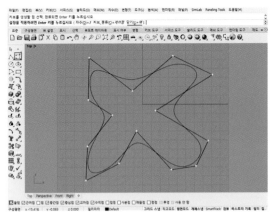

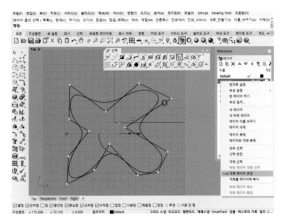

3️⃣ CurveThroughPt 명령으로 점을 순서대로 선택하여 커브를 그림처럼 만듭니다. Curve 명령으로 다각형의 끝점을 선택해서 곡선을 그려도 똑같습니다.

4️⃣ SelPt 명령으로 점을 선택하고 (Shift) 키를 누르고 ❶선을 선택합니다. Layer 명령으로 "Layer 01"을 RMB로 선택 후 개체 레이어 변경 항목을 선택하고 "Layer 01"은 끕니다.

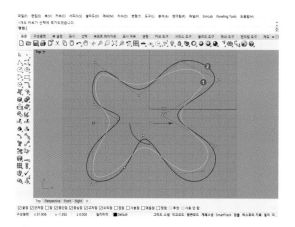

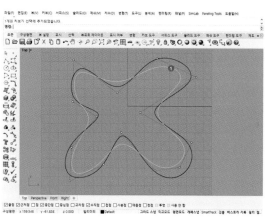

⑤ ❶커브를 선택 후 "F10"으로 제어점을 켜고 제어점
을 움직여 ❷커브처럼 만듭니다.

⑥ ❶커브는 선택해서 지웁니다.

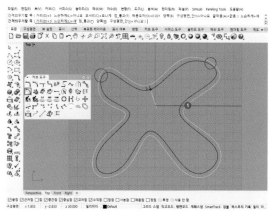

⑦ 🖉 Offset 명령으로 ❶커브를 안쪽으로 5mm 간격
을 띄웁니다. 옵션을 "느슨하게 =예"로 변경했기 때문에
빨간 원 지점의 간격이 부자연스럽습니다.

반올림   Offset 옵션 "느슨하게 =예, 아니오"의 차이점

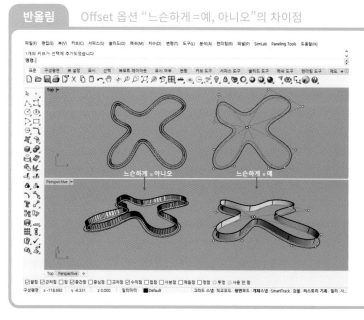

커브나 서피스 옵셋 시 "느슨하게 =
예"로 하면 선택한 커브나 서피스의
제어점 속성을 그대로 유지하므로 커
브나 서피스가 깔끔하게 만들어지나
옵셋 간격은 부정확하게 됩니다.

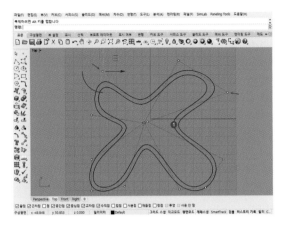

⑧ ❶커브를 선택하고 "F10"으로 제어점을 켭니다. 화살표 지점의 제어점을 움직여 그림처럼 제어점의 위치를 수정하여 커브 간격을 자연스럽게 만듭니다.

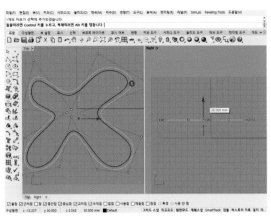

⑨ ❶커브를 선택하고 Right 뷰에서 Z 방향으로 30mm 이동시킵니다.

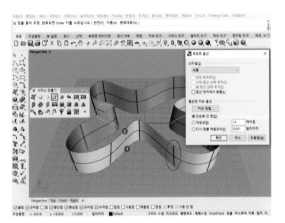

⑩ Loft 명령으로 ❶과 ❷커브를 선택하여 서피스를 만듭니다. 빨간 원 부분을 보면 아이소커브 2개가 가까이 있습니다.

⑪ ShowEnds 명령으로 ❶과 ❷커브를 선택해 커브의 끝점을 확인합니다.

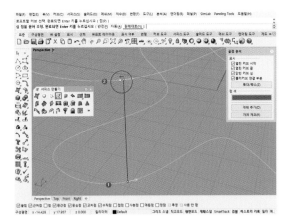

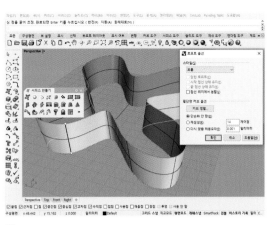

12 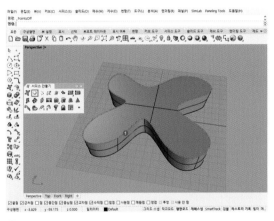 Loft 명령을 다시 실행해 빨간 원 부분을 보면 커브의 끝점과 Loft 면 생성 시 이음새(Seam) 부분이 일치하지 않습니다. 마우스로 이음새 끝점을 선택하고 커브의 끝점으로 이동시켜 둘을 일치시킵니다.

13 Loft 명령을 진행하면 서피스가 깔끔하게 만들어집니다.

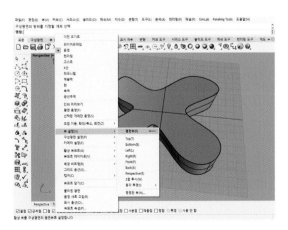

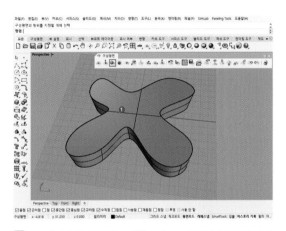

14 ❶ 커브를 선택하고 ◎ PlanarSrf 명령으로 평면을 만듭니다.

15 ❶ 서피스를 선택하고 ⬛ CPlane 명령으로 작업평면을 변경합니다.

16 Perspective 뷰포트 타이틀의 역삼각형을 선택하고 뷰 설정을 평면뷰로 변경합니다.

NetworkSrf 명령을 이해하고 활용하는 방법에 대해서 알아보겠습니다.

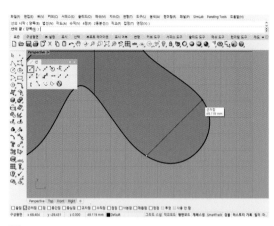

17 Perspective 뷰이지만 Top 뷰에서 작업하는 것처럼 됩니다. ✏ Line 명령으로 그림처럼 선을 그립니다.

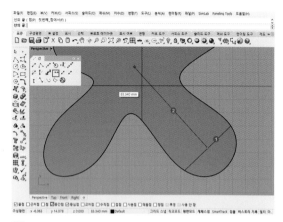

18 ➴ Line(Perpendicular : 수직) 명령으로 ❶ 선의 중간점에서 수직으로 ❷ 선을 그립니다.

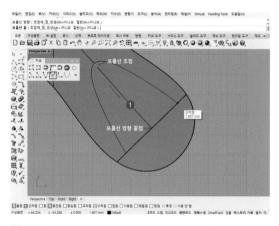

19 ⋁ Parabola 명령으로 ❶ 선의 중간점(포물선 초점)을 먼저 선택 후 포물선 방향의 끝점을 선택하고 포물선을 그림처럼 만듭니다.

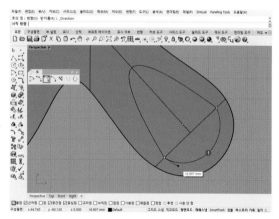

20 ⌐ Arc 명령으로 포물선 끝점에서 ❶ 호를 만듭니다.

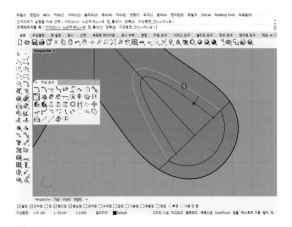

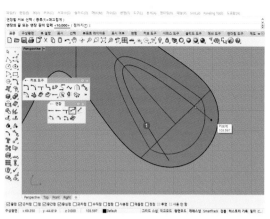

21 Offset 명령으로 ❶커브를 안쪽 방향으로 5mm 띄웁니다.

22 Extend 명령으로 ❶커브를 10mm 연장합니다.

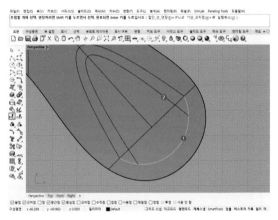

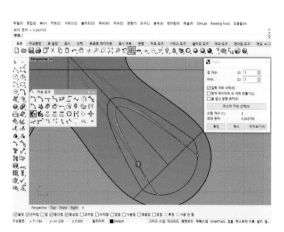

23 Trim 명령으로 ❶호를 경계로 해서 튀어나온 ❷ 커브를 그림처럼 지워줍니다.

24 Rebuild 명령으로 ❶커브의 점 개수 5, 차수 3을 변경한 후 4View 명령을 선택해 CPlane(작업평면)을 해제합니다.

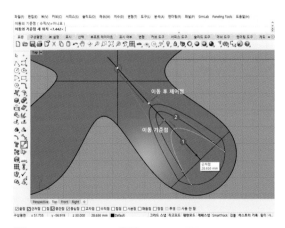

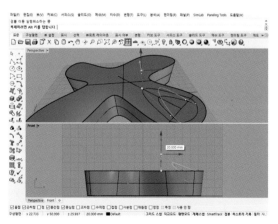

25 ❷커브의 제어점(F10)을 켜고 Move 명령으로 빨간 원의 제어점을 선택하고 ❶선의 중간점에 이동 기준 점을 잡고 ❶선을 따라 제어점을 그림처럼 이동시킵니다.

26 그림처럼 빨간 원의 제어점을 선택하고 검볼을 활용 해 제어점을 Z 방향으로 20mm 이동시킵니다.

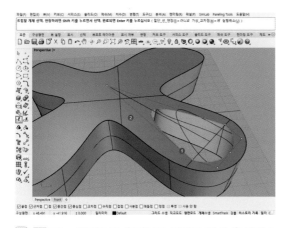

27 ⬚ Trim 명령으로 ❶커브를 경계로 해서 ❷서피스를 그림처럼 지워줍니다.

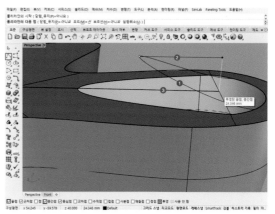

28 ⬚ PolyLine 명령으로 ❶커브의 중간점을 선택 후 오스냅은 그림처럼 체크하고 ❸선의 끝점에 수평하게 ❷선을 그립니다.

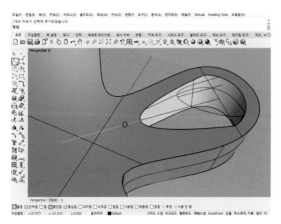

29 ⬚ PolyLine 명령으로 ❶선을 그림처럼 그립니다.

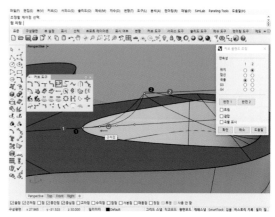

30 ⬚ BlendCrv 명령으로 ❶과 ❷선을 그림처럼 연결 후 빨간 원의 제어점을 앞으로 약간 이동시켜 커브를 만듭니다.

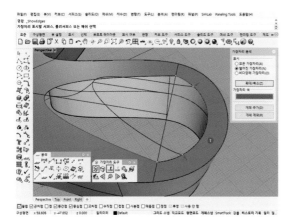

③① ⬚ SplitEdge 명령으로 화살표 지점의 엣지(선과 만나는 끝점)를 자른 후 🔄 ShowEdges 명령으로 ❶ 서피스를 선택해 엣지가 잘렸는지 확인합니다.

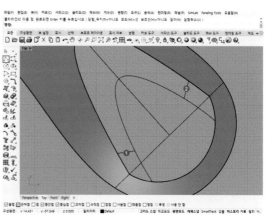

③② Top 뷰에서 ⋀ PolyLine 명령으로 ❶과 ❷ 선을 그립니다.

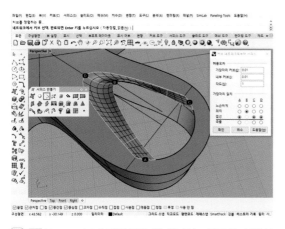

③③ 📎 NetworkSrf 명령으로 Ⓐ Ⓒ Ⓓ는 엣지를 선택하고 나머지는 커브를 선택하여 그림과 같이 서피스를 만듭니다.

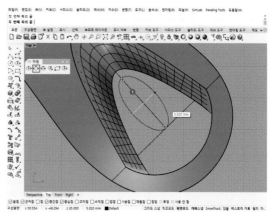

③④ ⬭ Ellipse 명령으로 ❶ 선에 타원을 그립니다.

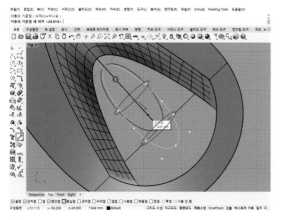

③⑤ 타원을 선택해 제어점을 켜고 그림의 빨간 원처럼 제어점을 선택하고 ⬚ Move 명령으로 원의 중심점을 기준으로 해서 ❶선을 따라 이동시킵니다.

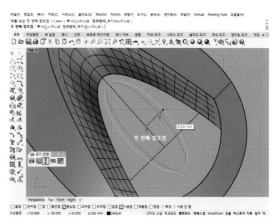

③⑥ ⬚ Scale1D 명령으로 그림처럼 타원의 크기를 늘립니다.

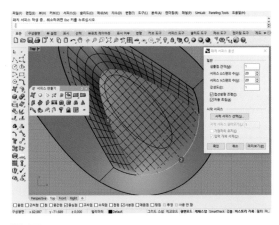

③⑦ Patch 명령으로 ❶커브와 ❷엣지를 선택해 서피스를 만듭니다.

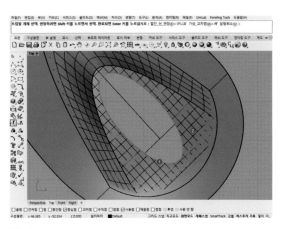

③⑧ Trim 명령으로 ❶커브를 경계로 해서 ❷서피스를 그림과 같이 지웁니다.

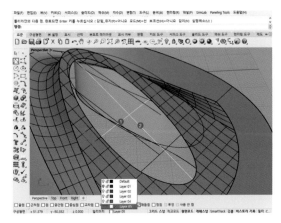

③⑨ 레이어를 "Layer 05"로 변경하고 PolyLine 명령으로 그림처럼 ❶과 ❷선을 그립니다.

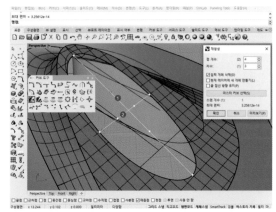

④⓪ Rebuild 명령으로 ❶과 ❷커브를 선택해 점 개수 4, 차수 3으로 변경합니다.

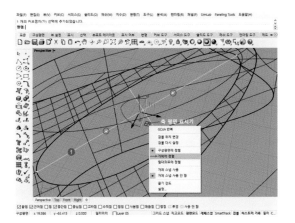

41 Wireframe Viewport 명령으로 와이어 프레임
이 보이게 한 후 그림처럼 ❶커브의 두 제어점을 선택하
고 검볼의 축 평면 표시기를 RMB 후 개체에 정렬로 변경
합니다.

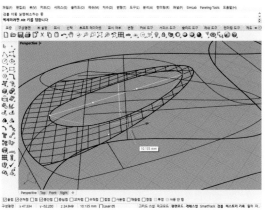

42 제어점을 그림처럼 아래 방향으로 이동시킵니다.

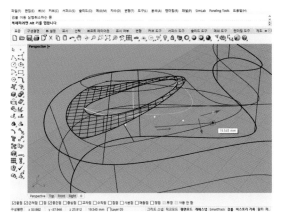

43 검볼의 축 평면 표시기를 LMB로 선택해서 그림처럼
이동시킵니다.

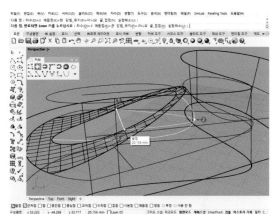

44 ⊐ InterpCrv 명령으로 ❶❷❸순으로 선택해 그림
처럼 선을 그립니다.

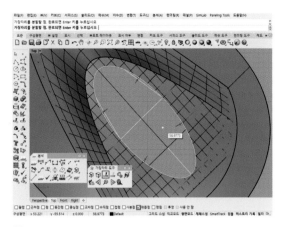

45 Top 뷰에서 ⬜ SplitEdge 명령으로 화살표 지점의 엣지를 네 군데 자릅니다.

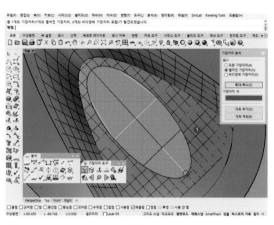

46 ❶ 서피스를 선택하고 ⟳ ShowEdges 명령으로 잘린 엣지 위치를 확인합니다. 빨간 원의 엣지는 Trim 때 생긴 엣지 포인트입니다.

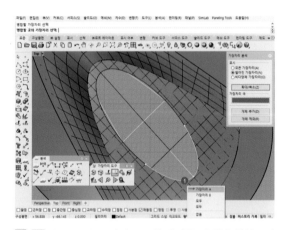

47 ⬜ MergeEdge 명령으로 ❶ 엣지를 선택해 합치고자 하는 엣지를 선택합니다. 여기서는 "가장자리 A"를 선택합니다.

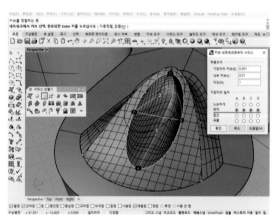

48 ⟳ NetworkSrf 명령으로 Ⓐ Ⓑ Ⓒ Ⓓ 엣지와 안쪽의 ❶ 과 ❷ 두 커브를 선택해서 서피스를 만듭니다.

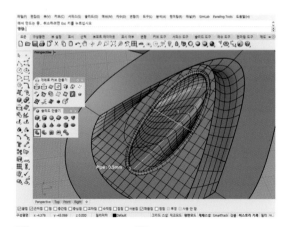

49 ❶ 서피스를 선택하고 ⟳ DupBorder 명령으로 엣지를 커브로 추출한 후 추출한 커브 ❷ 를 선택하고 ⟳ Pipe 명령으로 0.5mm인 파이프를 만듭니다.

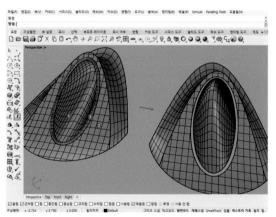

50 ⬜ Split 명령으로 ❶ 과 ❷ 서피스를 ❸ 파이브로 자른 후 그림처럼 파이프와 잘린 면을 지웁니다.

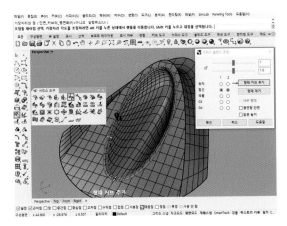

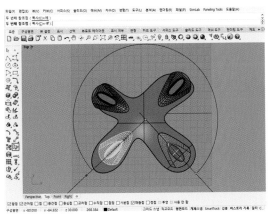

51 BlendSrf 명령으로 그림처럼 두 서피스를 연결한 후 화살표 지점에 형태 커브를 추가하여 서피스를 만듭니다. Join 명령으로 서피스는 합칩니다.

52 Top 뷰에서 Rotate 명령으로 그림처럼 ❶ 오브젝트를 3개 회전 복사합니다.

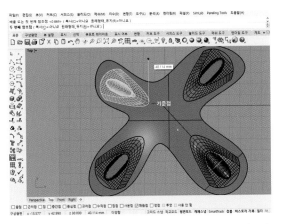

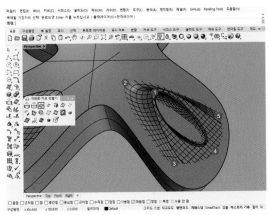

53 Scale 명령으로 오브젝트 크기를 줄이고 검볼을 활용해 그림처럼 오브젝트를 배치합니다.

54 DupEdge 명령으로 ❷❸❹❺ 엣지를 추출한 후 ❶ 오브젝트는 Hide 명령으로 안 보이게 합니다.

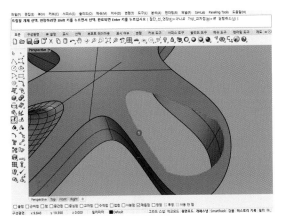

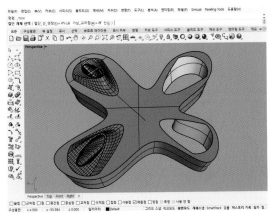

55 Trim 명령으로 추출한 ❶ 커브를 경계로 해서 커브 안쪽의 서피스를 지웁니다.

56 나머지 부분도 같은 방법으로 커브를 추출한 다음 Trim 명령으로 지웁니다.

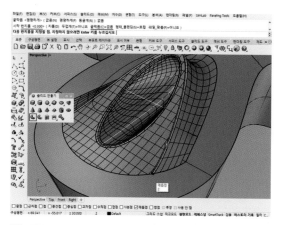

57 🐚 Pipe 명령으로 ❶커브를 선택하고 반지름이 0.3mm인 파이프를 만듭니다.

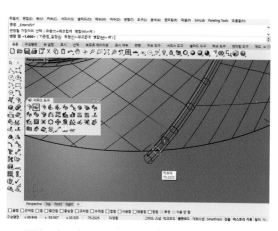

58 ✎ ExtendSrf 명령으로 ❶파이프의 끝 엣지를 선택해 서피스를 연장합니다. 반대편도 연장합니다.

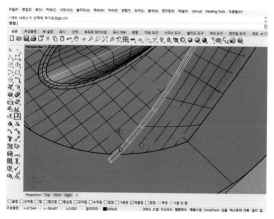

59 ⚒ Split 명령으로 ❶과 ❷서피스를 ❸파이프로 자릅니다.

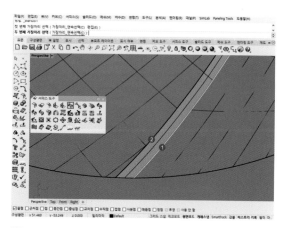

60 파이프와 잘린 서피스를 지웁니다. 🐚 BlendSrf 명령을 실행한 뒤 "가장자리 연속선택" ❶엣지를 선택하고 "가장자리_연속선택"을 선택한 뒤 ❷엣지를 선택합니다.

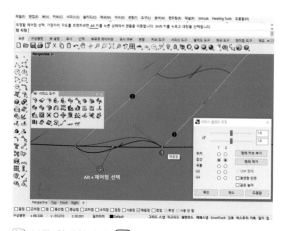

61 뷰를 확대합니다. [Alt] 키를 누르고 제어점을 선택한 후 [Alt] 키를 떼고 ❶점의 끝점을 마우스로 선택합니다. 선택한 뒤 위쪽 제어점도 같은 방법으로 그림처럼 이동시킵니다.

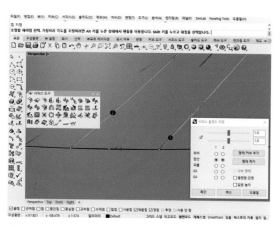

62 그림처럼 튀어나온 서피스가 맞춰집니다. 반대편도 같은 방법으로 진행하고 🐚 BlendSrf 명령을 종료합니다.

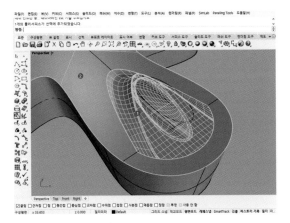

63 🔧 Join 명령으로 ❶오브젝트와 나머지 오브젝트 3 개도 선택하고 ❷서피스를 합칩니다.

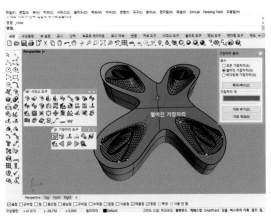

64 🔧 ShowEdges 명령으로 ❶오브젝트를 선택하여 떨어진 가장자리가 있는지 확인합니다.

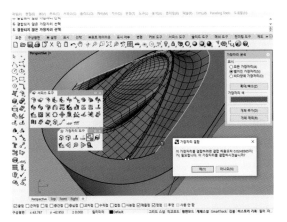

65 🔧 JoinEdge 명령으로 ❶엣지(가장자리)를 두 번 클릭해 결합합니다. 나머지 떨어진 가장자리도 같은 방법 으로 결합합니다.

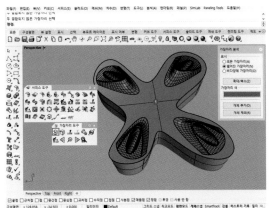

66 모두 결합했으면 🔧 ShowEdge 명령으로 ❶오브젝 트를 선택하여 작업이 올바르게 됐는지 확인합니다.

UV 명령을 이해하고 적용하는 방법에 대해 설명하겠습니다.

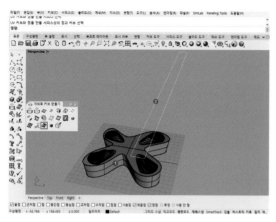

67 CreateUVCrv 명령으로 ❶서피스를 선택하여 Enter 한 후 ❷커브를 생성합니다.

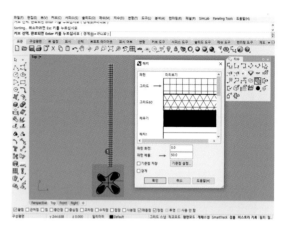

68 ❶사각형을 서피스와 겹치지 않게 그림처럼 이동시킵니다. Hatch 명령을 선택하고 ❶선을 선택합니다. 그리드를 선택하고 패턴 배율을 50으로 변경하고 해치를 만듭니다.

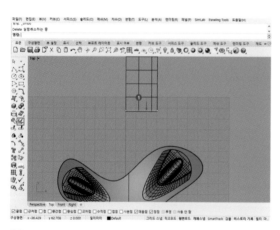

69 ❶해치를 선택하고 Explode 명령으로 분해한 후 화살표가 지시한 선은 지웁니다.

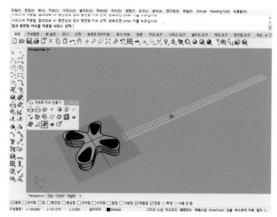

70 ApplyCrv 명령으로 ❶해치와 사각형을 모두 선택하고 Enter 후 ❷서피스를 선택합니다.

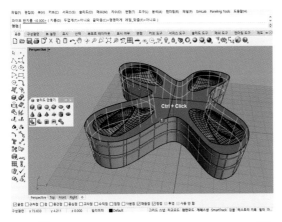

71 Ctrl 키를 누르고 ❶커브를 선택 해제합니다. 🍫
Pipe 명령으로 0.3mm인 파이프를 만듭니다.

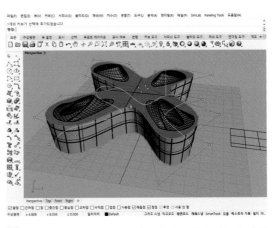

72 ❶커브는 ApplyCrv로 생성된 커브이기 때문에 선택
해서 지웁니다.

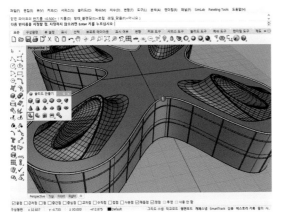

73 ❶Edge를 선택하고 🍫 Pipe 명령으로 0.5mm인 파
이프를 만듭니다.

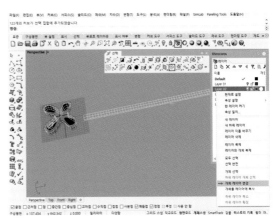

74 🍫 SelCrv 명령으로 커브를 모두 선택합니다. 🍫
Layer 명령을 실행하고 "Layer 02"를 선택하여 RMB 후
개체 레이어를 변경합니다. "Layer 02"는 끕니다.

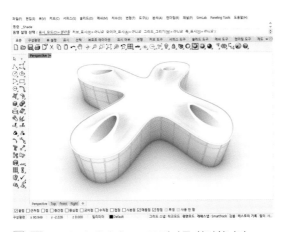

75 🍫 Shade의 렌더링 모드로 결과를 확인합니다.

Chapter

9

기본 형상 만들기 (Ⅱ)

이 장에서는 기초 명령을 활용하여 기본 서피스를 만들고 명령어를 활용하는 방법에 대해서 설명하겠습니다.

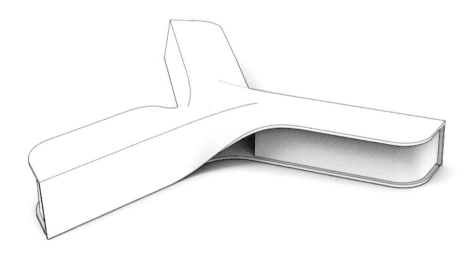

Loft 활용하여 서피스 만들기

Loft 명령어를 활용하는 방법과 솔리드에 대해서 알아보겠습니다.

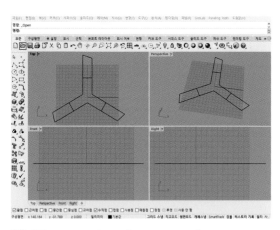

1 📂 Open 명령으로 "basic02.3dm" 파일을 불러옵니다.

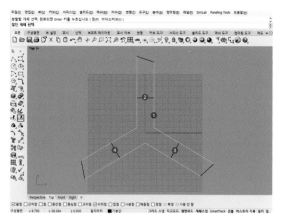

2 Split 명령으로 ❶선(3개)을 ❷❸❹선으로 자릅니다.

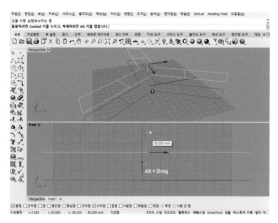

3 선을 모두 선택하고 검볼을 활용해 Front 뷰에서 Alt +Drag(복사)하여 Z 방향으로 30mm 이동합니다.

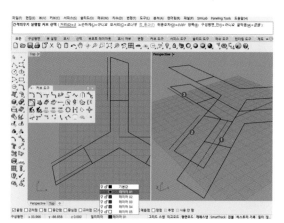

4 레이어를 "레이어 01"로 변경하고 🖊 Offset 명령으로 위쪽 ❶과 ❷선을 5mm 띄운 뒤 아래 ❸선도 5mm 띄웁니다.

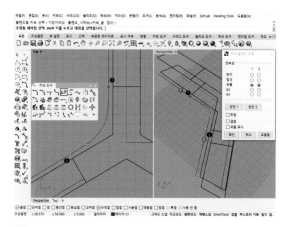

5 📖 BlendCrv 명령으로 ❶과 ❷선을 연결합니다.

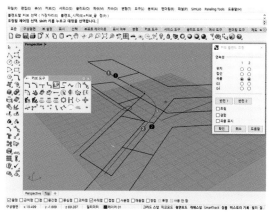

6 📖 BlendCrv 명령으로 ❶과 ❷선을 연결합니다.

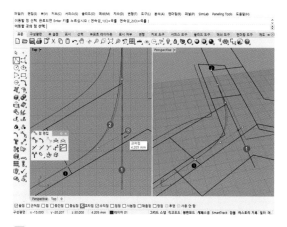

7 그림처럼 위쪽 선의 끝점에서 ⋏ Polyline 명령으로 Top 뷰에서 ❶커브를 그립니다. ❷선을 선택하고 ✎ EndBulge 명령으로 제어점을 켠 후 빨간 원의 제어점을 선택해 ❶선에 그림처럼 맞춥니다.

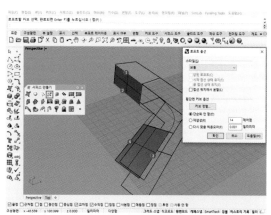

8 🛠 Loft 명령으로 ❶과 ❷선을 선택해서 서피스를 만듭니다. ❸과 ❹선도 로프트 명령으로 서피스를 그림처럼 만듭니다.

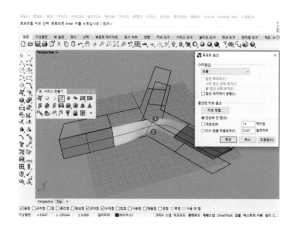

9 🛠 Loft 명령으로 ❶과 ❷선을 선택해 서피스를 그림처럼 만듭니다.

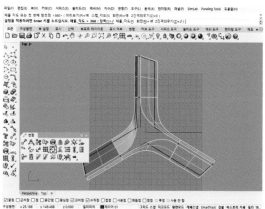

10 서피스를 모두 선택하고 ⚙ ArrayPolar 명령으로 원점에서 3개 원형 배열 합니다.

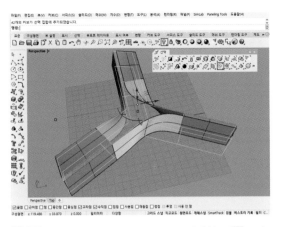

11 SelCrv 명령으로 커브를 모두 선택하고 💡 Hide 명령으로 커브를 안 보이게 합니다.

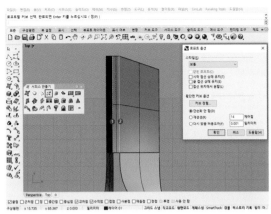

12 Loft 명령으로 ❶과 ❷엣지를 선택해 서피스를 만듭니다. 다른 두 군데도 같은 방법으로 서피스를 만듭니다.

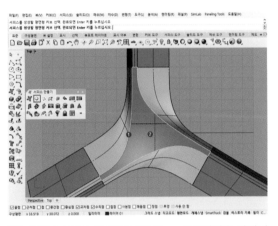

13 ❶엣지 6개를 선택하고 ◎ PlanarSrf 명령을 선택해 ❷평면을 만듭니다.

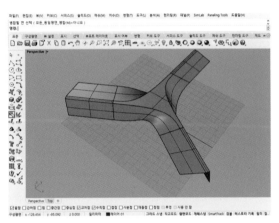

14 서피스를 모두 선택하고 🧭 Join 명령으로 결합합니다.

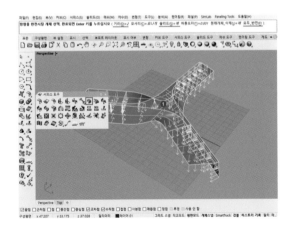

15 🔘 OffsetSrf 명령으로 ❶서피스를 선택하고 두께가 2mm인 솔리드를 만듭니다.

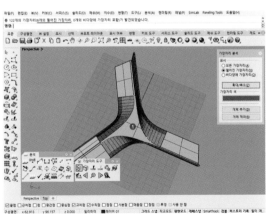

16 솔리드를 만들었는데 안쪽 면의 색상이 보이면 열린 엣지가 있다는 것입니다. 🔗 ShowEdge 명령으로 ❶오 브젝트를 선택해 떨어진 가장자리를 확인합니다.

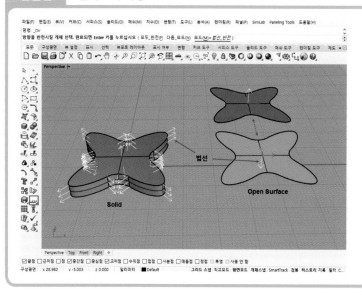

솔리드(닫힌)서피스는 항상 Normal (법선)이 바깥을 향하지만 열린 서피스는 Normal을 반전할 수 있습니다.

Direction 명령으로 서피스의 Normal(법선)을 바꿀 수 있습니다.

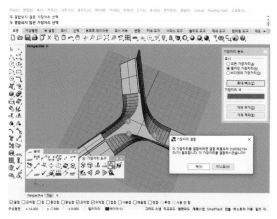

⑰ JoinEdge 명령으로 ❶❷❸떨어진 가장자리를 각각 결합합니다.

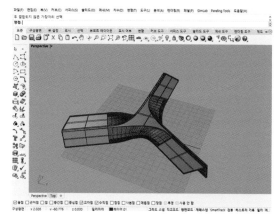

⑱ 서피스의 바깥 면 색상은 맞게 되었으나 안 보여야 할 엣지와 아이소커브가 보입니다.

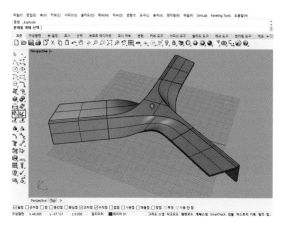

⑲ ❶오브젝트를 선택하고 Explode 명령으로 분해합니다. 서피스를 모두 선택하고 Join 명령으로 결합하면 엣지와 아이소커브가 옳게 표현됩니다.

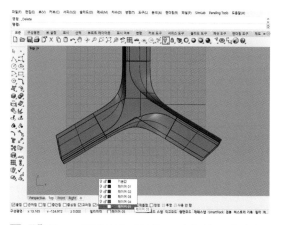

⑳ Show 명령으로 선들을 보이게 하고 레이어를 "레이어 05"로 변경합니다.

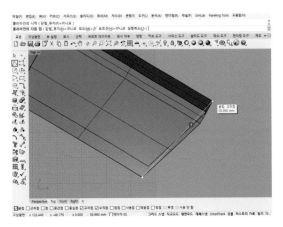

21 Top 뷰에서 ⟋ Polyline 명령으로 ❶선을 그립니다.

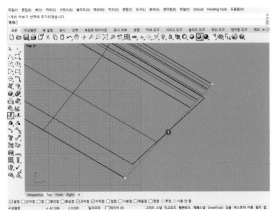

22 ⟍ Trim 명령으로 ❶선을 경계로 튀어나온 서피스를 지웁니다. ⟳ Wireframe으로 뷰를 확인합니다. 나머지 두 군데도 같은 방법으로 서피스를 지웁니다.

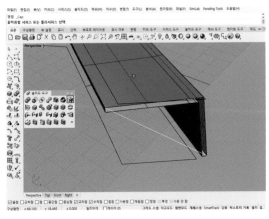

23 ❶오브젝트를 선택하고 ⟐ Cap 명령으로 솔리드를 만듭니다.

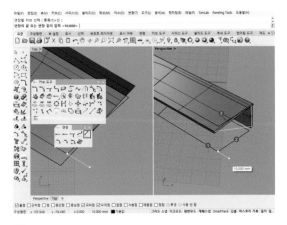

24 ⟋ Extend 명령으로 ❶선을 10mm 연장합니다. ❷와 ❸선은 지웁니다.

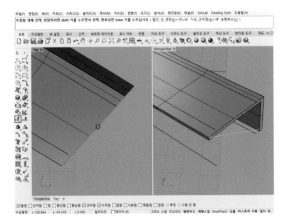

25 Top 뷰에서 ⟍ Trim 명령으로 ❶선을 경계로 해서 튀어나온 선을 모두 지워줍니다.

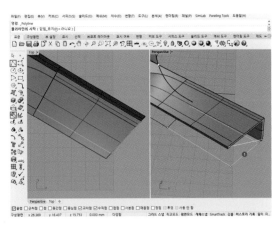

26 ⟋ Polyline 명령으로 ❶선을 그리고 3개의 선을 선택한 후 ⟐ Join 명령으로 결합합니다.

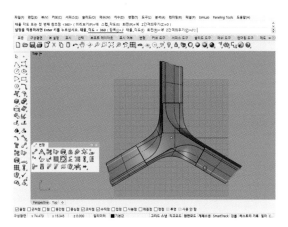

27 Top 뷰에서 ArrayPolar 명령으로 ❶ 선을 선택하고 원점에서 360° 3개 원형 배열합니다.

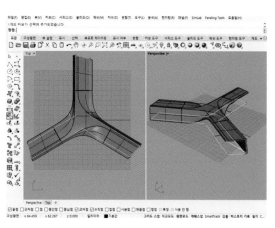

28 그림처럼 선을 선택하고 Join 명령으로 선을 결합합니다.

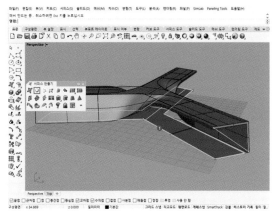

29 ❶ 선을 선택하고 PlanarSrf 명령으로 평면을 만듭니다.

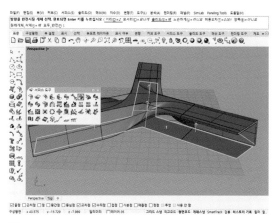

30 OffsetSrf 명령으로 ❶ 서피스를 두께 2mm인 솔리드로 만듭니다.

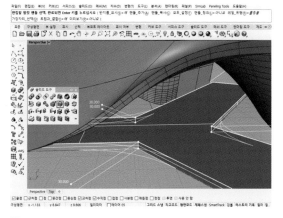

31 FilletEdge 명령으로 그림처럼 세 군데 엣지를 선택하고 30mm 필렛합니다.

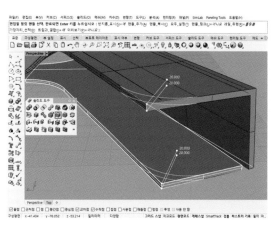

32 FilletEdge 명령으로 그림처럼 엣지를 선택하고 20mm 필렛합니다. 다른 두 군데도 같은 방식으로 필렛합니다.

Offset 명령을 활용하여 서피스를 만들고 두께 주는 방법에 대해서 알아보겠습니다.

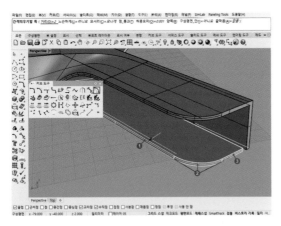

33 🔩 Offset 명령으로 ❶❷❸엣지를 선택해 옵션을 안쪽으로 2mm 합니다.

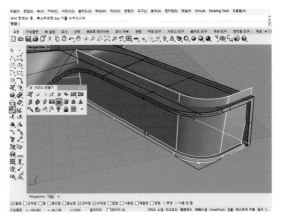

34 옵셋한 3개의 커브를 🔩 Join 명령으로 결합하고 📦 Extrude 명령으로 결합한 ❶커브를 그림처럼 돌출시킵니다.

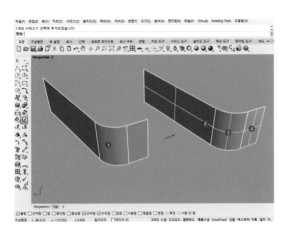

35 🔧 Explode 명령으로 ❶오브젝트를 분해하면 3개의 서피스로 분리됩니다.

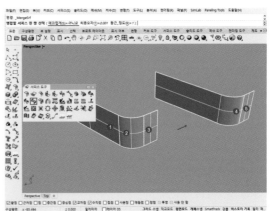

36 🔩 MergeSrf 명령으로 ❶과 ❷ 서피스를 먼저 합치고 합친 면과 나머지 면을 MergeSrf 명령으로 합쳐 하나의 서피스로 만듭니다.

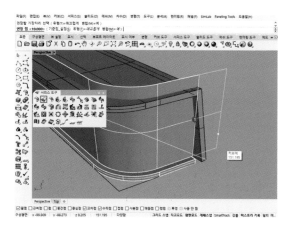

37 ✎ ExtendSrf 명령으로 ❶엣지를 선택하고 그림처럼 서피스를 연장합니다.

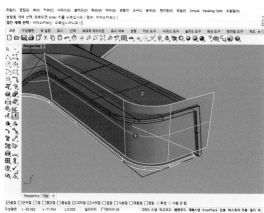

38 ⬒ Split 명령으로 ❶서피스를 ❷오브젝트로 자릅니다.

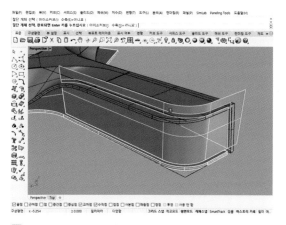

39 잘린 ❶서피스를 선택해 지웁니다.

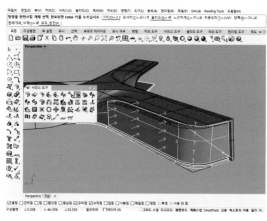

40 ◑ OffsetSrf 명령으로 ❶서피스를 두께가 0.3mm 인 솔리드를 만듭니다.

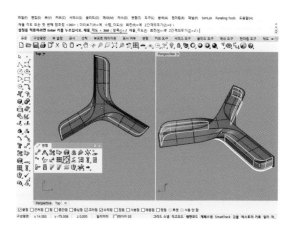

41 Top 뷰에서 ⬡ ArrayPolar 명령으로 ❶서피스를 원점에서 3개 원형 배열합니다.

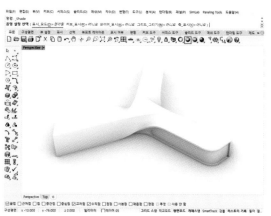

42 ◕ Shade 명령으로 본 결과물입니다.

10

기본 형상 만들기 (Ⅲ)

이 장에서도 기초 명령을 활용한 서피스 만드는 방법에 대해서 알아보겠습니다.

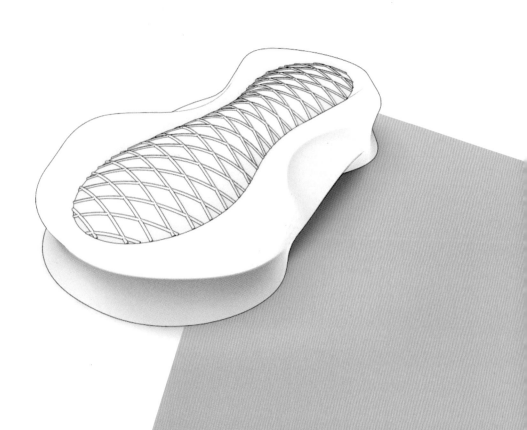

Match 명령과 Loft 명령 활용하기

Match 명령을 이해하고 Loft 명령으로 서피스를 만들 때 유의할 점을 알아보겠습니다.

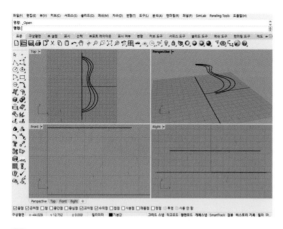

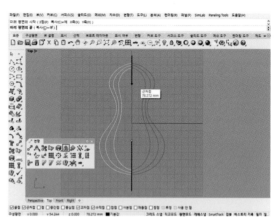

[1] 📂 Open 명령으로 "basic03.3dm" 파일을 불러옵니다.

[2] Top 뷰에서 🔳 Mirror 명령으로 3개의 커브를 선택하고 원점을 기준으로 그림처럼 대칭 복사합니다.

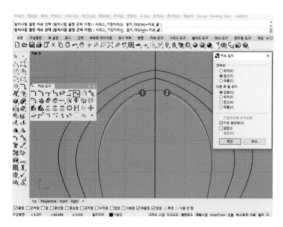

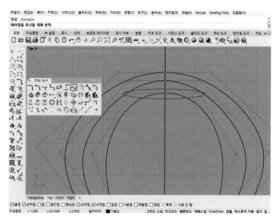

[3] 〜 Match 명령으로 ❶과 ❷ 커브의 접선을 맞추어 각이 안 지게 만듭니다. 다른 4개의 커브도 Match 명령으로 접선 일치시킵니다.

[4] 〜 Match 명령으로 연속성이 접선 일치된 커브의 제어점은 빨간 원처럼 제어점 3개가 수평하게 됩니다.

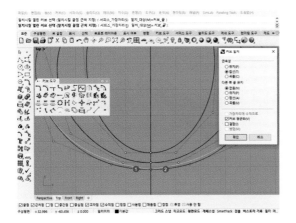

⑤ 아랫부분의 맞닿은 커브도 ⁀ Match 명령으로 ❶ 과 ❷커브를 접선 일치시킵니다.

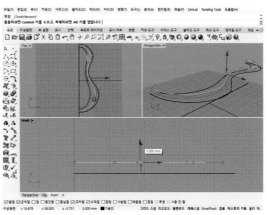

⑥ Top 뷰에서 왼쪽 3개의 커브는 선택해서 지웁니다. ❶커브를 선택하고 검볼을 활용해 Front 뷰에서 Z 방향 으로 3mm 커브를 이동합니다.

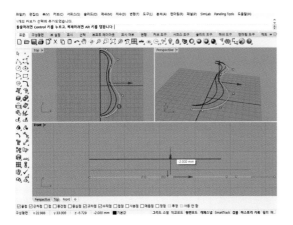

⑦ ❶커브를 선택하고 Front 뷰에서 검볼을 이용해 Z 방향으로 –2mm 이동합니다.

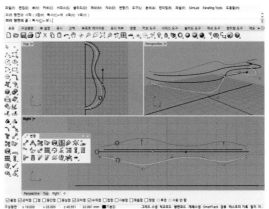

⑧ ❶커브를 선택하고 F10 키로 제어점을 켜고 Right 뷰에서 화살표 지점의 제어점을 Z 방향으로 이동해 그림 처럼 만듭니다. Right 뷰에서 ⚏ Mirror 명령으로 ❶커 브를 ❸커브를 기준으로 대칭 복사하여 ❷커브를 만듭 니다.

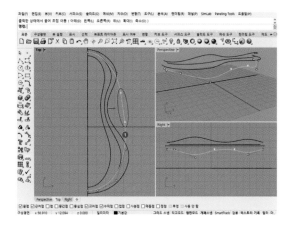

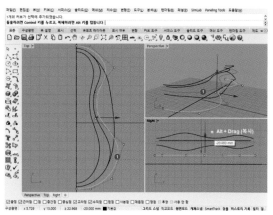

⑨ 복사된 ❶커브의 제어점을 켜고 Top 뷰에서 2개의 제어점을 X 축 방향으로 그림처럼 이동합니다.

⑩ ❶커브를 선택하고 Right 뷰에서 검볼을 이용해 Z 방향으로 –20mm Alt+Drag하여 복사합니다.

반올림　　Loft 명령으로 서피스 만들 때 유의할 점

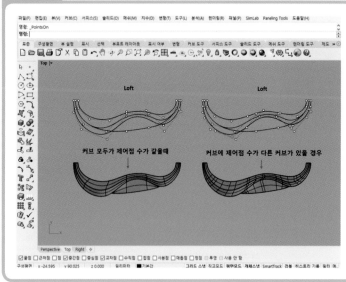

특별한 경우가 아닌 이상 Loft 명령으로 서피스를 만들 때는 커브의 제어점 수를 같게 해야 서피스가 깔끔하게 만들어집니다.

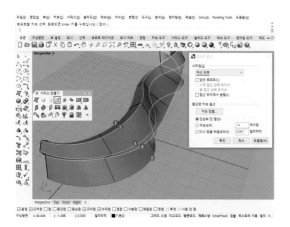

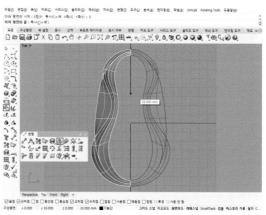

11 Loft 명령으로 ❶❷❸❹❺ 순으로 커브를 선택해서 직선 단면 형태로 서피스를 만듭니다.

12 Join 명령으로 서피스를 모두 결합합니다. Top 뷰에서 Mirror 명령으로 커브와 서피스를 모두 선택하고 그림처럼 대칭 복사합니다.

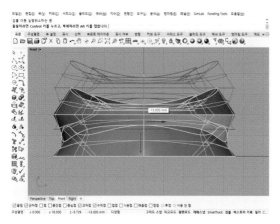

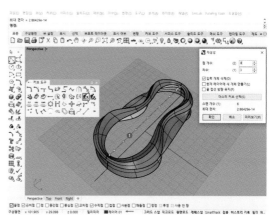

13 모든 오브젝트를 선택하고 검볼을 활용해 Z 방향으로 –13mm 이동합니다.

14 Polyline 명령으로 ❶선을 만들고 Rebuild 명령으로 ❶커브를 점 개수 9, 차수3 커브로 만듭니다.

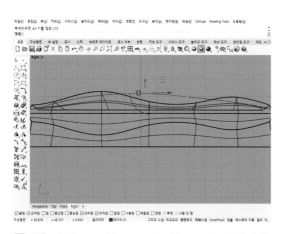

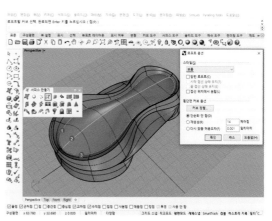

15 Wireframe 뷰포트로 변경하고 Right 뷰에서 ❶ 커브의 제어점을 켜고 제어점을 Z 방향으로 이동해 커브를 그림처럼 만듭니다.

16 Loft 명령으로 ❶❷❸ 순으로 커브를 선택해 스타일을 보통으로 하고 서피스를 만듭니다.

17 🔘 Shade 명령을 하면 서피스가 거칠게 표현됩니다. ⚙ Options 명령을 선택합니다.

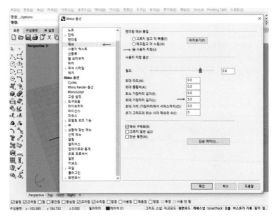

18 Rhino 옵션의 메쉬 > 사용자 지정 항목에서 최대 가장자리 길이를 "5"로 설정합니다.

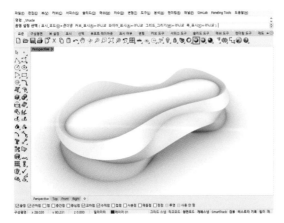

19 🔘 Shade 명령을 렌더링 모드로 보면 부드럽게 표시됩니다.

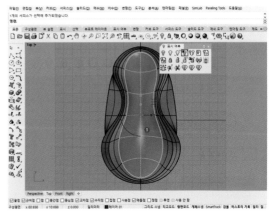

20 ❶ 서피스를 선택하고 👁 Isolate 명령으로 ❶ 서피스만 보이게 합니다.

Lesson 02　Contour 명령 활용하기

Contour 명령을 활용하여 섹션 커브를 만드는 방법에 대해서 알아보겠습니다.

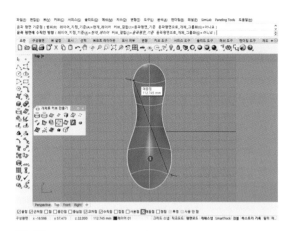

21 ✍ Contour 명령으로 ❶ 서피스를 선택하고 화살표 지점의 매듭점을 대각선으로 선택합니다.

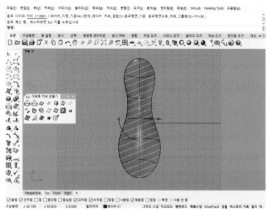

22 7mm 간격으로 윤곽선을 만들어 줍니다.

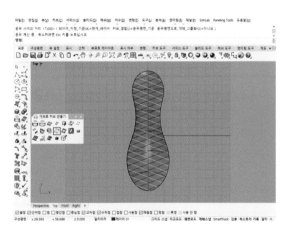

23 ✍ Contour 명령으로 반대편도 윤곽선을 같은 방법으로 만듭니다.

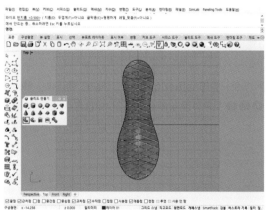

24 커브를 모두 선택하고 🍖 Pipe 명령으로 0.5mm인 파이프를 만듭니다. 💡 Show 명령으로 오브젝트를 모두 보이게 합니다.

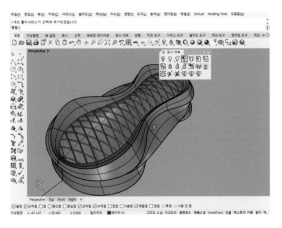

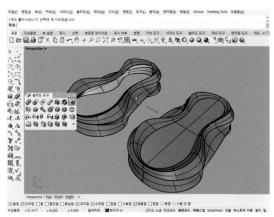

25 ❶오브젝트를 선택하고 🐦 Isolate 명령을 실행해 ❶오브젝트만 보이게 합니다.

26 ❶오브젝트를 선택하고 🔒 Cap 명령으로 솔리드를 만듭니다.

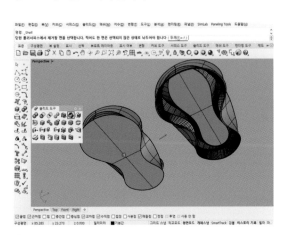

27 🔵 Shell 명령으로 ❶평면을 선택하고 1mm 두께인 면을 만듭니다.

반올림   Shell 명령과 OffsetSrf 명령으로 두께를 줄 때 유의할 점

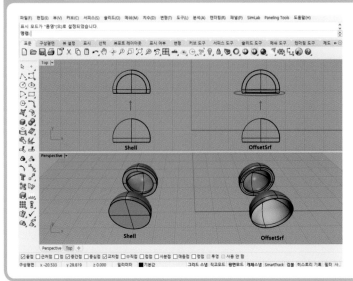

Shell 명령은 평면으로 막힌 면을 기준으로 두께를 주는 반면 OffsetSrf 명령은 선택한 서피스의 Normal(법선) 방향으로 솔리드가 되므로 면이 튀어나오거나 들어가게 됩니다.

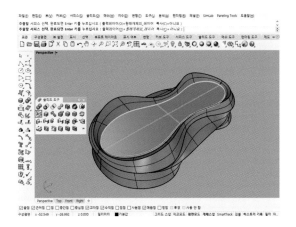

28 🧊 ExtractSrf 명령으로 두 면을 떼어내고 지웁니다.

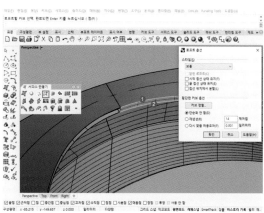

29 떼어낸 부분의 서피스를 🪶 Loft 명령으로 ❶과 ❷ 엣지를 선택해 서피스를 만들고 나머지 부분도 로프트 명령으로 면을 만듭니다.

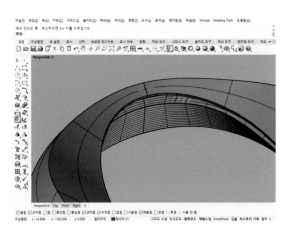

30 모든 서피스를 선택하고 🐾 Join 명령으로 결합하여 솔리드를 만든 후 💡 Show 명령을 실행합니다.

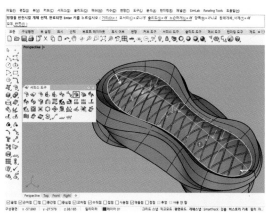

31 🪶 OffsetSrf 명령으로 ❶서피스를 선택하고 두께 1mm인 솔리드를 만듭니다.

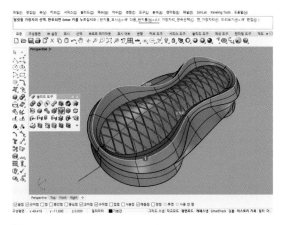

32 🧊 FilletEdge 명령으로 ❶엣지를 선택해 0.5mm 필렛합니다.

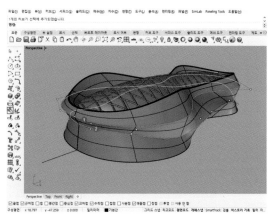

33 ❶과 ❷커브를 선택하고 🐾 Join 명령으로 선을 결합합니다.

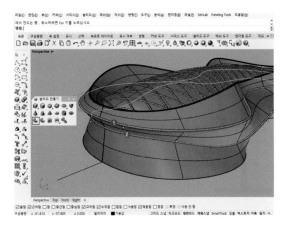

34 ❶과 ❷커브를 선택하고 🔧 Pipe 명령으로 0.5mm 인 파이프를 만듭니다.

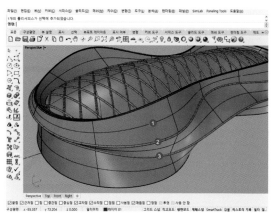

35 🔧 Split 명령으로 ❶오브젝트를 ❷와 ❸파이프로 자릅니다.

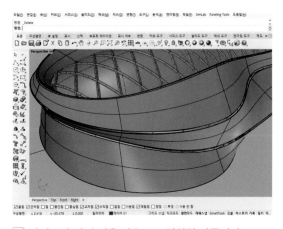

36 파이프와 잘린 면을 지우고 그림처럼 만듭니다.

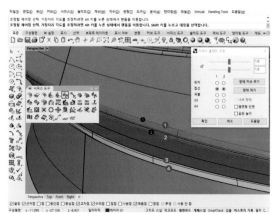

37 🔧 BlendSrf 명령으로 ❶과 ❷엣지를 선택해서 서 피스를 연결합니다. ❸과 ❹엣지도 BlendSrf 명령으로 서피스를 연결합니다.

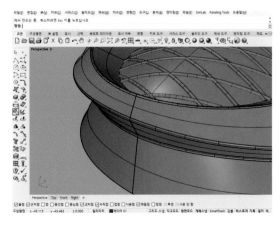

38 서피스를 선택하고 🔧 Join 명령으로 결합합니다.

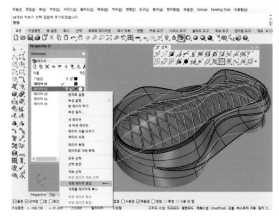

39 🔧 SelCrv 명령으로 커브를 모두 선택하고 🔧 Layer 명령을 실행합니다. "레이어 02"를 선택하고 RMB 후 개 체 레이어 변경 항목을 선택하고 "레이어 02"는 끕니다.

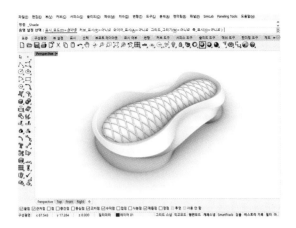

40 🌑 Shade 명령을 "표시 모드 = 렌더링"으로 실행합
니다.

Chapter

11

기본 형상 만들기 (IV)

이 장에서도 라이노 기본 명령을 활용하여 서피스를 만들고 작업 중에 발생할 수 있는 변수에 대해 알아보겠습니다.

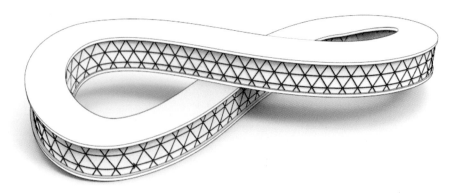

Sweep1 명령으로 서피스 만들기

Sweep1 명령으로 서피스를 만들기 위한 커브 생성과 서피스 만드는 방법에 대해 알아보겠습니다.

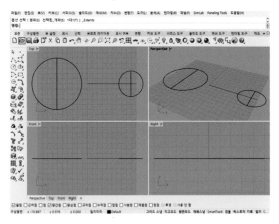

1 📁 Open 명령으로 "basic04.3dm" 파일을 불러옵니다.

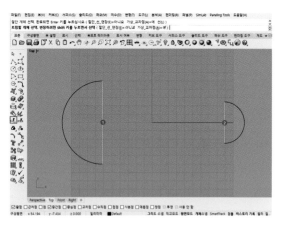

2 Top 뷰에서 ✂ Trim 명령으로 ❶과 ❷선을 경계로 해서 반쪽 원을 지웁니다.

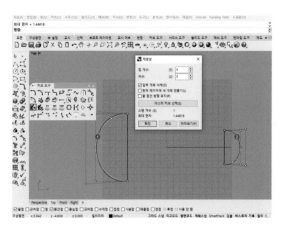

3 🏃 Rebuild 명령으로 ❶과 ❷커브를 선택하고 점 개수 4, 차수 3으로 설정합니다.

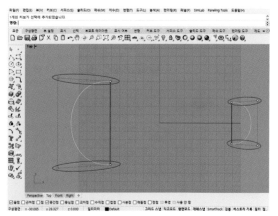

4 빨간 원 부분의 제어점이 수평하지 않습니다.

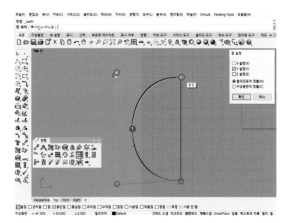

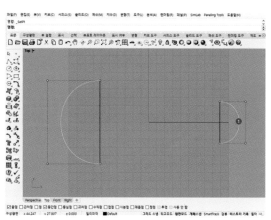

⑤ ❶커브를 선택해서 위쪽 2개의 제어점을 선택합니다. SetPt 명령으로 Y 설정하고 선의 끝점의 제어점을 정렬합니다. 아래쪽 2개의 제어점도 SetPt 명령으로 선의 끝점에 맞춥니다.

⑥ ❶커브도 SetPt로 제어점을 수평으로 정렬합니다.

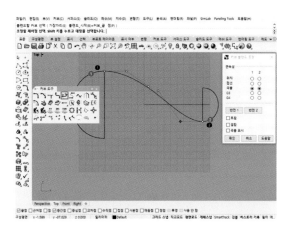

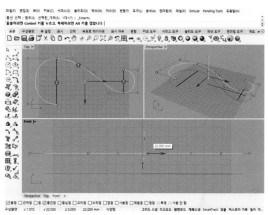

⑦ BlendCrv 명령으로 ❶과 ❷커브를 연결합니다.

⑧ ❶커브를 선택하고 Front 뷰에서 Z 방향으로 22mm 이동합니다. ❷와 ❸선은 지웁니다.

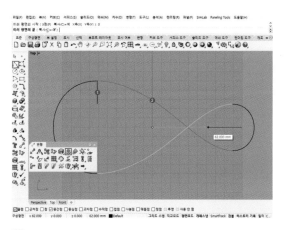

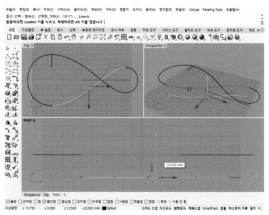

⑨ Polyline 명령으로 길이가 25mm인 ❶선을 그립니다. Mirror 명령으로 ❷커브를 원점을 기준으로 대칭으로 복사합니다.

⑩ ❶커브를 검볼을 활용해 Z 방향으로 −22mm 이동합니다.

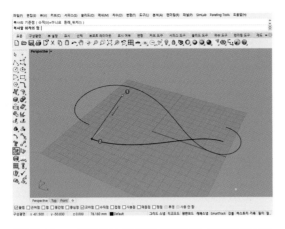

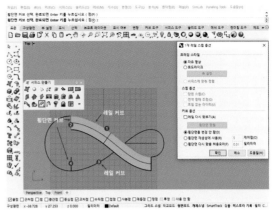

11 Copy 명령으로 ❶선을 ❷커브의 끝점에 복사합니다.

12 Sweep1 명령으로 ❶레일 커브를 선택한 다음 ❷횡단면 커브를 선택하여 서피스를 만듭니다. Sweep1 명령으로 ❸과 ❹커브도 서피스를 만듭니다.

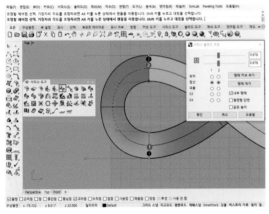

13 BlendSrf 명령으로 ❶과 ❷엣지를 선택하여 서피스를 만들고 블렌드 조정을 그림처럼 설정합니다.

반올림   BlendSrf 명령을 했는데 왜 서피스가 꼬이나요?

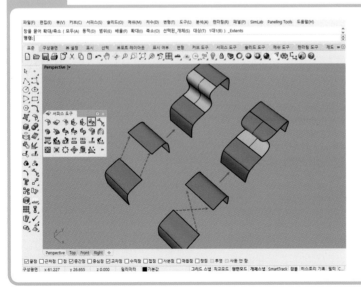

라이노의 주요 명령(MatchSrf, Loft, BlendSrf)은 엣지나 커브를 선택할 때 대각선 형태로 선택하게 되면 서피스가 꼬이게 됩니다. 꼬임을 방지하려면 서로 마주 보고 대응하는 지점을 선택해야 합니다.

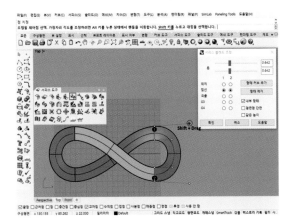

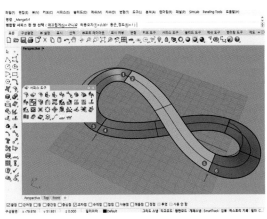

⑭ 🖼 BlendSrf 명령으로 ❶과 ❷ 엣지를 선택하여 서피스를 만들고 제어점은 Shift 키를 누르고 제어점을 움직여 서피스를 조정할 수 있습니다.

⑮ 🖼 MergeSrf 명령으로 ❶과 ❷ 서피스를 하나로 합친 다음 ❸과 ❹를 합치고 ❺와 ❻을 차례로 합칩니다.

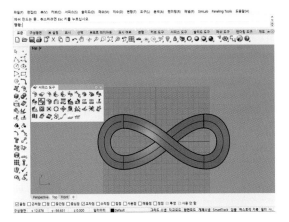

⑯ 그림처럼 하나의 서피스로 합쳐집니다. MergeSrf 명령 옵션에 "매끄럽게 = 아니오"로 설정하면 OffsetSrf 명령으로 두께를 줄 때는 다시 분리되는 문제점이 있습니다.

Lesson 02 OffsetSrf 명령으로 두께 주기

MergeSrf 명령으로 결합된 서피스를 OffsetSrf 명령으로 두께를 주면 발생하는 문제점을 해결하는 방법에 대해서 알아보겠습니다.

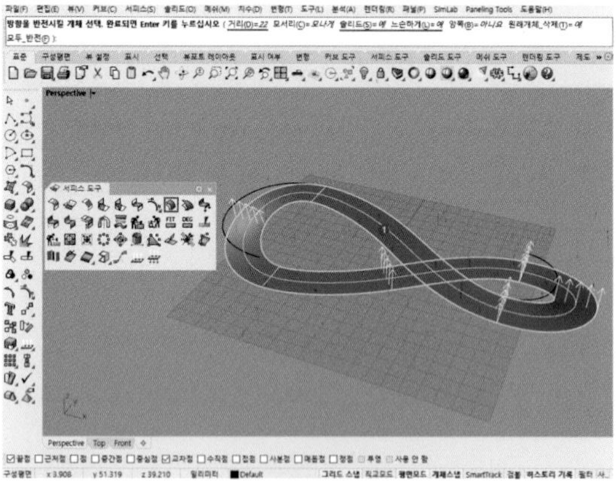

17 OffsetSrf 명령으로 ❶ 서피스를 “거리 = 22, 솔리드 = 예, 느슨하게 = 예”로 설정하고 서피스를 만듭니다.

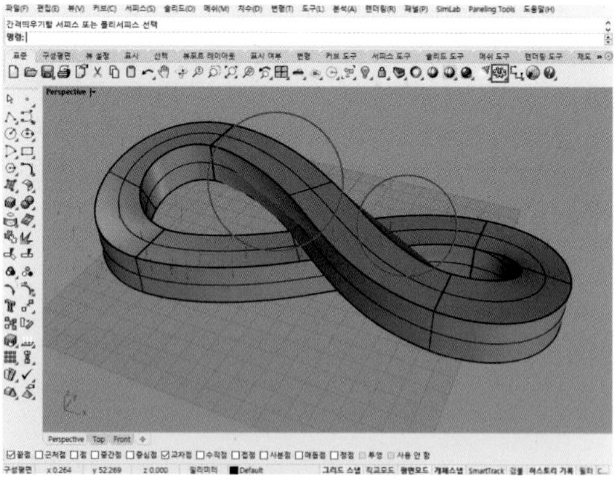

18 완성된 서피스의 빨간 원 부분을 보면 거칩니다. Option 명령을 선택합니다.

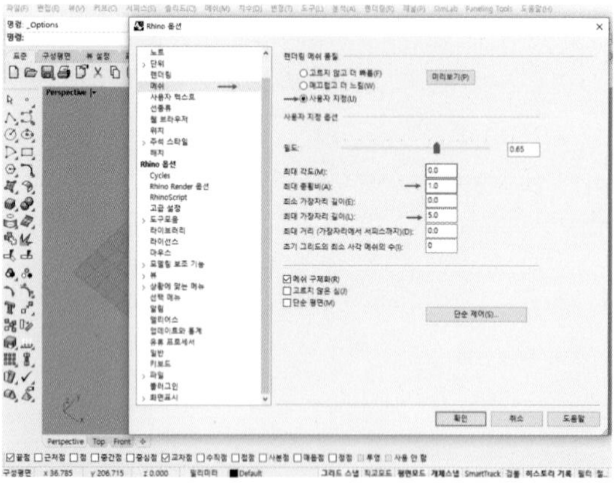

19 Rhino 옵션의 메쉬 > 사용자 지정에서 최대 종횡비와 최대 가장자리 길이를 변경합니다.

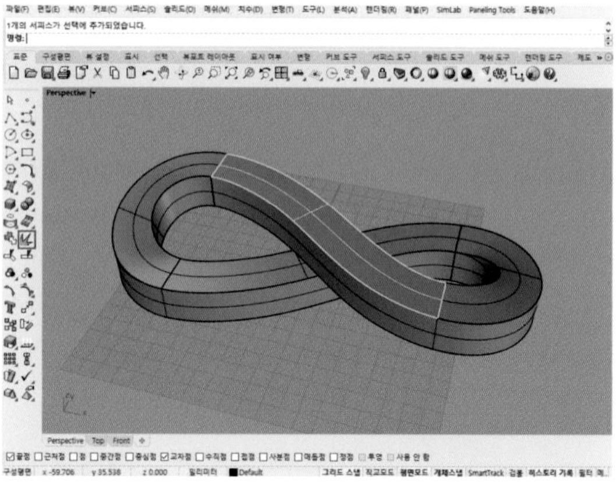

20 오브젝트를 선택하고 Explode 명령으로 오브젝트를 분리하면 앞에서 MergeSrf 했던 부분이 분리됩니다.

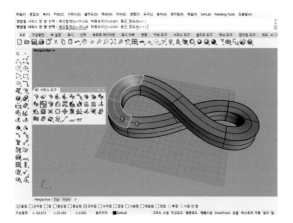

21. MergeSrf 명령으로 ❶과 ❷ 서피스를 합칩니다. 앞에서 했던 것처럼 나머지 부분도 MergeSrf 명령으로 합칩니다.

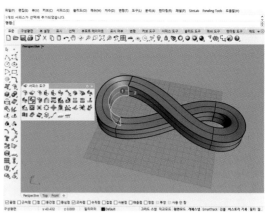

22. MergeSrf 명령으로 안쪽 부분의 ❶과 ❷ 서피스를 합칩니다. 나머지 분리된 부분도 MergeSrf 명령으로 합쳐 하나의 서피스로 만듭니다.

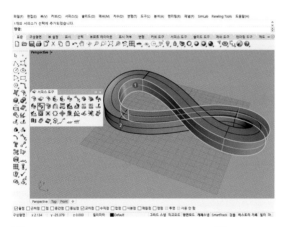

23. ❶ 서피스를 하나로 합치고 ❷ 서피스도 MergeSrf 명령으로 하나로 합칩니다.

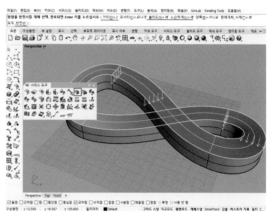

24. OffsetSrf 명령으로 아래 방향으로 2mm 두께를 줍니다.

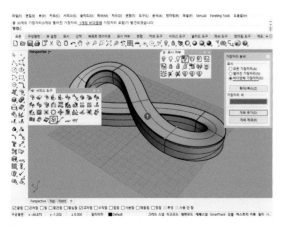

25. OffsetSrf 명령 시 솔리드로 선택했기 때문에 바깥 면 색상이 보여야 합니다. ShowEdge 명령으로 ❶오브젝트를 선택해 문제점을 찾습니다. 1개의 비다양체가 발견됩니다.

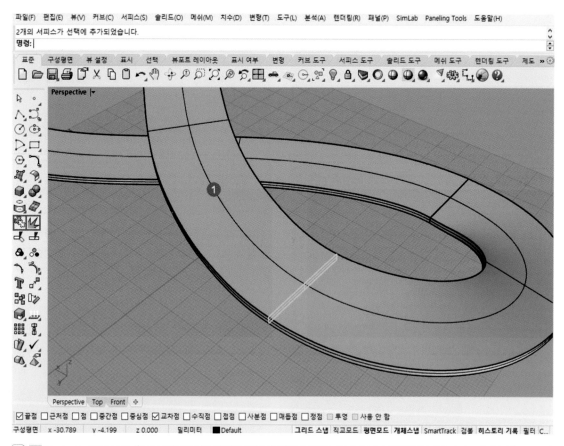

26. Explode 명령으로 ❶ 오브젝트를 분해하고 비다양체로 보였던 서피스를 선택해서 지웁니다. 서피스를 모두 선택하고 Join 명령으로 합칩니다.

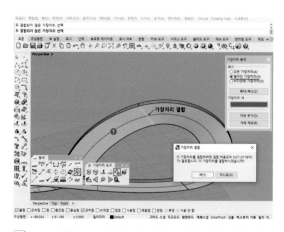

27. Join 명령으로 합쳤는데 아직도 안쪽 면의 색상이 보이므로 문제가 있습니다. 🖀 ShowEdge 명령으로 ❶ 오브젝트 선택하면 떨어진 가장자리가 보입니다. 🖀 JoinEdge 명령으로 떨어진 가장자리를 선택해서 결합합니다.

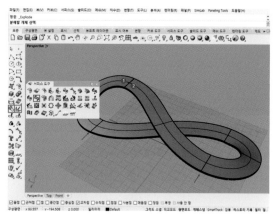

28. 오브젝트를 🖀 Explode 명령으로 분해합니다. 🖀 MergeSrf 명령으로 ❶ 과 ❷ 서피스를 합치고 나머지 분리된 부분은 모두 MergeSrf 명령으로 합칩니다. 아래 면도 MergeSrf 명령으로 모두 합치고 🖀 Join 명령으로 모든 서피스를 합칩니다.

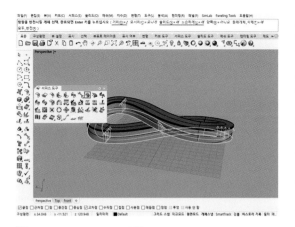

㉙ 아랫면을 선택하고 OffsetSrf 명령으로 두께가 2mm인 서피스를 만듭니다. 옵션은 그림처럼 선택합니다.

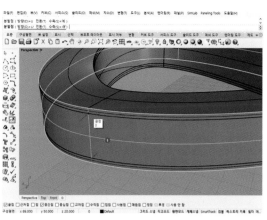

㉚ Split 명령으로 ❶ 서피스를 "방향＝U, 수축＝예" 화살표 지점을 자릅니다.

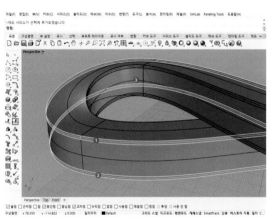

㉛ 잘린 ❶과 ❷ 서피스를 선택해서 지웁니다. 안쪽의 ❸ 서피스도 Split 명령으로 화살표 지점을 자르고 필요 없는 서피스는 지웁니다.

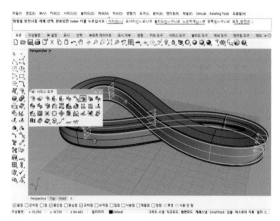

㉜ OffsetSrf 명령으로 각각 ❶과 ❷ 서피스를 변경하고 간격을 2mm 띄웁니다. ❶과 ❷ 서피스는 지웁니다.

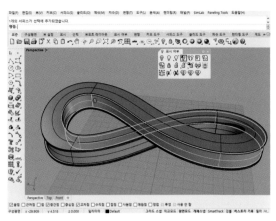

33 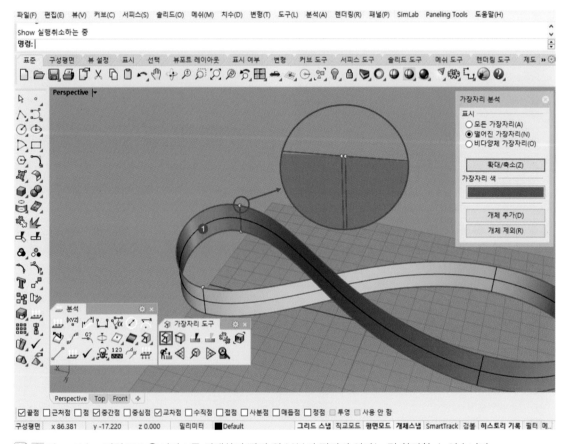 Shade 명령으로 결과물을 확인하면 그림과 같습니다.

34 ❶ 서피스를 선택하고 Isolate 명령으로 나머지 오브젝트는 숨깁니다.

35 ShowEdge 명령으로 ❶ 서피스를 선택하면 빨간 원 부분이 떨어져 있다는 걸 확인할 수 있습니다.

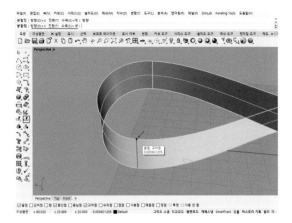

㊱ Split 명령으로 화살표 지점의 아이소커브를 V 방향으로 자릅니다.

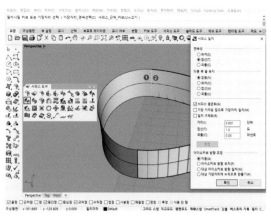

㊲ MatchSrf 명령으로 ❶과 ❷ 서피스를 일치시킵니다.

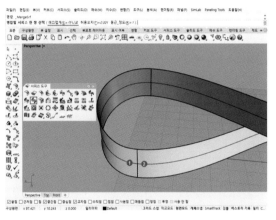

㊳ MergeSrf 명령으로 ❶과 ❷ 서피스를 합칩니다.

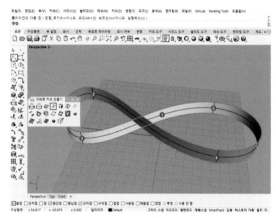

㊴ ❶ 서피스를 선택하고 DupBorder 명령으로 경계면의 커브를 추출합니다. Polyline 명령으로 ❷❸❹ ❺ 지점에 직선을 그립니다.

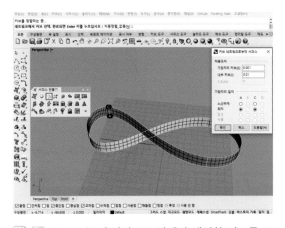

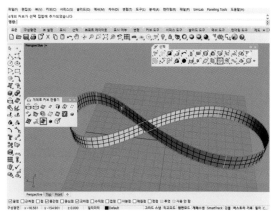

40 NetworkSrf 명령으로 앞에서 생성한 커브를 모두 선택해 서피스를 만듭니다.

41 SelCrv 명령으로 커브를 모두 선택하고 지웁니다. CreateUVCrv 명령으로 ❶ 서피스를 선택하고 (Enter)한 다음 UV 커브를 만듭니다.

> **반올림**   왜 NetworkSrf로 서피스를 다시 만드나요?
>
> MergeSrf로 단일 면을 만들 경우 ApplyCrv, FlowAlongSrf, Paneling 명령 등에 문제가 발생하기 때문에 NetworkSrf 명령으로 서피스를 다시 만드는 것입니다.

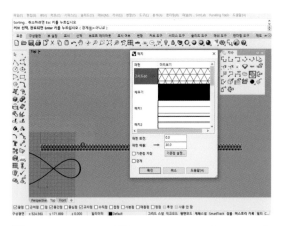

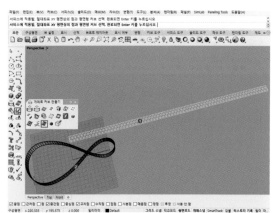

42 ❶ 선을 선택하고 Hatch 명령으로 "그리드60", 패턴 배율 30으로 변경하고 해치를 만듭니다.

43 해치 커브를 선택하고 Explode 명령으로 분해한 뒤 ApplyCrv 명령으로 ❶ 커브(해치와 UV 커브)를 선택하고 (Enter) 후 ❷ 서피스를 선택합니다. ❷ 서피스는 지웁니다.

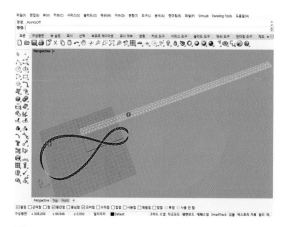

44 ❶ 커브(해치와 UV커브)와 ❷ 커브를 그림처럼 선택하고 지웁니다.

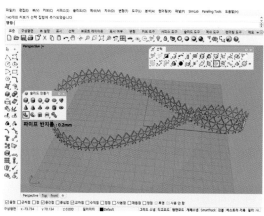

45 SelCrv 명령으로 커브를 모두 선택하고 Pipe 명령으로 0.2mm인 파이프를 만듭니다. 앞쪽 부분도 같은 방법으로 파이프를 만듭니다.

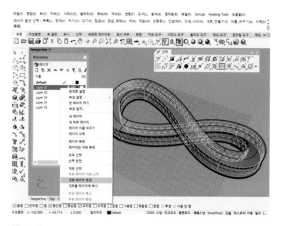

46 Show 명령으로 모든 오브젝트를 보이게 한 다음 SelCrv 명령으로 커브를 모두 선택합니다. Layer 명령으로 선택한 커브를 "Layer 01"로 변경하고 레이어는 끕니다.

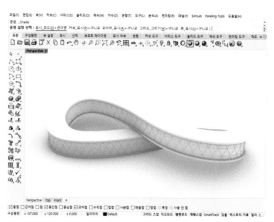

47 Shade 명령으로 결과물을 확인합니다.

Chapter

12

기본 형상 만들기 (V)

이 장에서는 기초 명령을 활용하여 서피스를 만들고 편집하는 방법에 대해서 알아보겠습니다.

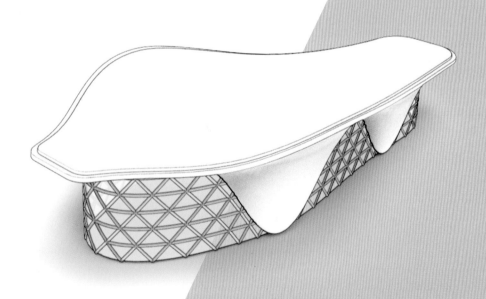

NetworkSrf 명령으로 서피스 만들기

NetworkSrf 명령으로 서피스를 만들고 편집하는 방법에 대해서 알아보겠습니다.

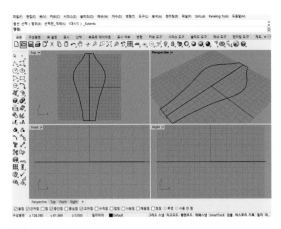

1 📂 Open 명령으로 "basic05.3dm" 파일을 불러옵니다.

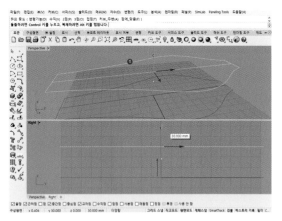

2 커브를 모두 선택하고 Right 뷰에서 Z 방향으로 30mm 이동합니다. ❶ 커브는 선택해 지웁니다.

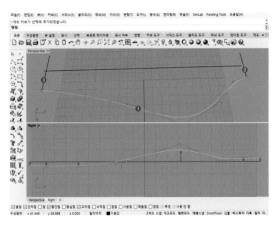

3 ❶ 커브의 제어점을 켜고 Right 뷰에서 그림과 같이 제어점을 움직입니다. 마지막 양 끝의 제어점은 ❷와 ❸ 선도 함께 선택해 Right 뷰에서 그림처럼 이동시킵니다.

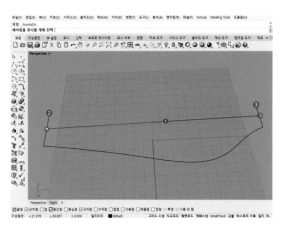

4 ❶ 선의 제어점을 켜고 ❷와 ❸ 선의 중간점으로 ❶ 선의 제어점 끝을 이동시킵니다.

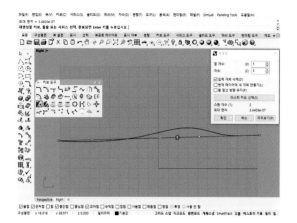

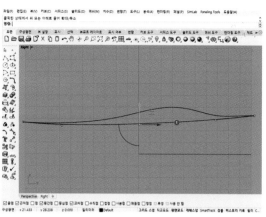

⑤ ❶커브를 선택하고 🚲 Rebuild 명령으로 점 개수 5, 차수 3으로 변경합니다.

⑥ Right 뷰에서 ❶선의 제어점을 이동시킵니다.

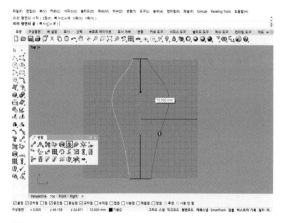

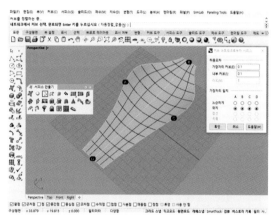

⑦ Top 뷰에서 🔂 Mirror 명령으로 ❶커브를 원점에 대칭 복사합니다.

⑧ 커브를 모두 선택하고 🗾 NetworkSrf 명령으로 서피스를 만듭니다. 서피스를 선택하고 Ctrl + C (복사)합니다.

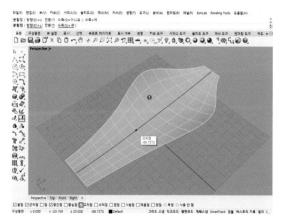

⑨ 🖌 Split 명령으로 ❶서피스를 U 방향으로 가운데 교차점을 자릅니다.

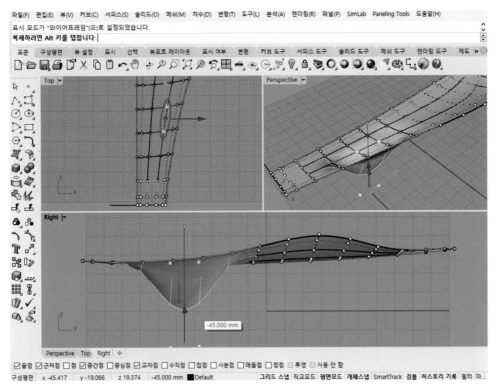

[10] Top 뷰에서 빨간 원 안의 제어점 2개를 선택하고 Right 뷰에서 Z 방향으로 –45mm 이동시킵니다.

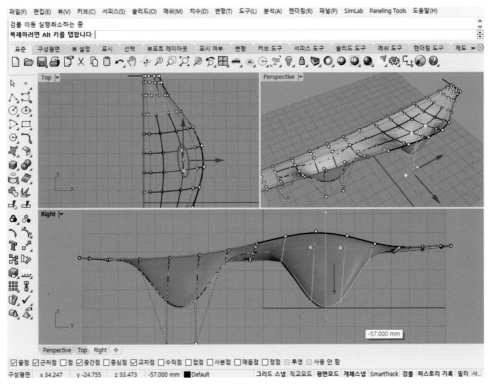

[11] Top 뷰에서 빨간 원 안의 제어점 2개를 선택하고 Right 뷰에서 Z 방향으로 –57mm 정도 이동시킵니다.

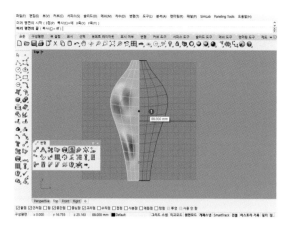

⑫ Top 뷰에서 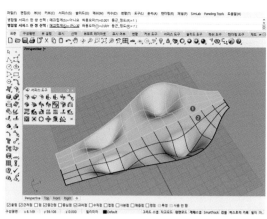 Mirror 명령으로 ❶ 서피스를 원점에서 대칭 복사합니다.

⑬ 🦢 MergeSrf 명령으로 ❶과 ❷ 서피스를 합칩니다.

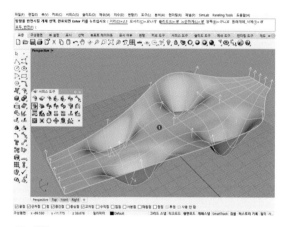

⑭ 🦢 OffsetSrf 명령으로 ❶ 서피스에 0.5mm 두께를 줍니다.

⑮ 복사한 서피스를 Ctrl + V (붙여넣기)합니다. 🦢 OffsetSrf 명령으로 ❶ 서피스를 0.5mm 옵셋하고 원래 ❶ 서피스는 지웁니다.

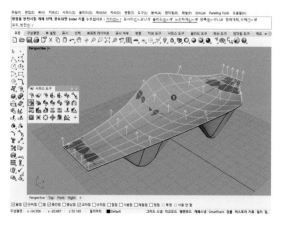

⑯ 🦢 OffsetSrf 명령으로 ❶ 서피스에 1mm 두께를 줍니다.

⑰ 🧊 FilletEdge 명령으로 엣지를 선택하고 14mm 필렛합니다.

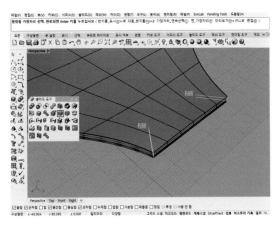

⑱ 반대편도 🧊 FilletEdge 명령으로 엣지를 선택하고 8mm 필렛합니다.

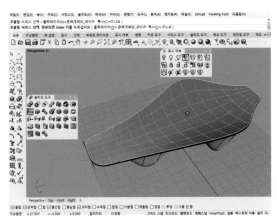

⑲ 🧊 ExtractSrf 명령으로 ❶ 서피스를 떼어내고 Ctrl +C(복사)합니다. 💡 Isolate 명령으로 ❶ 서피스만 보이게 합니다.

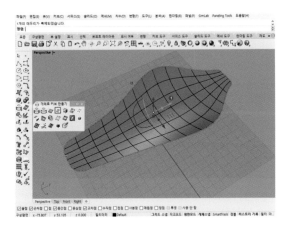

⑳ ◀ DupBorder 명령으로 ❶ 서피스의 경계를 커브로 추출합니다.

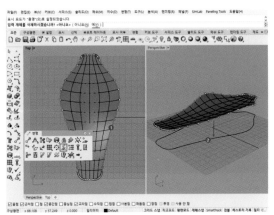

㉑ Top 뷰에서 ◢ ProjectToCPlane 명령으로 ❶ 커브를 작업평면에 투영합니다. ❷ 커브가 만들어집니다.

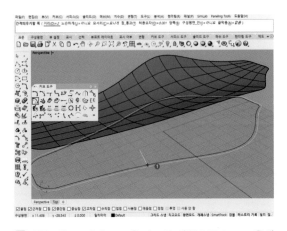

㉒ ◣ Offset 명령으로 ❶ 커브를 안쪽으로 2mm 옵셋합니다.

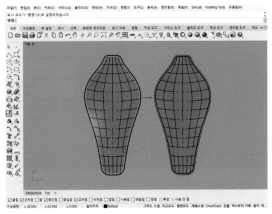

㉓ Top 뷰에서 ◢ Trim 명령으로 ❶ 커브를 경계로 그림처럼 경계선의 바깥 면을 선택하여 지웁니다.

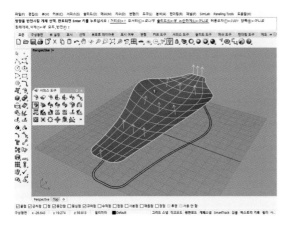

24 OffsetSrf 명령을 선택하고 ❶ 서피스에 1mm 두께를 줍니다. 💡 Show 명령으로 오브젝트를 모두 보이게 하고 Ctrl + V (붙여넣기) 합니다.

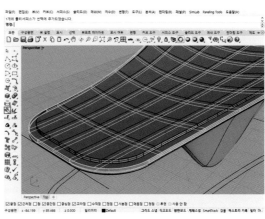

25 앞에서 떼어낸 서피스를 선택하고 🧩 Join 명령으로 합칩니다.

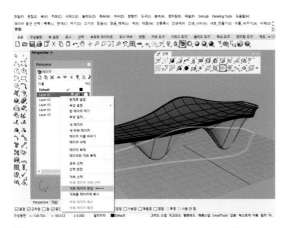

26 🖋 SelCrv 명령으로 커브를 선택합니다. 🛡 Layer 명령으로 "Layer 01"로 변경하고 "Layer 01"은 끕니다.

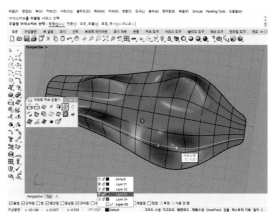

27 현재 레이어를 "Layer 05"로 변경하고 🔧 ExtractIso Curve 명령으로 아이소커브를 추출합니다.

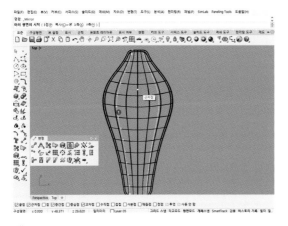

28 Top 뷰에서 🔩 Mirror 명령으로 ❶ 커브를 원점을 기준으로 대칭 복사합니다.

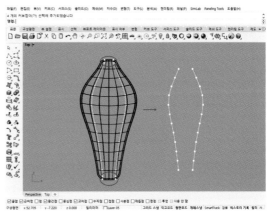

29 커브의 제어점을 선택하고 지웁니다.

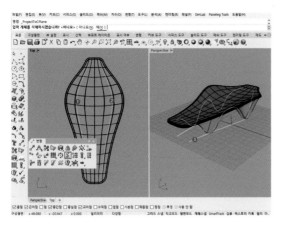

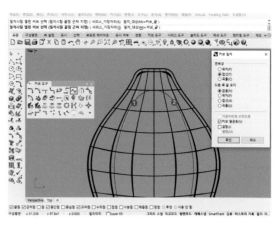

30 Top 뷰에서 ☒ ProjectToCPlane 명령으로 ❶과
❷커브를 Top 작업평면에 투영합니다. ❸커브가 만들
어집니다.

31 ⟋ Match 명령으로 ❶과 ❷커브를 접선 일치시킵
니다.

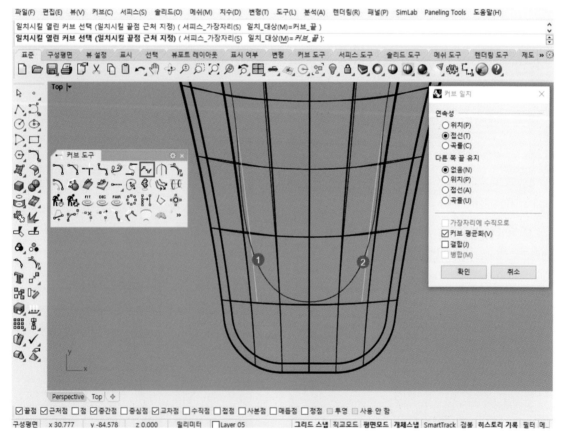

32 아래 부분의 커브도 ⟋ Match 명령으로 ❶과 ❷커브를 접선 일치시킵니다.

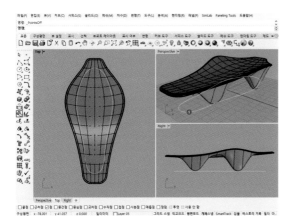

33 ❶ 커브는 선택해서 ⚙ Join 명령으로 합칩니다.

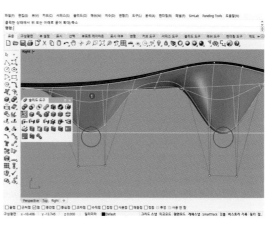

34 Right 뷰에서 🧰 ExtractSrf 명령으로 ❶ 서피스를 떼어내고 "F10" 제어점을 켭니다. 빨간 원을 보면 높이에 약간 단차가 있다는 것을 알 수 있습니다.

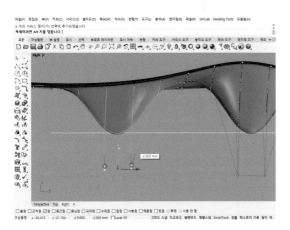

35 제어점을 그림처럼 2개 선택하고 검볼을 이용해 Z 방향으로 –2mm 만큼 이동시킵니다.

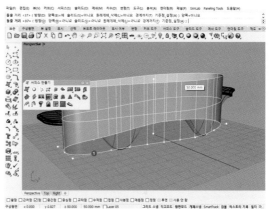

36 🧱 Extrude 명령으로 ❶ 커브를 50mm 돌출시킵니다.

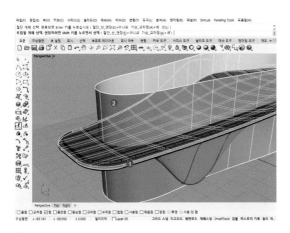

37 🖐 Trim 명령으로 ❶ 오브젝트를 경계로 해서 ❷ 서피스를 선택해 지웁니다.

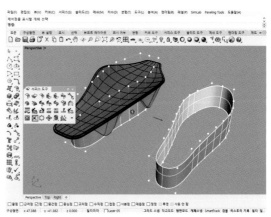

38 🔲 ShrinkTrimmedSrf 명령으로 ❶ 서피스의 제어점을 서피스에 맞춥니다.

Lesson 02 Paneling tools 활용하기

패널링 툴을 활용하여 패널링하는 기본적인 방법에 대해서 알아보겠습니다.

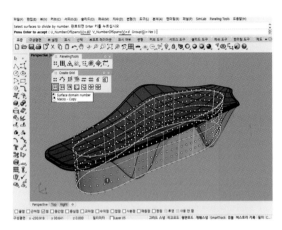

39 ⊞ SurfaceDomainNumber 명령으로 ❶서피스를 선택하고 포인트 그리드를 그림처럼 만듭니다.

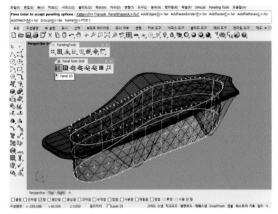

40 ⊞ PanelGrid 명령으로 포인트를 먼저 선택하고 서피스를 선택합니다. Triangle 패널을 만듭니다.

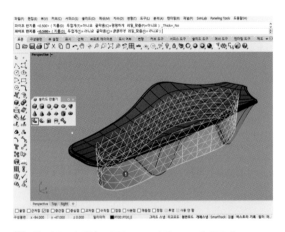

41 ❶선을 선택하고 🐚 Pipe 명령으로 반지름이 0.5mm 인 파이프를 만듭니다.

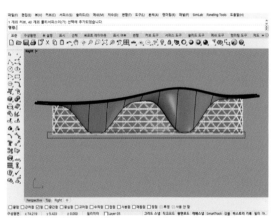

42 Right 뷰에서 빨간 박스 안의 파이프를 선택해서 지웁니다.

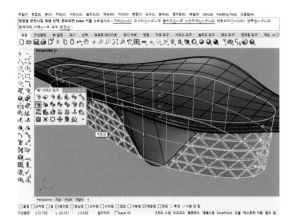

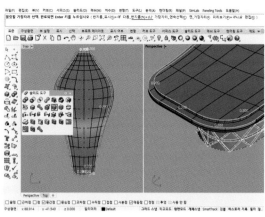

43 🖱 OffsetSrf 명령으로 ❶ 서피스 안쪽으로 0.5mm
두께를 줍니다.

44 🖱 FilletEdge 명령으로 엣지를 선택하고 0.2mm 필
렛합니다.

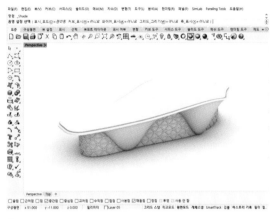

45 🖱 Shade 명령으로 결과물을 확인합니다.

기본 형상 만들기 (Ⅵ)

이 장에서도 기초 명령을 활용하여 서피스를 만드는 방법에 대해서 알아보겠습니다.

Project 명령 활용하기

Project 명령을 이해하고 적용하는 방법에 대해서 알아보겠습니다.

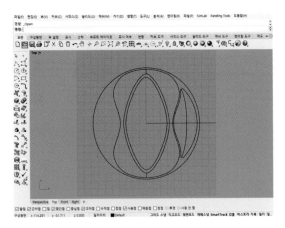

1 ⬚ Open 명령으로 "basic06.3dm" 파일을 불러옵니다.

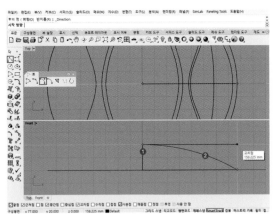

2 Front 뷰에서 ⋀ Polyline 명령으로 원점에서 길이가 20mm인 ❶선을 만듭니다. ⟍ Arc 명령으로 ❶선의 끝점과 호의 사분점에 그림과 같은 ❷호를 만듭니다.

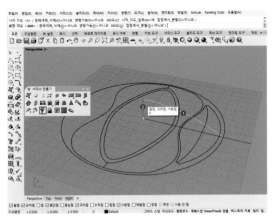

3 ✦ Revolve 명령으로 ❶호를 ❷선을 기준으로 360° 시켜 서피스를 만듭니다.

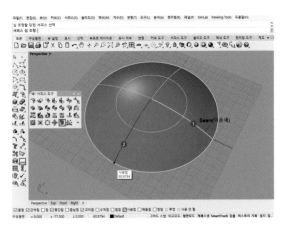

4 ⬚ SrfSeam 명령으로 ❶Seam(이음새)을 선택하고 ❷방향(사분점)으로 이동합니다. ⬚ Flip 명령으로 서피스를 선택해서 바깥 면이 보이게 합니다.

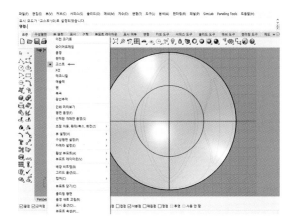

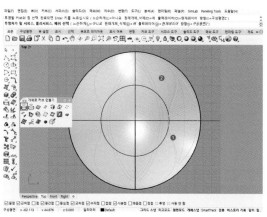

⑤ Top 뷰에서 고스트 모드로 변환해서 서피스를 반투명하게 만듭니다.

⑥ Top 뷰에서 🗄 Project 명령으로 ❶선들을 ❷서피스에 투영합니다.

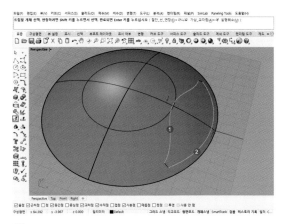

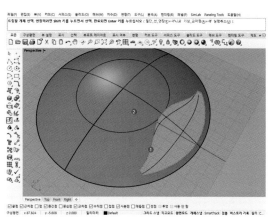

⑦ 🗍 Trim 명령으로 ❶과 ❷선을 경계로 해서 화살표 지점의 커브를 선택해 안쪽의 선만 남게 합니다.

⑧ 🗍 Trim 명령으로 ❶커브를 선택하고 선 안쪽의 ❷서피스를 선택해서 지웁니다.

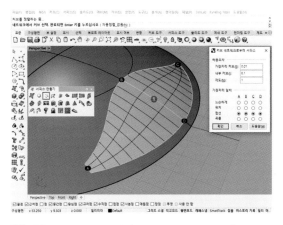

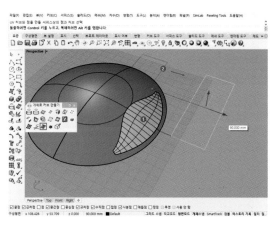

⑨ 🖉 NetworkSrf 명령으로 4개의 엣지와 ❶커브를 선택하여 서피스를 만듭니다.

⑩ 🖉 CreateUVCrv 명령으로 ❶서피스를 선택해 UV 커브 ❷를 생성합니다. 서피스와 겹치지 않게 ❷선을 그림처럼 이동시킵니다.

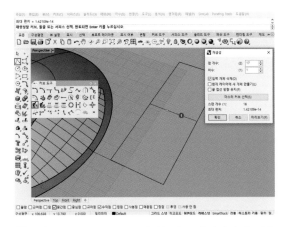

11 ⋀ Polyline 명령으로 사각형의 중간점에서 ❶선을 만듭니다. ❶선을 선택하고 🐾 Rebuild 명령으로 점 개수 17, 차수 1로 변경합니다.

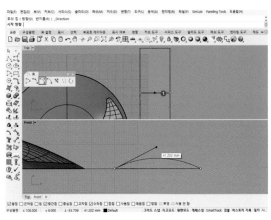

12 Front 뷰에서 ⌐ Arc 명령으로 ❶선의 끝점에서 호를 만듭니다.

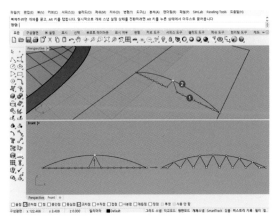

13 ❶선을 선택하고 "F10" 키로 제어점을 켭니다. Front 뷰에서 제어점을 선택해 ❷호에 그림처럼 높이를 맞춥니다. "Shift" 키를 누르고 제어점을 이동하면 수직으로 이동됩니다. ❷호는 지웁니다.

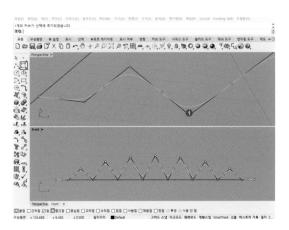

14 ⌐ Curve 명령으로 ❶선의 끝점과 중간점을 지나는 커브를 그림처럼 만듭니다. ❶선은 지웁니다.

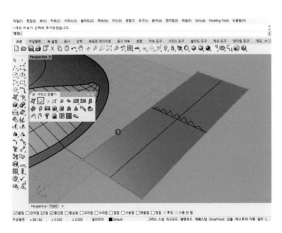

15 ❶사각형을 선택하고 ◎ PlanarSrf 명령으로 평면을 만듭니다.

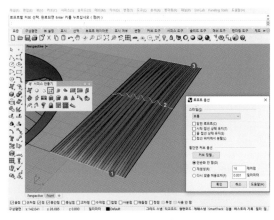

16 ⋈ Loft 명령으로 ❶엣지, ❷커브, ❸엣지 순으로 선택해 서피스를 만듭니다.

라이노에서 가장 기본이 되는 커브를 어떻게 활용하고 편집하는지에 대해서 알아보도록 하겠습니다. 커브를 자유자재로 다루어야 서피스 또한 같은 원리로 자유롭게 다룰 수 있습니다.

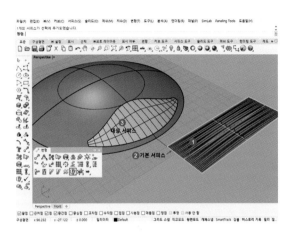

⑰ 🖱 FlowAlongSrf 명령으로 ❶Loft로 만든 면 ❷평면 ❸ 서피스 순으로 선택해서 서피스를 만듭니다.

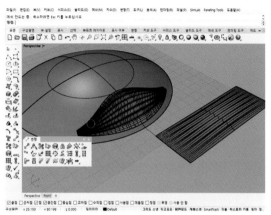

⑱ 🖱 FlowAlongSrf 명령은 서피스의 어느 지점을 선택하느냐에 따라 서피스가 뒤집히거나 반대로 결과물이 나올 수 있습니다. 여기서는 빨간 원 부분의 서피스를 선택해서 명령을 적용했습니다.

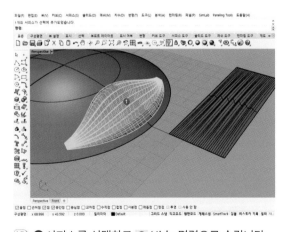

⑲ ❶ 서피스를 선택하고 💡 Hide 명령으로 숨깁니다.

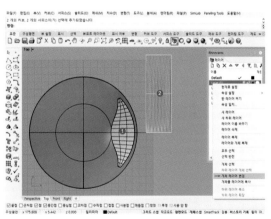

⑳ ❶ 서피스는 지웁니다. ❷ 선과 서피스를 모두 선택하고 🗒 Layer 명령을 실행 후 "Layer 01"로 변경하고 레이어는 끕니다.

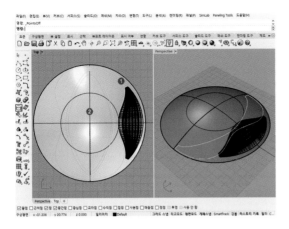

21 💡 Show 명령으로 서피스가 보이게 합니다. Top 뷰에서 🖐 Project 명령으로 ❶ 커브들을 ❷ 서피스에 투영합니다.

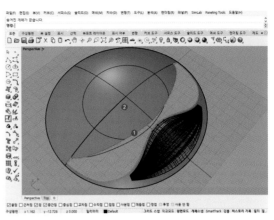

22 ✂️ Trim 명령으로 ❶ 선을 경계로 선 안쪽의 ❷ 서피스를 선택해 지웁니다.

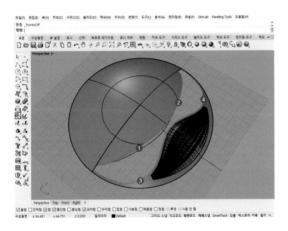

23 ❶과 ❷커브를 선택해 🔗 Join 명령으로 결합하고 ❸과 ❹커브도 🔗 Join 명령으로 결합합니다.

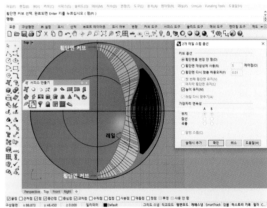

24 🌀 Sweep2 명령으로 레일을 선택하고 횡단면 커브를 선택해서 그림과 같이 서피스를 만듭니다.

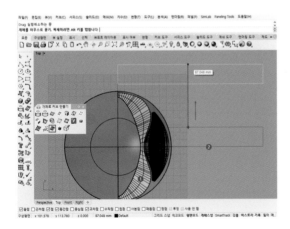

25 📐 CreateUVCrv 명령으로 ❶ 서피스를 선택해 UV ❷ 커브를 만듭니다. 서피스와 겹치지 않게 ❷선을 그림처럼 이동시킵니다.

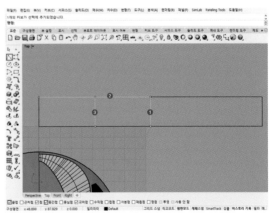

26 📏 Polyline 명령으로 ❶❷❸선을 그림처럼 만듭니다.

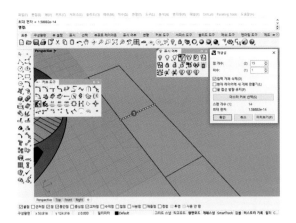

27 ❶선을 선택하고 🐾 Rebuild 명령으로 점 개수 15, 차수 1로 변경합니다. ❶선을 선택하고 🔅 Isolate 명령으로 나머지는 숨깁니다.

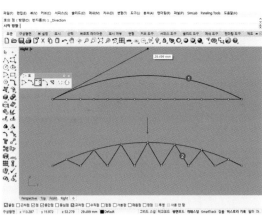

28 Right 뷰에서 🗝 Arc 명령으로 선의 끝점에서 ❶호를 만듭니다. ❷선의 제어점을 하나씩 호에 맞춥니다.

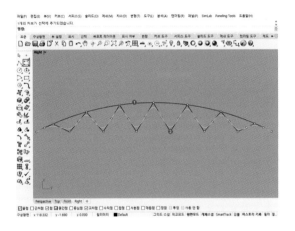

29 ⛶ Curve 명령으로 ❷선의 끝점과 중간점을 지나는 선을 만듭니다. ❶과 ❷커브는 지웁니다. 🔦 Show 명령으로 오브젝트가 모두 보이게 합니다.

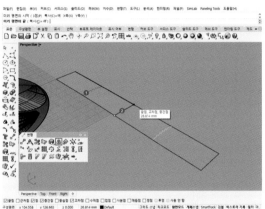

30 🪡 Mirror 명령으로 ❶선을 ❷선을 중심으로 대칭 복사합니다.

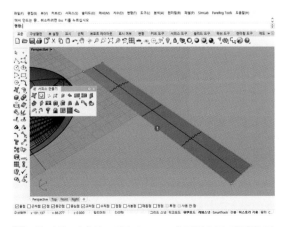

31 ❶선을 선택하고 ⬭ PlanarSrf 명령으로 평면을 만듭니다.

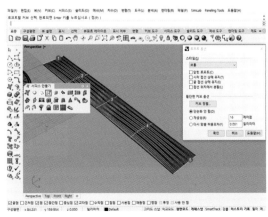

32 🗝 Loft 명령으로 ❶❷❸❹❺순으로 선택해서 서 피스를 만듭니다. ❶과 ❺는 엣지를 선택하면 됩니다.

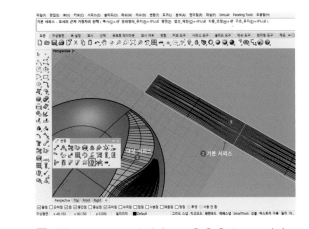

33 FlowAlongSrf 명령으로 ❶❷❸ 순으로 서피스를 선택하여 서피스를 만듭니다.

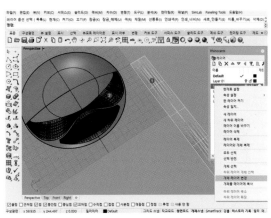

34 ❶선과 서피스를 선택합니다. Layer 명령으로 "Layer 02"로 변경하고 레이어를 끕니다. ❷ 서피스는 Hide 명령으로 숨깁니다.

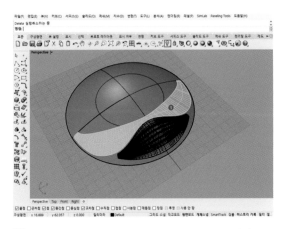

35 ❶ 서피스를 선택해 지웁니다. Show 명령으로 오브젝트를 모두 보이게 합니다.

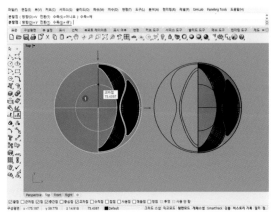

36 Split 명령으로 ❶ 서피스를 V 방향으로 자른 후 왼쪽 면은 지웁니다.

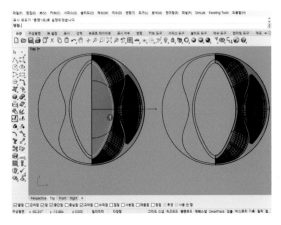

37 Trim 명령으로 ❶커브를 경계로 해서 경계선의 왼쪽 서피스를 선택해 지웁니다.

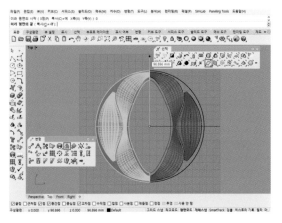

38 Top 뷰에서 SelSrf 명령으로 서피스를 선택하고 Mirror 명령으로 원점을 기준으로 대칭 복사합니다.

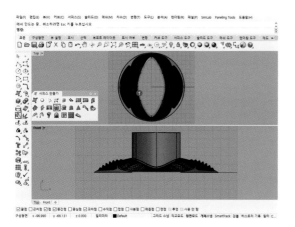

㊴ ❶커브를 선택하고 🔩 Join 명령으로 결합합니다. 🖥 Extrude 명령으로 ❶커브를 그림처럼 돌출시킵니다.

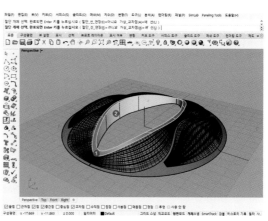

㊵ ✏ Trim 명령으로 ❶서피스를 경계로 해서 튀어나온 ❷서피스 부분을 선택해 지웁니다.

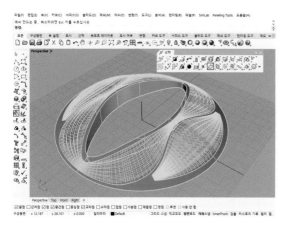

㊶ ✏ SelSrf 명령으로 서피스를 모두 선택하고 🔩 Join 명령으로 결합합니다.

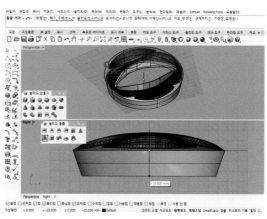

㊷ 🖥 ExtrudeCrvTaperd 명령으로 ❶원을 "빼기 구배 =20"로 변경하고 그림과 같이 돌출시킵니다.

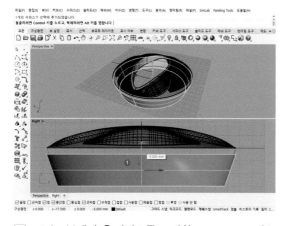

㊸ Right 뷰에서 ❶서피스를 Z 방향으로 –5mm 이동시킵니다.

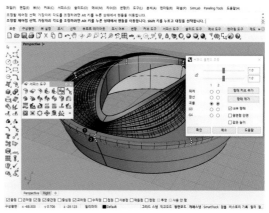

㊹ ✏ BlendSrf 명령으로 두 서피스를 연결합니다.

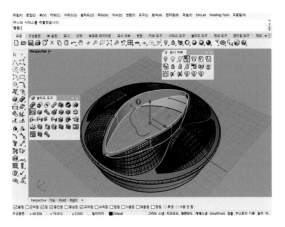

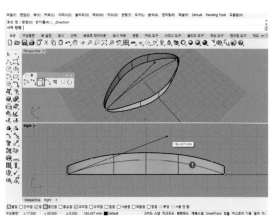

45 ExtractSrf 명령으로 ❶서피스를 분리한 후 Isolate 명령으로 나머지 오브젝트는 숨깁니다.

46 Right 뷰에서 Arc 명령으로 ❶호를 만듭니다. Show 명령으로 오브젝트를 모두 보이게 합니다.

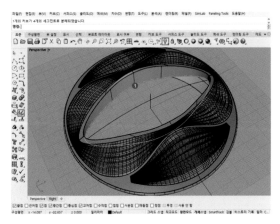

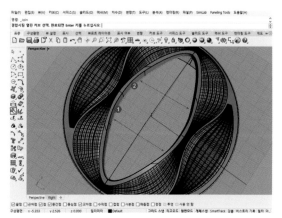

47 ❶커브를 선택하고 Explode 명령으로 분해합니다.

48 ❶과 ❷선을 선택해 Join 명령으로 결합합니다. 반대편 두 커브도 Join 명령으로 결합합니다.

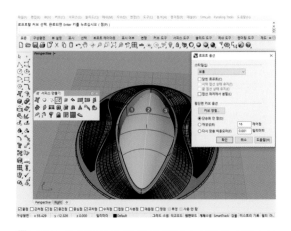

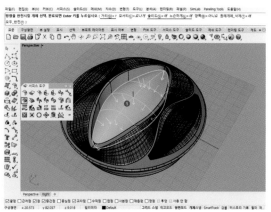

49 Loft 명령으로 ❶❷❸커브를 선택해 서피스를 만듭니다.

50 OffsetSrf 명령으로 ❶서피스를 선택하고 1mm 두께를 줍니다.

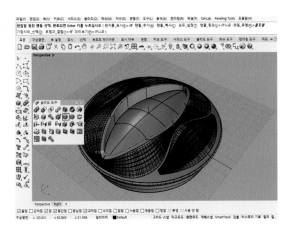 

51 🎲 FilletEdge 명령으로 엣지를 선택해 0.5mm 필렛합니다.

52 ⬤ Shade 명령으로 결과물을 확인합니다.

> **반올림**
>
> Record History가 켜진 상태에서 서피스의 노말 방향을 뒤집으면 히스토리가 깨지게 되므로 주의하기 바랍니다. 설명 32에서 1, 2, 3, 4, 5 순으로 Loft를 하면 바깥 면이 보이며 역순으로 선택하면 안쪽 면이 보입니다.

Chapter

14

계단 만들기

이 장에서는 기본 명령을 활용하여 계단을 만드는 방법에 대해서 알아보겠습니다.

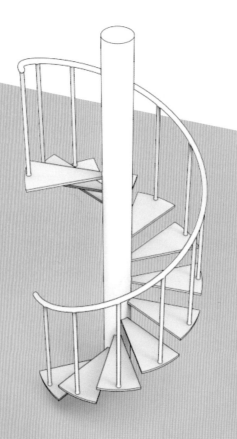

Lesson 01 직통계단 만들기

ArrayLinear 명령으로 직통계단을 만드는 방법에 대해서 알아보겠습니다.

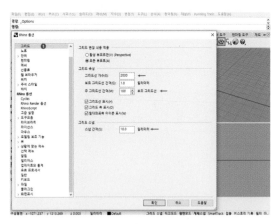

1 ⚙ Options 명령을 선택하고 ❶ 그리드 항목에서 그리드 속성의 빨간 화살표 부분을 변경합니다.

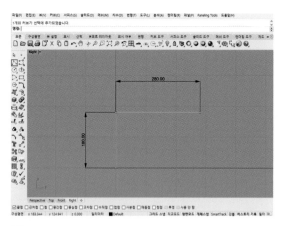

2 Right 뷰에서 ∧ Polyline 명령으로 원점에서 180× 280mm인 선을 그립니다.

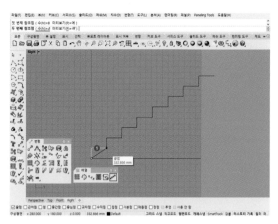

3 ⚏ ArrayLinear 명령으로 ❶ 선의 끝점에서 대각선 방향으로 8개 선형 배열합니다.

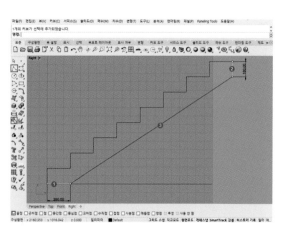

4 ∧ Polyline 명령으로 ❶❷❸ 선을 그림처럼 만듭니다. 선들을 모두 선택하고 ⚙ Join 명령으로 결합합니다.

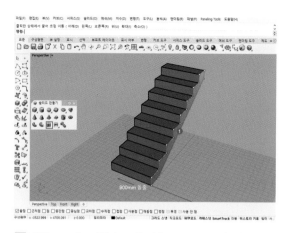

5️⃣ 🔲 Extrude 명령으로 ❶선을 900mm 돌출시킵니다.

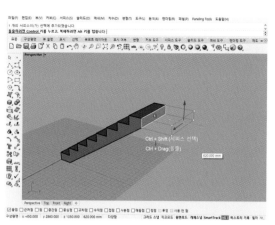

6️⃣ 검볼을 활성화하고 `Ctrl` + `Shift` 키를 누르고 ❶면을 선택합니다. 그런 다음 `Ctrl` + Drag하여 620mm 돌출시킵니다.

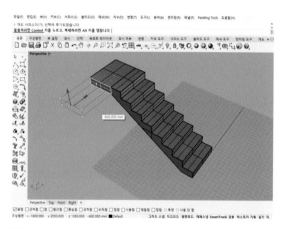

7️⃣ 뷰를 그림처럼 돌리고 `Ctrl` + `Shift`를 누른 상태에서 ❶면을 마우스로 선택합니다. `Ctrl` + Drag하고 -900mm 돌출시킵니다.

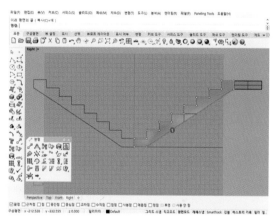

8️⃣ Right 뷰에서 🔳 Mirror 명령으로 ❶선을 원점에 대칭 복사합니다.

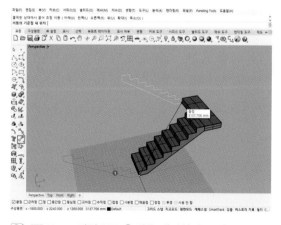

9️⃣ 🖈 Move 명령으로 ❶선을 계단참의 끝점으로 이동시킵니다.

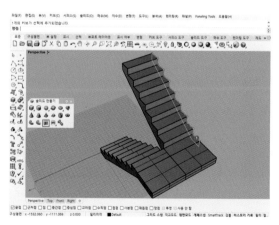

🔟 이동된 ❶선을 🔲 Extrude 명령으로 900mm 돌출시킵니다.

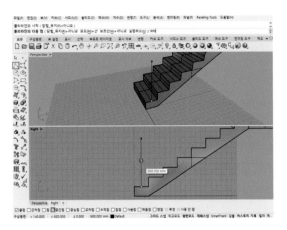

11 ⋏ Polyline 명령으로 900mm인 ❶ 선을 Shift 키를 누르고 만듭니다.

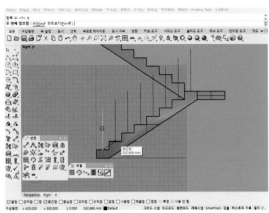

12 ⛀ Arraylinear 명령으로 ❶ 선의 끝점에서 엣지의 중간지점으로 8개 복사합니다.

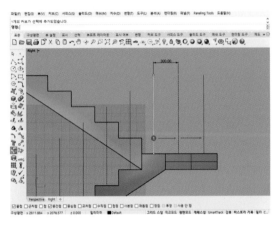

13 ⛃ Copy 명령으로 ❶ 선을 300mm와 600mm 복사합니다.

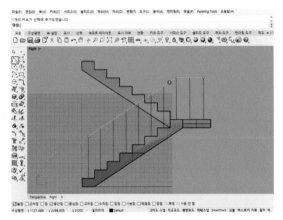

14 ⋏ Polyline 명령으로 ❶ 선을 만듭니다.

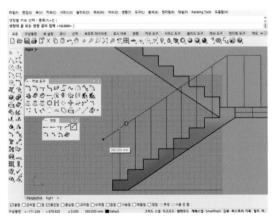

15 ⟋ Extend_Line 명령으로 ❶ 선의 끝점 부분을 선택하고 360mm 연장합니다.

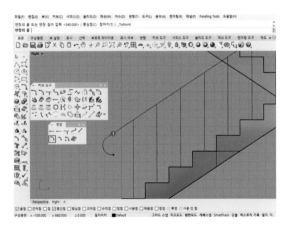

16 ⌒ Extend_Arc 명령으로 ❶ 선의 끝점 부분을 선택하고 그림처럼 호로 연장합니다.

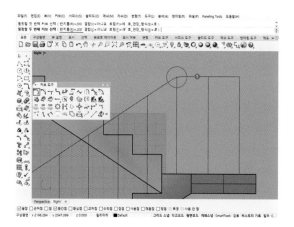

[17] ⌐ Fillet 명령으로 ❶선의 빨간 원 부분을 200mm 필렛합니다.

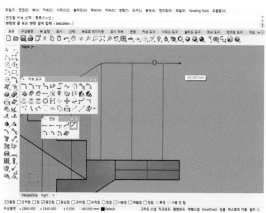

[18] ✎ Extend_Line 명령으로 ❶선의 끝점을 선택하고 160mm 연장합니다.

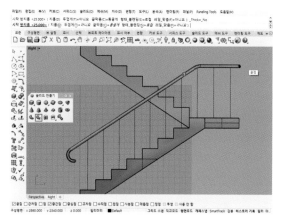

[19] ⬤ Pipe 명령으로 ❶선을 선택하고 반지름이 25mm 인 파이프를 만듭니다.

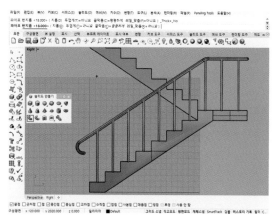

[20] ❶선을 10개 선택하고 ⬤ Pipe 명령으로 반지름이 18mm인 파이프를 만듭니다.

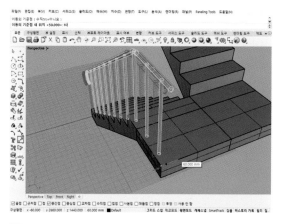

[21] 파이프를 모두 선택합니다. ⬤ Move 명령으로 화살 표 지점의 끝점에서 60mm 안쪽으로 이동시킵니다.

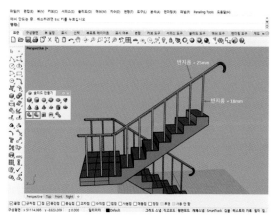

[22] 반대편도 같은 방식으로 Pipe 명령을 통해 난간을 만 듭니다.

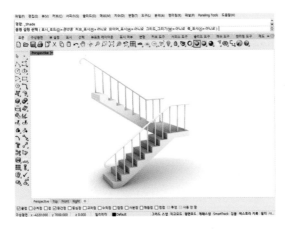

23 🌑 Shade 명령으로 결과물을 확인합니다.

Lesson 02 　나선계단 만들기

ArrayPolar 명령을 활용하여 나선형계단을 만드는 방법에 대해 알아보겠습니다.

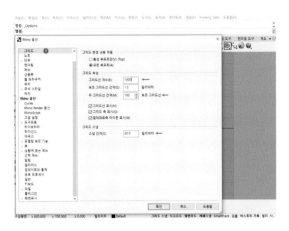

24 ⚙ Options 명령으로 ❶ 그리드 항목을 그림처럼 설
정합니다.

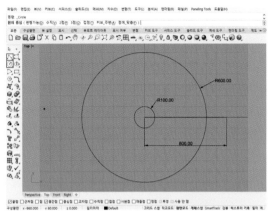

25 Top 뷰에서 ⊙ Circle 명령으로 원점에서 반지름이
100mm와 600mm인 원을 만든 후 ∧ Polyline 명령으
로 원점에서 800mm인 선을 만듭니다.

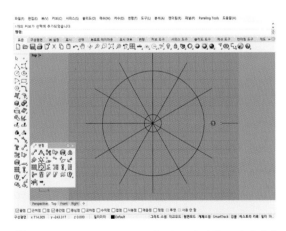

26 ⚙ ArrayPolar 명령으로 ❶ 선을 선택하고 원점에서
12개 360° 회전합니다.

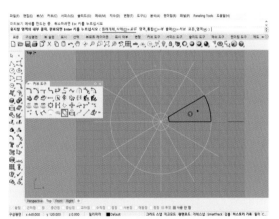

27 ↻ CurveBoolean을 실행 후 "원래개체_삭제 = 모
두"로 변경합니다. 모든 커브를 선택하고 Enter 후 ❶
영역을 클릭하여 원하는 부분의 커브를 만듭니다.

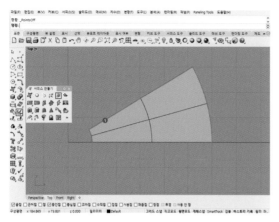

28 ❶커브를 선택해 Explode 명령으로 분해합니다. EdgeSrf 명령으로 ❶커브들을 다시 선택하여 면을 만듭니다.

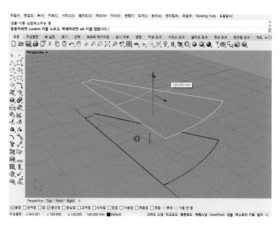

29 ❶서피스를 선택하고 검볼을 활용해 Z 방향으로 140mm 이동합니다.

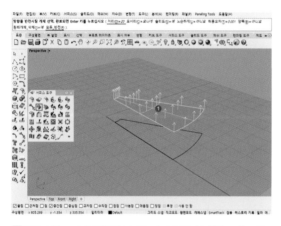

30 OffsetSrf 명령으로 ❶서피스를 선택하고 "모두_ 반전"한 후 20mm 두께를 줍니다.

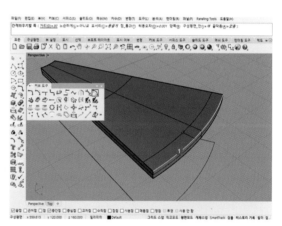

31 Offset 명령으로 ❶엣지를 선택하고 안쪽으로 30mm 띄웁니다.

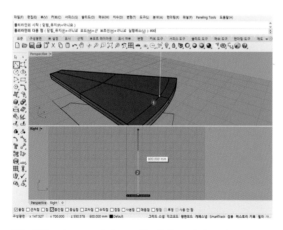

32 Polyline 명령으로 ❶선의 중간점에서 800mm ❷선을 만듭니다.

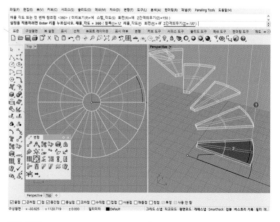

33 ArrayPolar 명령으로 ❶선과 ❷오브젝트를 선택합니다. 원점에서 "Z간격띄우기 = 150"으로 설정하고 12개 360° 회전시킵니다.

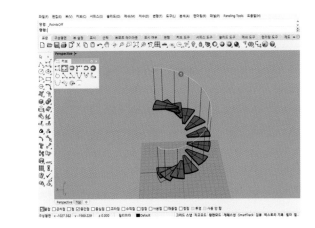

34 ⟲ InterpCrv 명령으로 직선의 끝점들을 지나는 ❶ 선을 만듭니다.

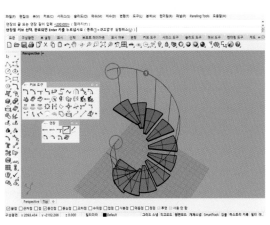

35 ⟲ Extend_Smooth 명령으로 ❶ 선의 양단의 끝점을 각각 200mm 연장합니다.

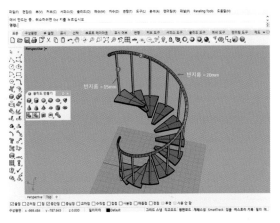

36 ⟲ Pipe 명령으로 ❶ 선들을 선택하고 반지름이 15mm인 파이프를 만듭니다. ❷ 커브를 선택하고 ⟲ Pipe 명령으로 반지름이 20mm인 파이프를 만듭니다.

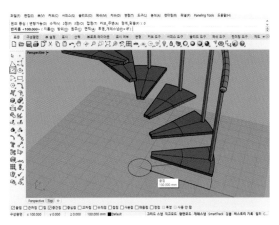

37 ⟲ Circle 명령으로 원점에서 반지름이 100mm인 원을 만듭니다.

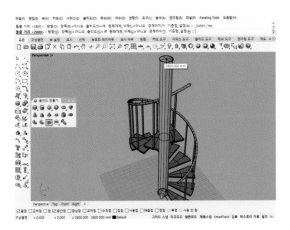

38 ⟲ Extrude 명령으로 ❶ 원을 선택하고 2800mm 돌출시킵니다.

39 ⟲ Shade 명령으로 결과물을 확인합니다.

Lesson 03 문 만들기

라이노 기초명령을 활용하여 문 만드는 방법에 대해 알아보겠습니다.

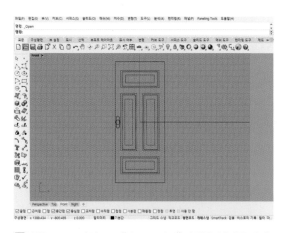

40 📂 Open 명령으로 "door.3dm" 파일을 불러옵니다.

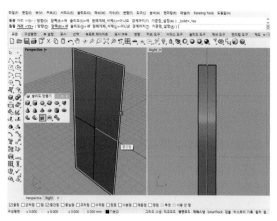

41 🎲 Extrude 명령으로 ❶ 사각형을 선택하고 양방향으로 15mm 돌출시킵니다.

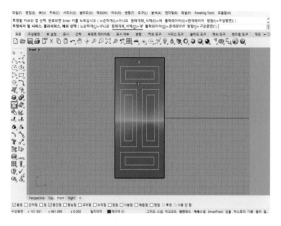

42 Front 뷰에서 🗄 Project 명령 실행 후 "원래객체_삭제＝예"로 설정합니다. ❶ 빨간 사각형으로 모두 선택하고 Enter 한 다음 ❷ 서피스에 투영합니다.

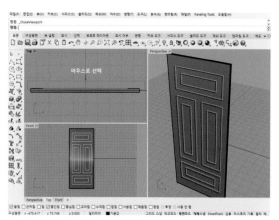

43 Top 뷰에서 뒷면에 투영된 사각형들을 마우스로 드래그(왼쪽에서 오른쪽) 선택하여 불필요한 사각형들을 지웁니다.

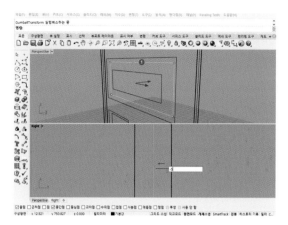

44 검볼이 활성화되었나 확인하고 ❶사각형을 선택합니다. Right 뷰에서 검볼의 빨간 화살표를 더블클릭하여 Y축 방향으로 –5mm 이동합니다.

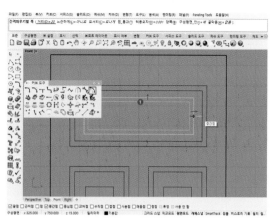

45 Front 뷰에서 🔊 Offset 명령으로 ❶사각형을 선택하고 20mm 띄웁니다.

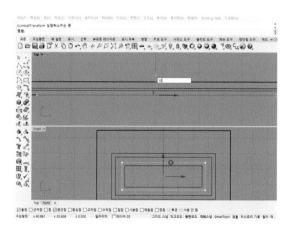

46 Front 뷰에서 ❶사각형을 선택합니다. Top 뷰에서 검볼의 녹색 화살표를 더블클릭하고 10mm 이동합니다.

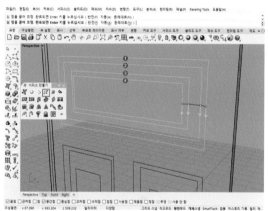

47 🟦 Loft 명령으로 ❶❷❸❹순으로 디렉션(화살표)을 그림처럼 맞춥니다.

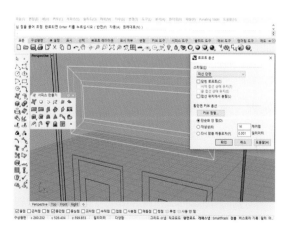

48 로프트 옵션에서 "직선 단면"으로 설정하고 서피스를 만듭니다.

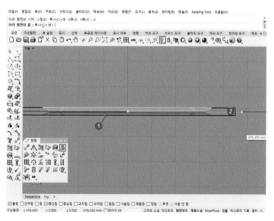

49 Top 뷰에서 🔷 Mirror 명령으로 로프트로 만든 ❶서피스를 선택하고 ❷축 방향으로 대칭 복사합니다.

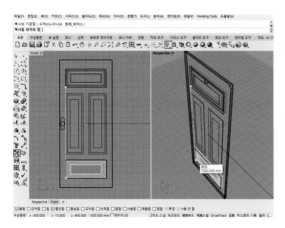

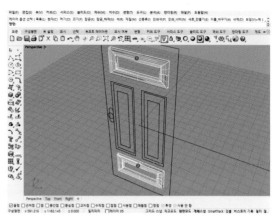

50 🖩 Copy 명령으로 ❶면들을 선택하고 아랫부분의 사각형 끝점으로 복사합니다. ❷오브젝트를 선택하고 💡 Hide 명령으로 숨깁니다.

51 🌑 Shaded viewport 명령으로 음영모드로 전환합니다. ❶과 ❷서피스가 안쪽 면 색상인지 확인합니다. 💡 Show 명령으로 오브젝트가 모두 보이게 합니다.

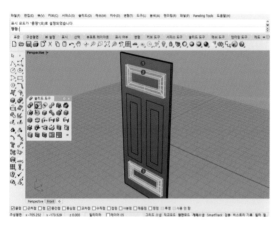

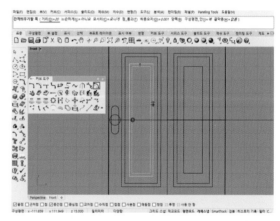

52 ☯ BooleanDifference 명령으로 ❶오브젝트에서 ❷와 ❸오브젝트들을 선택하여 뺍니다.

53 Front 뷰에서 ⬎ Offset 명령으로 ❶사각형을 선택하고 20mm 띄웁니다.

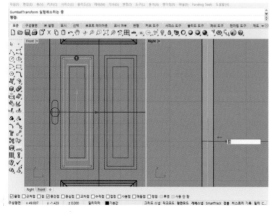

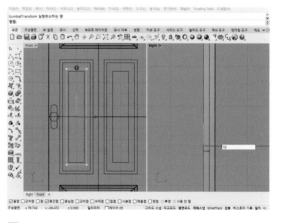

54 Front 뷰에서 ❶사각형을 선택하고 Right 뷰에서 검볼을 활용해 Y축 방향으로 –5mm 이동합니다.

55 Front 뷰에서 ❶사각형을 선택하고 Right 뷰에서 검볼을 활용해 Y축 방향으로 10mm 이동합니다.

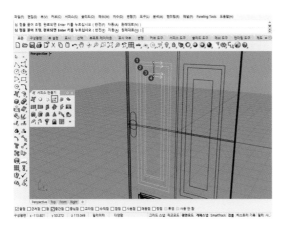

56 ⚡ Loft 명령으로 ❶❷❸❹ 순으로 사각형을 선택하고 디렉션을 그림처럼 맞춥니다.

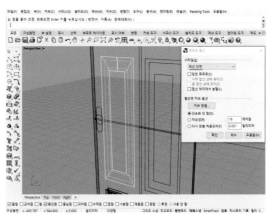

57 로프트 옵션에서 "직선 단면"을 체크하고 면을 만듭니다.

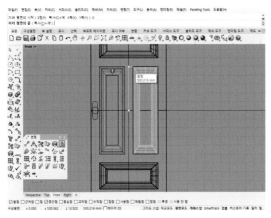

58 ⚙ Mirror 명령으로 ❶ 서피스를 원점을 기준으로 대칭 복사합니다.

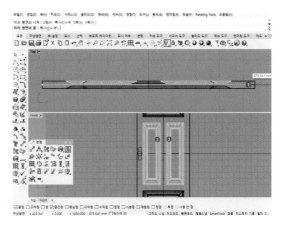

59 💡 Hide 명령으로 ❶ 오브젝트를 숨깁니다. ⚙ Mirror 명령으로 ❷❸ 서피스를 Top 뷰에서 원점을 기준으로 그림처럼 대칭 복사합니다.

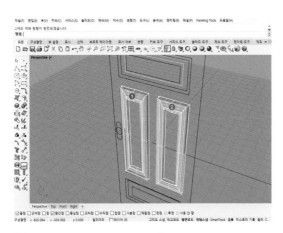

60 ❶과 ❷ 면들을 선택하고 🔲 Flip 명령으로 Normal 방향을 반전하여 안쪽 면이 보이게 합니다. 💡 Show 명령으로 오브젝트가 보이게 합니다.

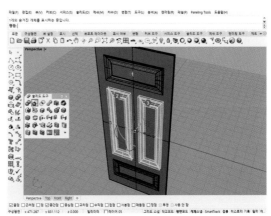

61 🔵 BooleanDifference 명령으로 ❶ 오브젝트에서 ❷와 ❸ 면들을 선택해 빼줍니다.

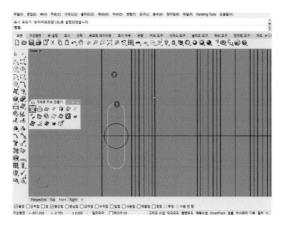

62 Front 뷰에서 🍶 Project 명령으로 ❶커브를 ❷오브젝트에 투영합니다.

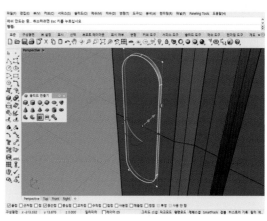

63 🛢 Extrude 명령으로 ❶커브를 선택하고 5mm 돌출합니다.

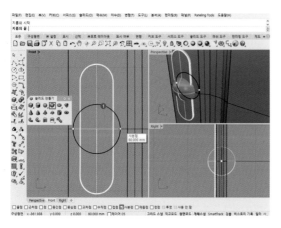

64 Front 뷰에서 ❶원의 사분점에 🔵 Sphere 명령으로 지름이 80mm인 구를 만듭니다.

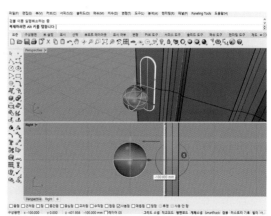

65 검볼을 이용하여 ❶구를 선택하고 Y축 방향으로 –100mm 이동합니다.

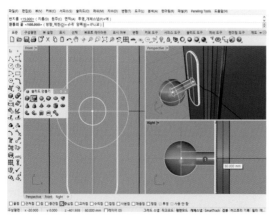

66 🔘 Cylinder 명령으로 구의 중심점에서 반지름이 15mm, 길이가 80mm인 ❶실린더를 만듭니다.

67 🔵 Shade 명령으로 결과물을 확인합니다.

Memo

Chapter

15

인테리어 소품 만들기

이 장에서는 기초 명령을 활용하여 인테리어 소품들을 만들어 보겠습니다.

꽃병 만들기

라이노의 기본 명령을 이용하여 꽃병 만드는 방법에 대해서 알아보겠습니다.

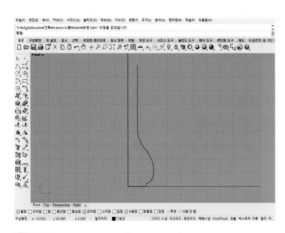

① 📁 Open 명령으로 "화병.3dm" 파일을 불러옵니다.

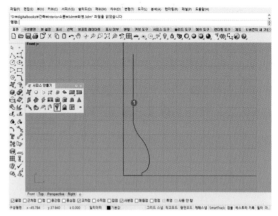

② 🎚 Revolve 명령으로 ❶ 커브를 360° 회전시킵니다.

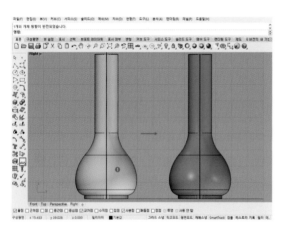

③ 🖱 Flip 명령으로 ❶ 서피스의 Normal 방향을 반전합니다.

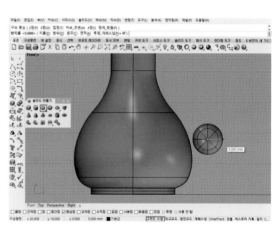

④ Front 뷰에서 ⚫ Sphere 명령으로 반지름이 5mm인 구를 만듭니다.

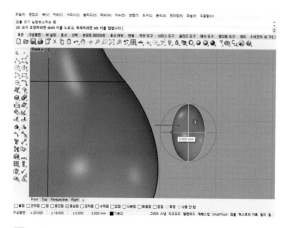

⑤ 검볼을 이용해 ❶구의 반지름이 3mm이 되도록 그림처럼 줄입니다.

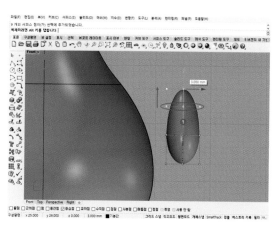

⑥ 빨간 원 부분의 제어점을 선택하고 Z 방향으로 3mm 이동시킵니다.

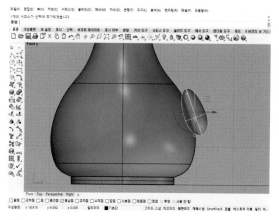

⑦ 검볼을 활용해 구를 그림처럼 회전시킵니다.

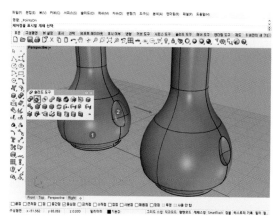

⑧ BooleanDifference 명령으로 ❶오브젝트에서 ❷오브젝트를 뺍니다.

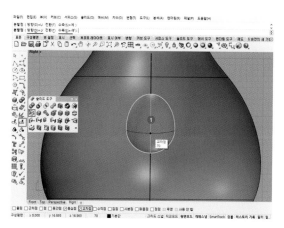

⑨ ExtractSrf 명령으로 ❶서피스를 떼어냅니다.
Split 명령으로 ❶서피스를 U 방향으로 자릅니다.

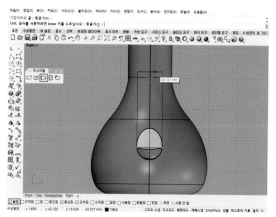

⑩ Rectangle 명령으로 그림처럼 사각형을 만듭니다.

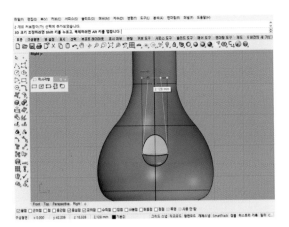

⑪ 검볼을 이용해 사각형의 제어점을 그림처럼 줄입니다.

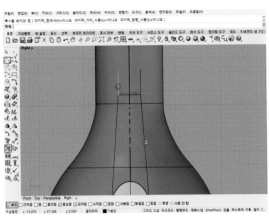

⑫ Polyline 명령으로 ❶ 선을 그리고 Copy 명령으로 ❶ 선을 반대편에 복사합니다. ❷ 선은 지웁니다.

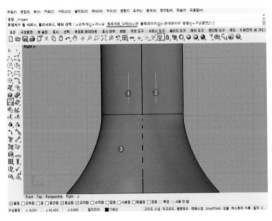

⑬ Project 명령으로 ❶ 과 ❷ 선을 ❸ 서피스에 투영합니다. Hide 명령으로 ❸ 서피스를 숨깁니다.

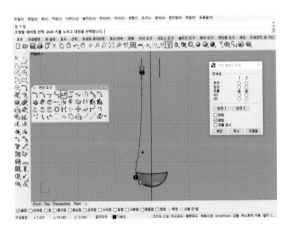

⑭ BlendCrv 명령으로 ❶ 과 ❷ 선을 그림과 같이 연결합니다.

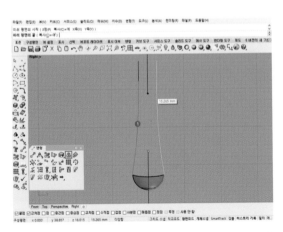

⑮ Mirror 명령으로 ❶ 커브를 원점에서 대칭 복사합니다.

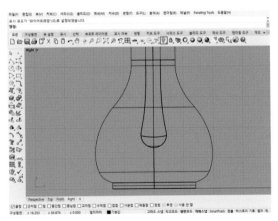

⑯ Show 명령으로 오브젝트가 보이게 합니다.

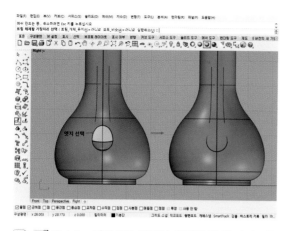

17 🗔 Untrim 명령으로 엣지를 선택해 잘린 서피스를 원상 복구시킵니다.

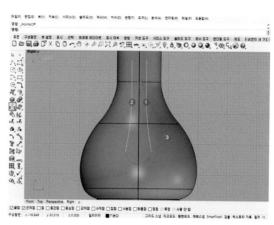

18 🗄 Project 명령으로 ❶과 ❷커브를 ❸서피스에 투영합니다.

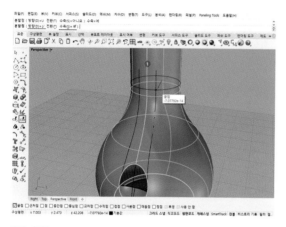

19 🗔 Split 명령으로 ❶서피스를 U 방향으로 화살표 지점의 끝점을 자릅니다.

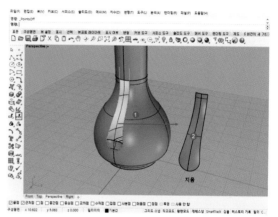

20 🗔 Split 명령으로 앞에서 투영한 커브로 ❶서피스를 자른 후 ❷서피스는 지웁니다.

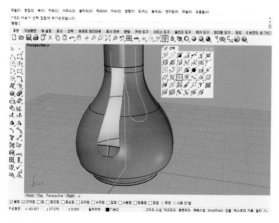

21 🖉 SelCrv 명령으로 커브들을 선택하고 💡 Hide 명령으로 숨깁니다.

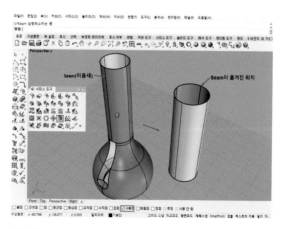

22 🗄 SrfSeam 명령으로 ❶서피스의 Seam(이음새)의 위치를 반대편으로 옮깁니다.

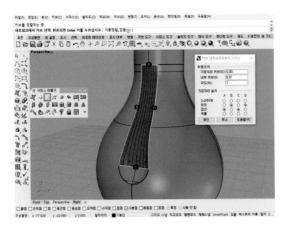

㉓ NetworkSrf 명령으로 그림처럼 4개의 엣지를 선택하고 서피스를 만듭니다.

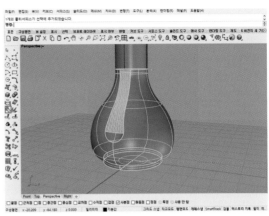

㉔ 그림처럼 서피스를 선택하고 Join 명령으로 결합합니다.

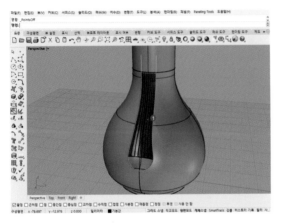

㉕ Show 명령으로 커브를 보이게 합니다. ❶커브들은 선택한 다음 Join 명령으로 결합합니다.

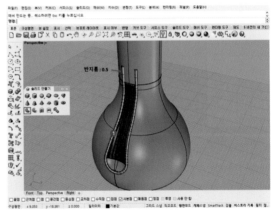

㉖ Pipe 명령으로 ❶커브를 선택해 반지름이 0.5mm인 파이프를 만듭니다.

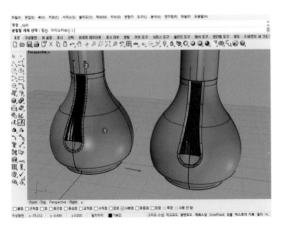

㉗ Split 명령으로 ❶서피스를 ❷파이프로 자릅니다. 잘린 서피스를 지웁니다.

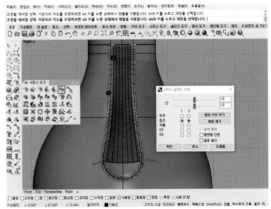

㉘ BlendSrf 명령으로 그림처럼 서피스를 연결한 후 화살표 지점의 서피스의 흐름을 바로잡아야 합니다.

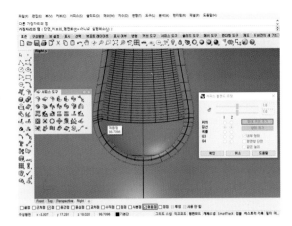

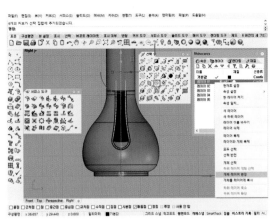

29 서피스 블렌드 조절 옵션 항목에서 형태 커브 추가 항목을 선택합니다. 화살표 지점에 커브를 추가하고 명령어를 종료합니다.

30 🔍 SelCrv 명령으로 커브를 선택합니다. 🎨 Layer 명령으로 "레이어 01"로 변경하고 레이어는 끕니다.

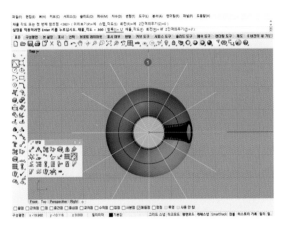

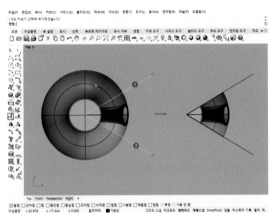

31 📏 Polyline 명령으로 ❶선을 원점에서 그립니다. 🔄 ArrayPolar 명령으로 ❶선을 12개 360° 회전시킵니다.

32 ❶과 ❷선을 제외한 나머지 선을 지운 후 ✂ Trim 명령으로 ❶과 ❷선을 경계로 해서 ❸서피스를 선택해 지웁니다.

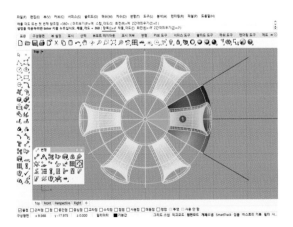

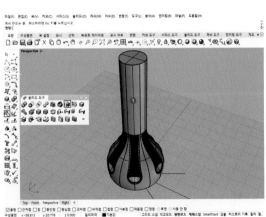

33 🔄 ArrayPolar 명령으로 ❶오브젝트를 원점을 기준으로 6개 원형 배열합니다.

34 🔗 Join 명령으로 모든 서피스를 결합한 후 🎩 Cap 명령으로 솔리드를 만듭니다. 💡 Hide 명령으로 ❶오브젝트를 숨깁니다.

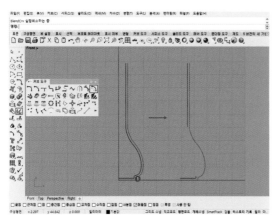

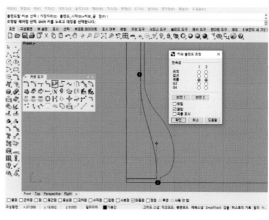

35 처음에 Revolve했던 커브를 보이게 한 후 🗘 Offset 명령으로 ❶커브를 1.5mm 간격을 띄웁니다. 옵셋된 커브를 📐 Explode 명령으로 선을 분해하고 그림을 참고해서 필요 없는 부분을 지웁니다.

36 🗘 BlendCrv 명령으로 그림처럼 커브를 연결한 후 🗘 Join 명령으로 선들을 결합합니다.

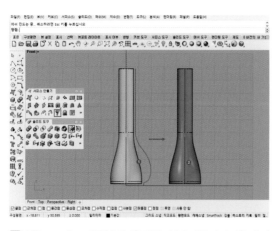

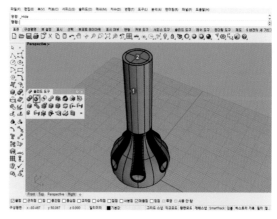

37 🗘 Revolve 명령으로 ❶선을 회전시킵니다. ❷서피스를 선택하고 🗘 Cap 명령으로 솔리드로 만듭니다.

38 🗘 Show 명령으로 오브젝트를 보이게 합니다. 🗘 BooleanDifference 명령으로 ❶오브젝트에서 ❷오브젝트를 뺍니다.

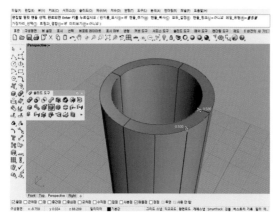

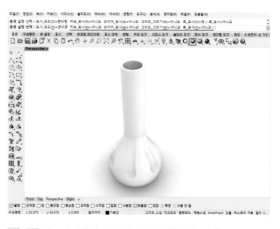

39 🗘 FilletEdge 명령으로 그림처럼 엣지를 선택하고 0.5mm 필렛합니다.

40 🗘 Shade 명령으로 결과물을 확인합니다.

라이노의 기본 명령을 이용하여 변기 만드는 방법에 대해서 알아보겠습니다.

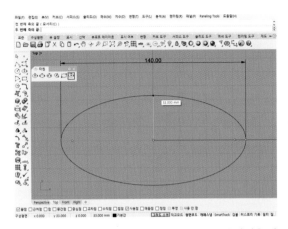

41 Ellipse 명령으로 반지름이 70×30mm인 타원을 만듭니다.

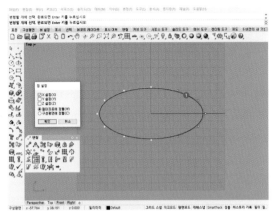

42 ❶ 타원 제어점을 그림처럼 선택합니다. SetPt 명령으로 점 설정을 X 설정으로 변경합니다.

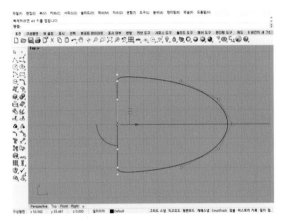

43 그림처럼 제어점을 맞춥니다.

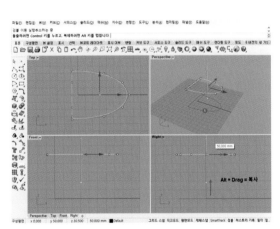

44 ❶ 커브를 검볼을 이용해 Z 방향으로 Alt + Drag(복사하기)하여 50mm 이동시킵니다.

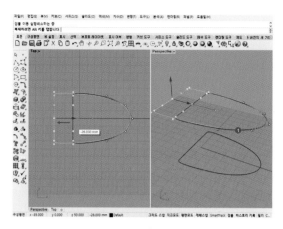

45 Top 뷰에서 ❶커브의 제어점을 그림처럼 선택하고 X축 방향으로 –26mm 이동시킵니다.

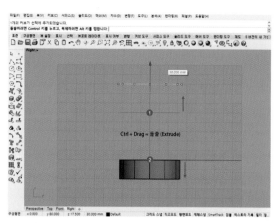

46 검볼을 이용해 ❶커브를 이동 후 (Ctrl) 키를 눌러 그림처럼 돌출시킵니다. ❷커브도 같은 방법으로 돌출시켜 서피스를 만듭니다.

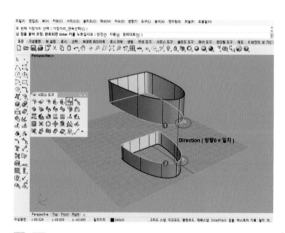

47 BlendSrf 명령으로 ❶과 ❷엣지를 선택한 후 Direction을 그림처럼 맞춘 후 (Enter)합니다.

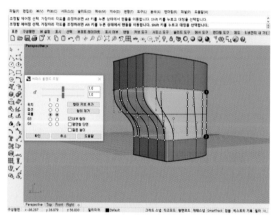

48 서피스 블렌드 조정 옵션을 설정하고 서피스를 연결합니다.

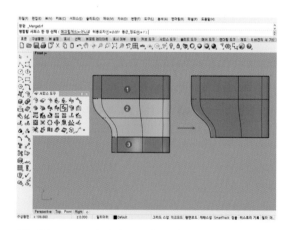

49 MergeSrf 명령으로 ❶과 ❷서피스를 결합하여 하나의 서피스로 만듭니다. ❸서피스를 지웁니다.

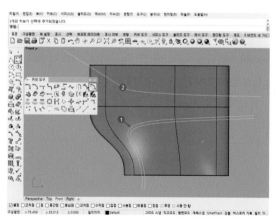

50 Front 뷰에서 Curve 명령으로 ❶과 ❷커브를 만듭니다. Offset 명령으로 ❶커브를 그림처럼 2mm 간격으로 띄웁니다.

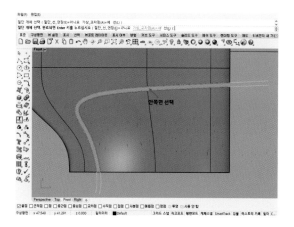

51) Trim 명령으로 그림과 같이 두 커브를 경계로 해서 커브 안쪽의 서피스를 선택해 지웁니다.

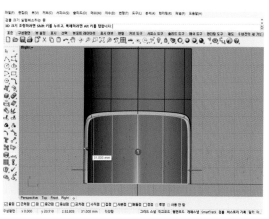

52) Front 뷰에서 검볼을 이용해 ❶ 서피스를 2mm 정도 좌, 우로 줄입니다.

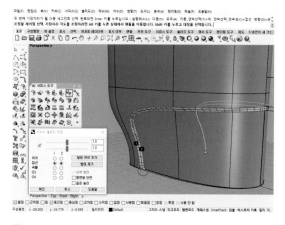

53) BlendSrf 명령으로 떨어진 두 서피스를 연결하고 빨간 원 부분을 확대합니다.

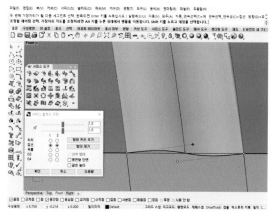

54) BlendSrf로 생성된 서피스의 끝부분을 보면 수평이 아닙니다.

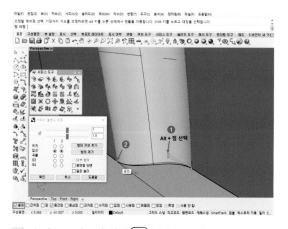

55) 수평으로 만들기 위해 (Alt) 키를 누르고 제어점을 선택한 후 (Alt) 키를 떼고 반대편의 ❷ 끝점을 선택합니다. 반대편도 같은 방법으로 실행합니다.

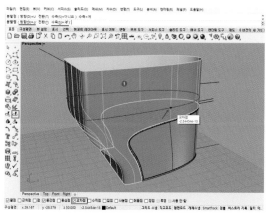

56) Split 명령으로 ❶ 서피스를 U 방향으로 화살표 지점(교차점)을 자릅니다.

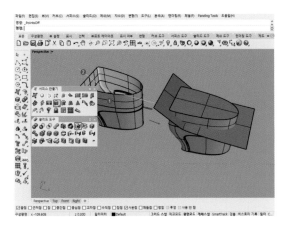

57 ❶ 서피스를 선택하고 🔗 Cap 명령으로 솔리드를 만듭니다. 🔲 Extrude 명령으로 ❷커브를 양방향으로 그림처럼 돌출시킵니다.

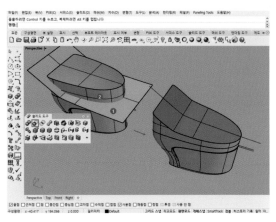

58 🔲 Flip 명령으로 ❶서피스의 Direction을 반전합니다. 🔵 BooleanDifference 명령으로 ❷오브젝트에서 ❶서피스를 빼줍니다.

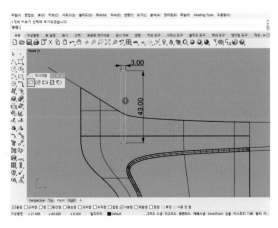

59 🔲 Rectangle 명령으로 그림과 같이 ❶사각형을 만듭니다.

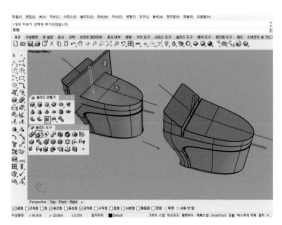

60 🔲 Extrude 명령으로 사각형을 그림과 같이 돌출시킵니다. 🔵 BooleanDifference 명령으로 ❶오브젝트에서 ❷오브젝트를 뺍니다.

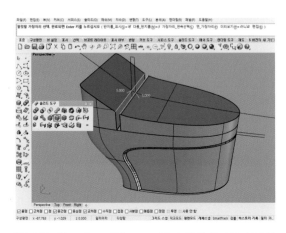

61 🔲 FilletEdge 명령으로 그림과 같이 엣지를 선택하고 5mm 필렛합니다.

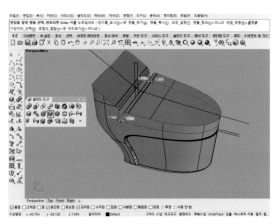

62 🔲 FilletEdge 명령으로 그림과 같이 엣지를 선택하고 1mm 필렛합니다.

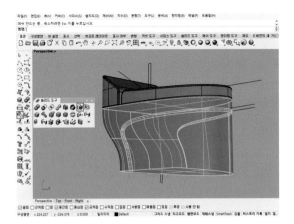

63 그림처럼 서피스를 선택하고 ♨ Join 명령으로 결합합니다. 결합한 서피스를 선택하고 ⛨ Cap 명령으로 솔리드로 만듭니다.

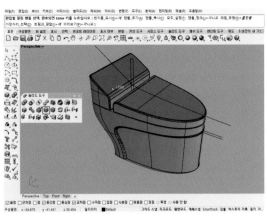

64 ⬟ FilletEdge 명령으로 그림과 같이 엣지를 선택하고 1mm 필렛합니다.

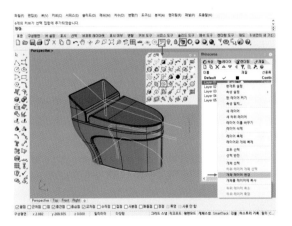

65 ⊘ SelCrv 명령으로 커브를 모두 선택합니다. ◣ Layer 명령으로 "Layer 01"로 변경 후 레이어를 끕니다.

66 ⬤ Shade 명령으로 결과물을 확인합니다.

Lesson 03 인테리어 의자 만들기

라이노의 기본 명령을 이용하여 의자 만드는 방법에 대해 알아보겠습니다.

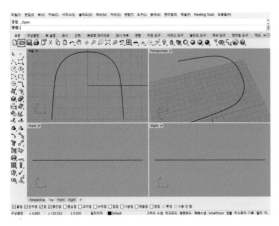

67 📁 Open 명령으로 "chair.3dm" 파일을 불러옵니다.

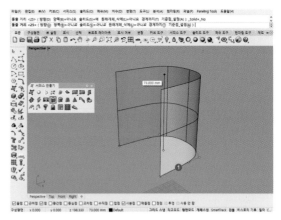

68 📖 Extrude 명령으로 ❶ 커브를 73mm 돌출시킵니다.

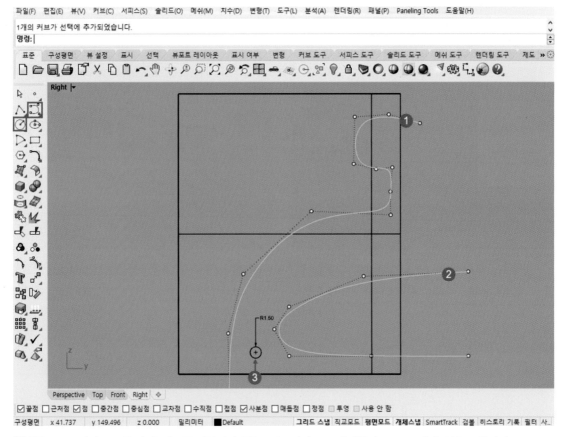

69 ⬚ Curve 명령으로 ❶ 과 ❷ 커브를 만듭니다. ⊙ Circle 명령으로 반지름이 1.5mm인 ❸ 원을 그립니다.

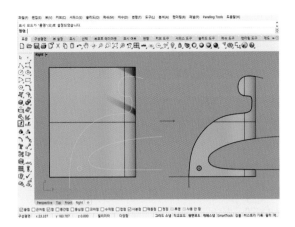

⁷⁰ ⚒ Trim 명령을 실행해 커브를 기준으로 필요 없는
부분의 서피스를 선택해 그림처럼 지웁니다.

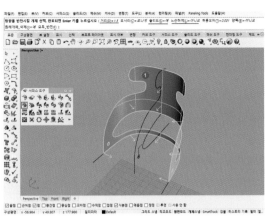

⁷¹ ◉ OffsetSrf 명령으로 ❶ 서피스에 1.5mm 두께를
줍니다.

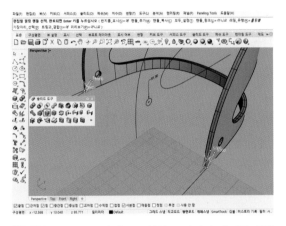

⁷² ◈ FilletEdge 명령으로 화살표 지점의 엣지를 선택
하고 필렛을 5mm 합니다.

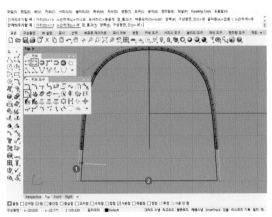

⁷³ Top 뷰에서 ◠ Offset 명령으로 ❶ 커브를 1.5mm
간격으로 띄웁니다. ⟳ InterpCrv 명령으로 ❷ 선을 만
듭니다.

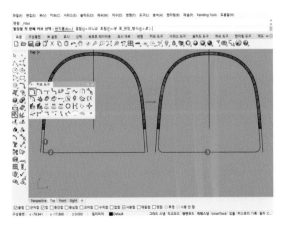

⁷⁴ ⌐ Fillet 명령으로 ❶과 ❷ 커브를 선택하고 반지름
이 3mm인 필렛을 합니다. 반대편도 같은 값으로 필렛하
고 ◈ Join 명령으로 ❸ 커브는 모두 결합합니다.

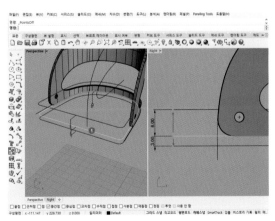

⁷⁵ ▦ Copy 명령으로 ❶ 커브를 그림처럼 위, 아래로
8mm, 3mm 복사합니다.

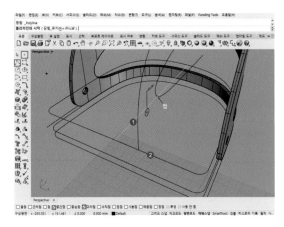

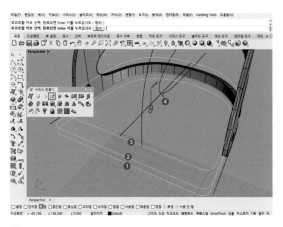

76 ∧ Polyline 명령으로 ❷커브의 중간점에서 Shift 키를 누르고 교차점까지 ❶선을 그립니다. ∘ Point 명령으로 ❶선의 중간에 점을 생성합니다.

77 ✦ Loft 명령으로 ❶❷❸커브를 순서대로 선택한 후 옵션에서 "점(P)" 항목을 선택하고 마지막 ❹점을 선택하고 Enter합니다.

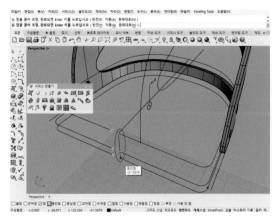

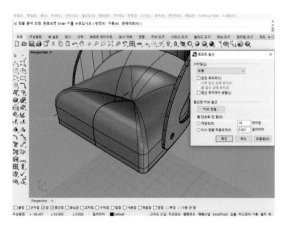

78 Direction(방향 화살표)을 그림처럼 중간점으로 이동시키고 Enter합니다.

79 로프트 옵션은 그림처럼 설정하고 서피스를 만듭니다.

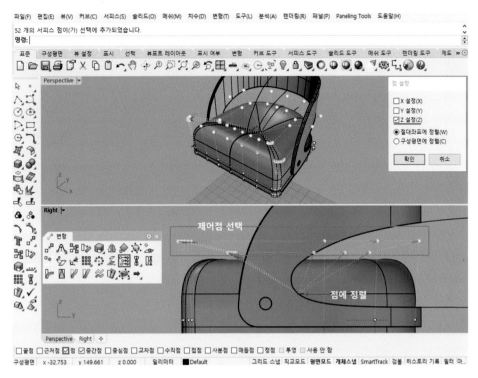

⑧⓪ Right 뷰에서 ▦ SetPt 명령으로 그림처럼 제어점을 선택합니다. 점은 Z 설정하고 확인 버튼을 누릅니다.
화살표 지점에 수평 정렬합니다.

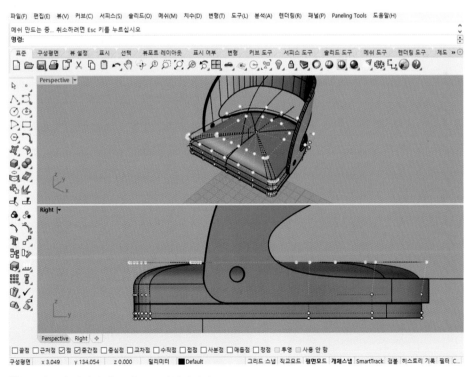

⑧① 그림처럼 제어점이 수평으로 정렬됩니다.

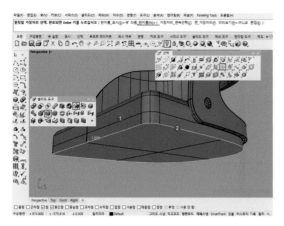

82 🔘 SelCrv 명령으로 커브를 모두 선택하고 💡 Hide 명령으로 숨깁니다. 🔲 Cap 명령으로 ❶서피스를 선택하고 솔리드로 만듭니다. 🔳 FilletEdge 명령으로 반지름을 1mm로 변경하고 ❷엣지를 선택한 뒤 필렛합니다.

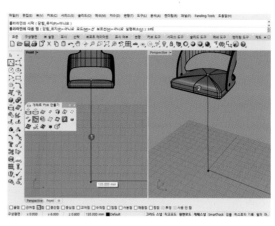

83 ⋀ Polyline 명령으로 135mm인 ❶선을 만듭니다. 🔽 Intersect 명령으로 ❶선과 ❷오브젝트의 교차점을 구합니다.

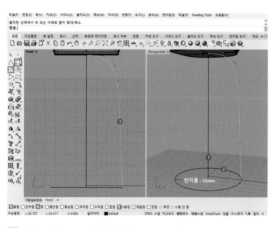

84 ❶선의 끝점에서 ⊙ Circle 명령으로 반지름이 35mm인 ❷원을 그린 후 🔲 Curve 명령으로 ❸커브를 그립니다.

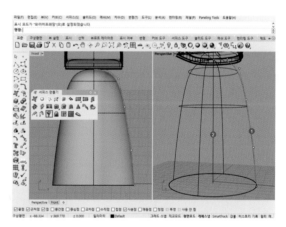

85 🍷 Revolve 명령으로 ❶커브를 ❷선을 중심으로 360° 회전하여 서피스를 만듭니다.

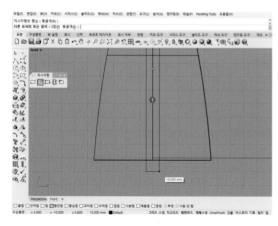

86 🔳 Rectangle 명령으로 ❶선의 중간점에서 사각형을 그립니다.

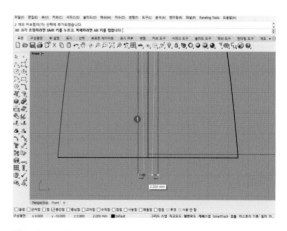

87 ❶사각형의 제어점을 켜고 검볼을 이용해 2mm 좌, 우로 줄입니다.

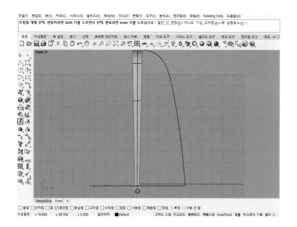

88 Trim 명령으로 ❶ 사각형을 기준으로 바깥 면을 선택해 지웁니다.

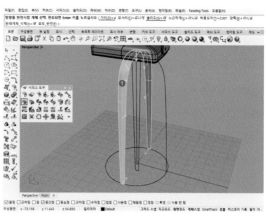

89 OffsetSrf 명령을 ❶ 서피스를 4mm 두께를 줍니다.

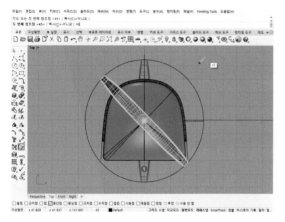

90 Top 뷰에서 Rotate 명령으로 ❶ 오브젝트를 원점에서 45도 회전시킵니다.

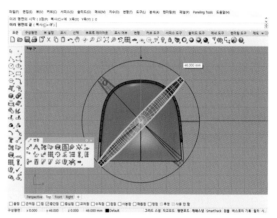

91 Mirror 명령으로 ❶ 오브젝트를 원점에서 대칭 복사합니다.

92 ❶ 원을 검볼을 이용해 (Alt) 키를 누르고 Z 방향으로 60mm 이동시킵니다. PlanarSrf 명령을 실행해 ❷ 원을 선택하고 평면을 만듭니다.

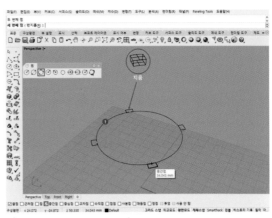

93  Intersect 명령으로 ❶❷❸ 오브젝트의 교차선을 만듭니다. Isolate 명령으로 교차선이 보이게 합니다. ❶ 서피스는 후에 지웁니다.

94 Circle 명령으로 중간점을 지나는 ❶ 원을 만든 후 교차선을 선택해서 지웁니다.

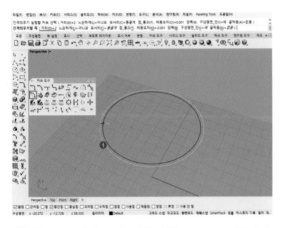

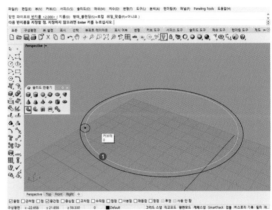

95 Offset 명령으로 ❶ 원을 안쪽으로 2mm 띄웁니다.

96 ❶ 원을 선택하고 Pipe 명령으로 반지름이 2mm 인 파이프를 만듭니다.

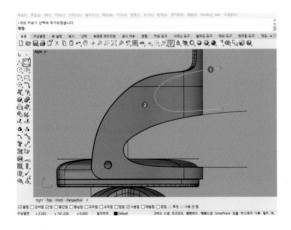

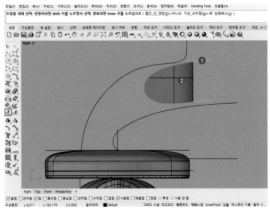

97 Show 명령으로 모든 오브젝트를 보이게 합니다. Right 뷰에서 Curve 명령으로 ❶ 커브를 그립니다. ❷ 오브젝트는 Ctrl +C (복사하기)합니다.

98 Trim 명령으로 ❶ 커브를 경계로 해서 그림처럼 ❷ 서피스를 지웁니다.

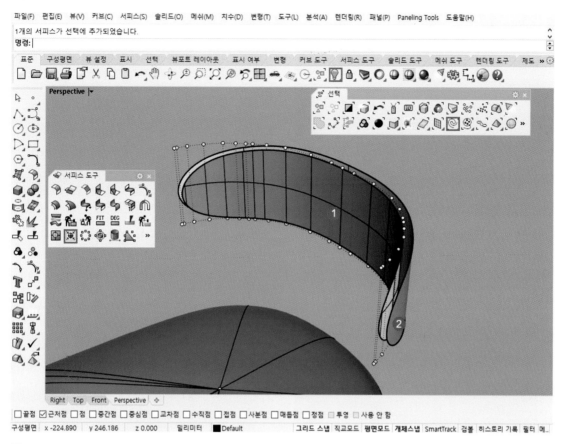

99 SelCrv 명령으로 커브를 모두 선택하고 Hide 명령으로 커브를 숨깁니다. ShrinkTrimmedSrf 명령으로 ❶ 서피스의 제어점을 서피스에 맞추어준 후 ❷ 서피스는 지웁니다.

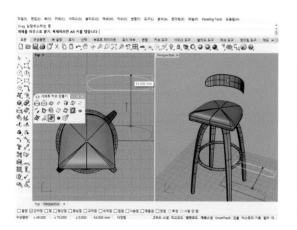

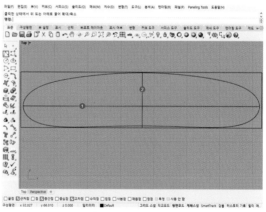

100 CreateUVCrv 명령으로 ❶ 서피스를 선택해 UV 를 만듭니다. UV 커브를 Top 뷰에서 오브젝트와 겹치지 않게 그림처럼 이동시킵니다.

101 Top 뷰에서 UV 커브를 확대합니다. Polyline 명령으로 ❶과 ❷ 선을 그림처럼 만듭니다.

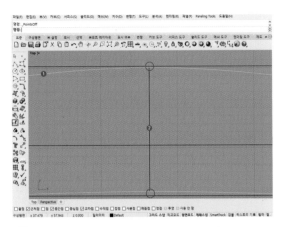

102 Trim 명령으로 ❶커브를 경계로 ❷선의 튀어 나온 부분(빨간 원)을 그림처럼 지웁니다.

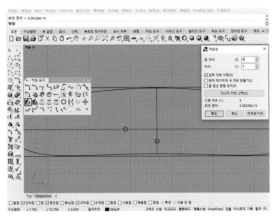

103 Rebuild 명령으로 ❶과 ❷선을 선택하고 점 개 수 6, 차수 3으로 변경합니다.

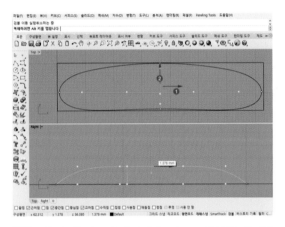

104 ❶과 ❷커브의 제어점을 켜고 그림처럼 제어점 을 선택합니다. Right 뷰에서 검볼을 이용해 Z 방향으로 1.37mm 정도 이동시킵니다.

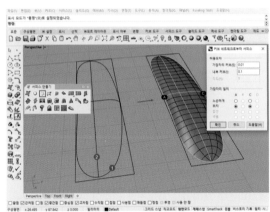

105 Split 명령으로 ❶커브를 ❷커브로 자릅니다. NetworkSrf 명령으로 그림처럼 커브를 선택하고 서 피스를 만듭니다.

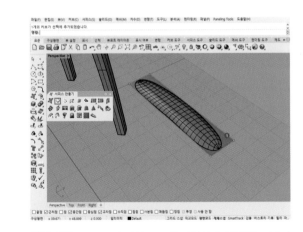

106 PlanarSrf 명령으로 ❶사각형을 선택하고 평면 을 만듭니다.

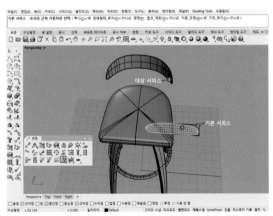

107 FlowAlongSrf 명령으로 ❶❷❸순으로 오브 젝트를 선택해 서피스를 변형시킵니다.

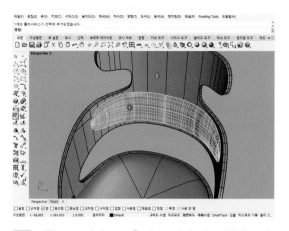

108 🦺 Join 명령으로 ❶의 두 서피스를 결합합니다. Ctrl +V(붙여넣기) 명령으로 ❷ 오브젝트를 붙여넣습니다.

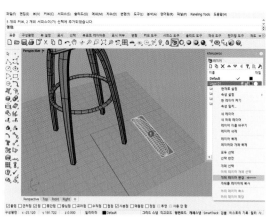

109 🗔 Layer 명령으로 ❶의 두 서피스를 선택하고 "Layer 01"을 RMB로 누릅니다. 개체 레이어 변경 항목을 선택하고 "Layer 01"로 변경한 뒤 레이어는 끕니다.

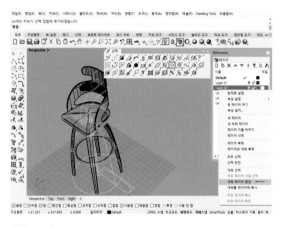

110 🖈 Show 명령으로 오브젝트를 보이게 합니다. 🖈 SelCrv 명령으로 커브를 모두 선택합니다. 🗔 Layer 명령으로 "Layer 02"로 변경하고 레이어는 끕니다.

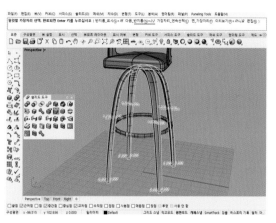

111 📦 FilletEdge 명령으로 그림처럼 엣지를 마우스로 선택하고 반지름 0.2mm 필렛합니다.

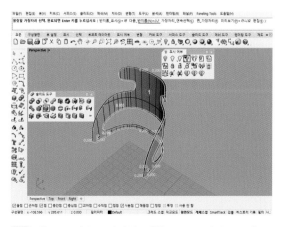

112 ❶오브젝트를 선택하고 🖈 Isolate 명령으로 ❶ 오브젝트만 남깁니다. 📦 FilletEdge 명령으로 엣지를 선택하고 반지름 0.2mm 필렛합니다.

113 🖈 Show 명령으로 오브젝트를 보이게 하고 ⬤ Shade 명령으로 결과물을 확인합니다.

Chapter

16

지형 만들기

이 장에서는 라이노 명령을 활용하여 지형을 만드는 방법에 대해서 알아보겠습니다.

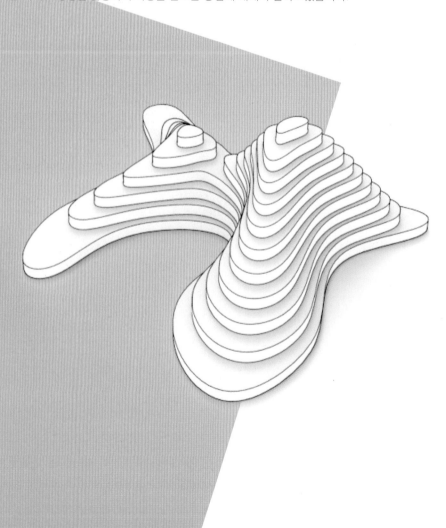

Patch 명령을 활용한 지형 만들기

Patch 명령을 활용하여 지형을 만드는 방법에 대해 알아보겠습니다.

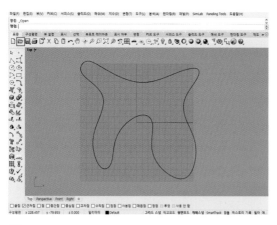

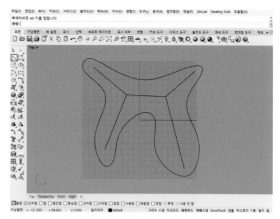

1️⃣ 📂 Open 명령으로 "terrain01.3dm" 파일을 불러 옵니다.

2️⃣ ⋀ Polyline 명령으로 그림과 같이 선들을 만듭니다.

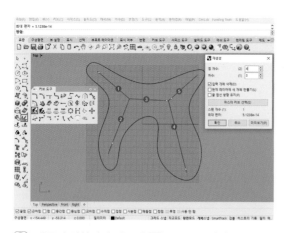

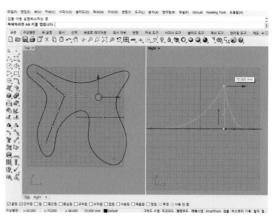

3️⃣ 선들이 결합되어 있으면 ⟋ Explode 명령으로 분해 하고 ❶❷❸❹❺선을 선택한 후 🐾 Rebuild 명령으로 점 개수 4, 차수 3으로 변경합니다.

4️⃣ Top 뷰에서 빨간 원 안의 제어점을 선택하고 Right 뷰에서 검볼을 이용해 Z 방향으로 70mm 이동시킵니다.

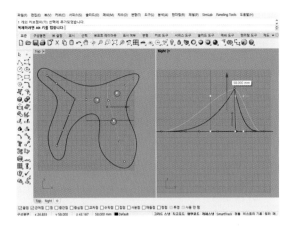

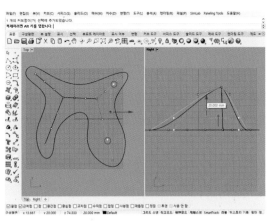

5 Top 뷰에서 빨간 원 안의 제어점들을 선택하고 Right 뷰에서 검볼을 이용해 Z 방향으로 58mm 이동시킵니다.

6 Top 뷰에서 빨간 원 안의 제어점을 선택하고 Right 뷰에서 검볼을 이용해 Z 방향으로 20mm 이동시킵니다.

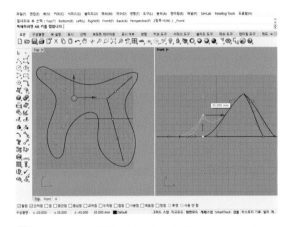

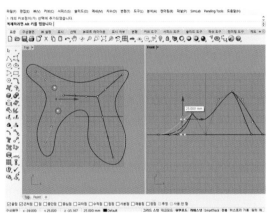

7 Top 뷰에서 빨간 원 안의 제어점을 선택하고 Front 뷰에서 검볼을 이용해 Z 방향으로 35mm 이동시킵니다.

8 Top 뷰에서 빨간 원의 제어점을 선택하고 Front 뷰에서 검볼을 이용해 Z 방향으로 25mm 이동시킵니다.

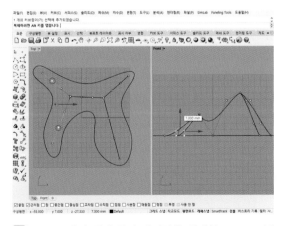

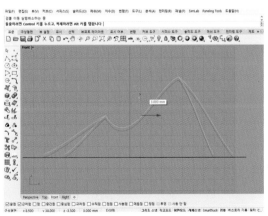

9 Top 뷰에서 빨간 원의 제어점을 선택하고 Front 뷰에서 검볼을 이용해 Z 방향으로 7mm 이동시킵니다.

10 Front 뷰에서 그림처럼 커브를 선택하고 검볼을 이용해 Z 방향으로 3mm 이동시킵니다.

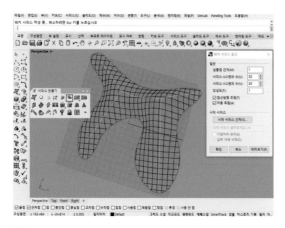

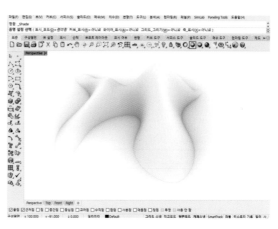

⑪ 🔧 Patch 명령을 선택하고 커브를 모두 선택하고 서피스를 만듭니다.

⑫ 🔵 Shade 명령으로 결과물을 확인합니다.

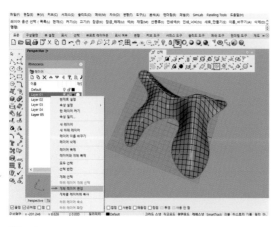

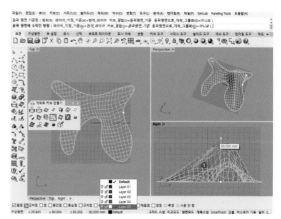

⑬ 🔧 SelCrv 명령으로 커브를 모두 선택합니다. 🔧 Layer 명령을 실행해 "Layer 01"로 변경하고 "Layer 01"은 끕니다.

⑭ 레이어를 "Layer 05"로 변경합니다. 🔧 Contour 명령으로 ❶ 서피스를 선택합니다. Right 뷰에서 아래 면의 엣지에서 80mm 높이로 지정합니다. 윤곽 사이의 거리를 "7mm"로 설정해 윤곽선을 만듭니다.

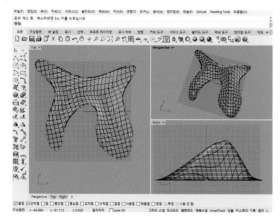

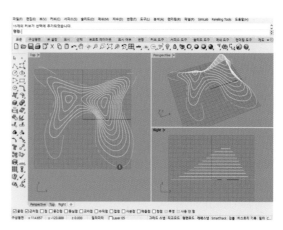

⑮ ❶ 서피스를 선택하고 💡 Hide 명령으로 숨깁니다.

⑯ ❶ 커브를 선택해서 지웁니다.

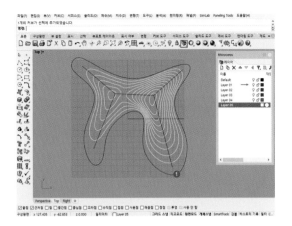

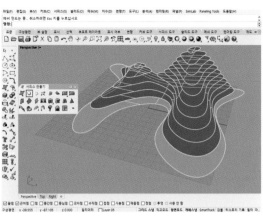

17 Layer 명령을 선택하고 "Layer 01"을 켭니다. ❶ 커브를 선택하고 "Layer 05"로 변경합니다. 다시 "Layer 01"은 끕니다.

18 모든 커브를 선택하고 PlanarSrf 명령으로 평면을 만듭니다.

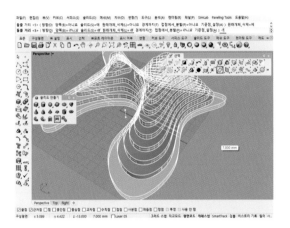

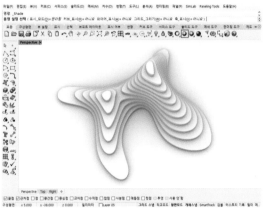

19 SelSrf 명령으로 서피스를 모두 선택합니다. ExtrudeSrf 명령으로 7mm 돌출시킵니다.

20 Shade 명령으로 결과물을 확인합니다.

Lesson 02 Heightfield 명령 활용하기

Heightfield 명령을 활용하여 서피스를 만드는 방법에 대해 알아보겠습니다.

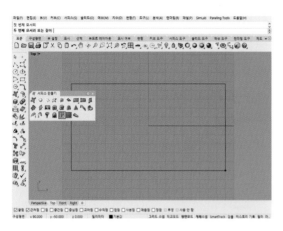

21 이미지를 가져오기 위해 ▣ Heightfield 명령을 실행합니다. "height.jpg" 이미지를 선택하고 크기를 그림처럼 만듭니다.

22 높이 필드 옵션 창을 그림과 같이 설정합니다.

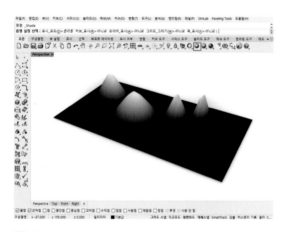

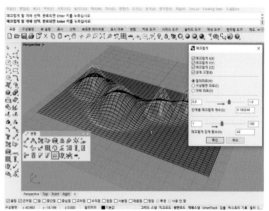

23 ◉ Shade 명령을 실행하면 이미지가 텍스처로 설정되었습니다.

24 ❶ 서피스를 선택하고 ≋ Smooth 명령으로 슬라이더를 조정하여 서피스의 높이를 부드럽게 조정할 수 있습니다.

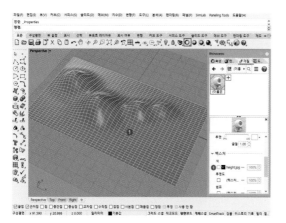 

㉕ ⬤ Properties 명령을 실행합니다. 재질 탭의 텍스처
❶ "height.jpg" 선택을 해제합니다.

㉖ ⬤ Shade 명령으로 결과물을 확인합니다.

Drape 명령을 활용하여 서피스를 만드는 방법에 대해 알아보겠습니다.

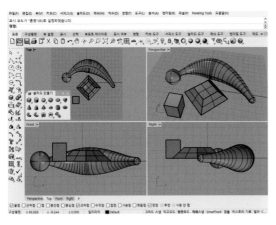

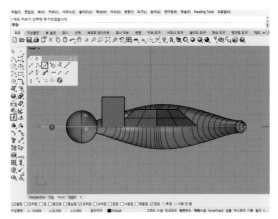

27 📂 Open 명령으로 "terrain03.3dm" 파일을 불러옵니다. 솔리드 툴바에 있는 솔리드를 만들어도 됩니다.

28 Front 뷰에서 ✏ Line 명령으로 원점에서 ❶선을 그림처럼 만듭니다. ✂ Trim 명령으로 ❶선을 경계로 선 아랫부분의 서피스를 지웁니다.

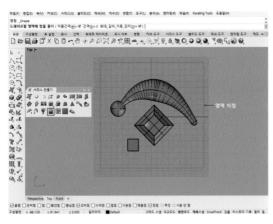

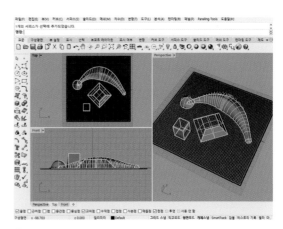

29 Top 뷰에서 🪣 Drape 명령으로 오브젝트를 감싸는 영역을 만듭니다.

30 도형 오브젝트는 선택해서 지웁니다.

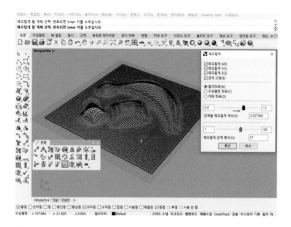

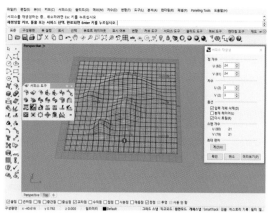

31) ≋ Smooth 명령으로 ❶ 서피스를 선택하고 슬라이더를 조정해 매끄럽게 만듭니다.

32) 🏠 Rebuild 명령으로 ❶ 서피스를 선택하고 점 개수 24, 차수 3으로 변경합니다.

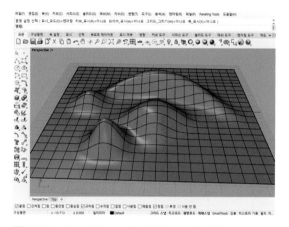

33) ◉ Shade 명령으로 결과물을 확인합니다.

Chapter

17

Fillet 만들기

이 장에서는 라이노에서 마지막 작업이 되는 필렛에 대해서 다양하게 알아보겠습니다.

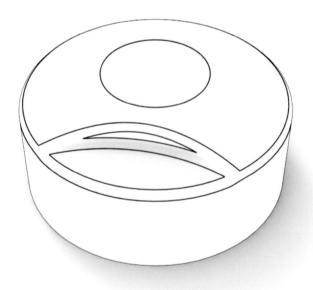

FilletEdge로 필렛을 했을 때 서피스가 열리는 부분을 해결하는 방법에 대해 학습하겠습니다.

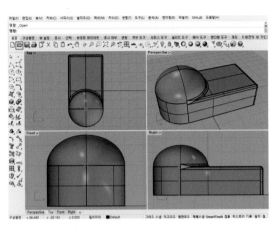

1 Open 명령으로 "fillet01.3dm"파일을 엽니다.

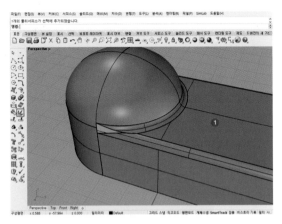

2 Explode 명령으로 ❶ 오브젝트를 분해합니다.

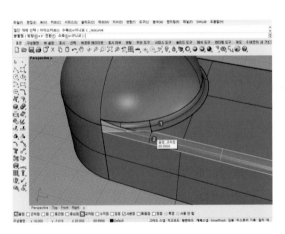

3 Split 명령으로 ❶과 ❷ 서피스의 화살표 지점을 자르고 필요 없는 서피스는 지웁니다. 항상 "수축 =예"로 바꾸고 자릅니다.

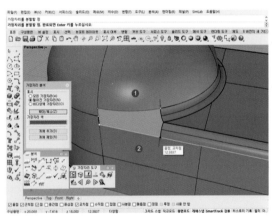

4 ShowEdge 명령으로 ❶과 ❷ 서피스 Edge의 분리점을 확인하고 SplitEdge 명령으로 화살표 지점을 자릅니다.

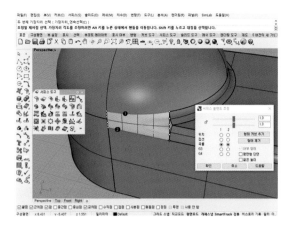

⑤ 🔗 BlendSrf 명령으로 두 서피스를 연결합니다.

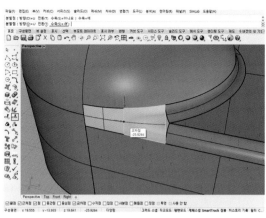

⑥ 📐 Split 명령으로 화살표 지점을 자릅니다.

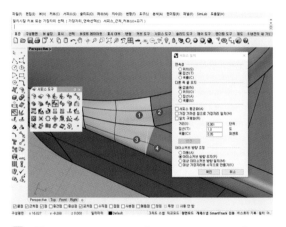

⑦ 🔗 MatchSrf 명령으로 ❶ 서피스의 Edge와 ❷ 서피스의 Edge를 선택하여 서피스를 일치시킵니다. 옵션 체크는 그림처럼 하면 됩니다. 🔩 Join 명령으로 결합합니다. 반대편도 같은 방법으로 서피스를 만듭니다.

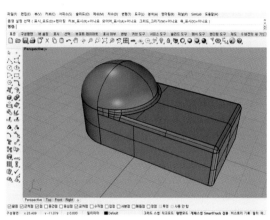

⑧ 필렛을 마무리 합니다.

NetworkSrf 를 활용하여 열린 서피스 부분을 해결하는 방법에 대해서 설명하겠습니다.

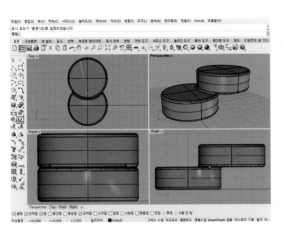

9 📂 Open명령으로 "fillet02.3dm" 파일을 엽니다.
🗡 Explode 명령으로 오브젝트를 분해합니다.

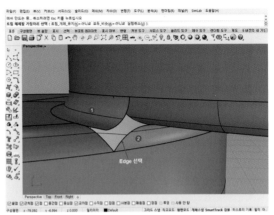

10 🖳 Untrim 명령으로 ❶과 ❷ 서피스의 Edge를 선택합니다.

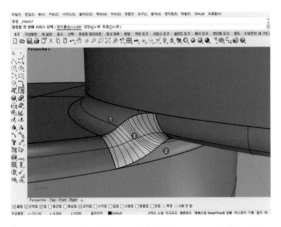

11 🔧 FilletSrf 명령으로 "반지름 = 2mm"로 변경하고 ❶과 ❷ 서피스를 선택하고 필렛합니다. ❸ 서피스가 만들어집니다.

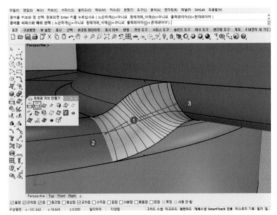

12 🧲 Pull 명령으로 ❶ 서피스의 Edge를 ❷ 서피스에 끌어당기기 합니다. ❶ 서피스의 반대편 Edge도 ❸ 서피스에 끌어당기기 합니다. ❶ 서피스는 지웁니다.

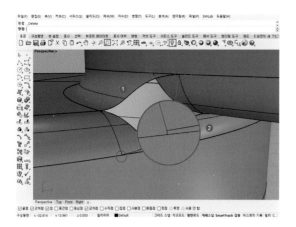

⑬ 🔍 Zoom 명령으로 작은 원 부분을 확대해 보면 앞
에서 Pull한 커브가 짧습니다. 💡 Hide명령으로 ❶과
❷ 서피스를 숨깁니다.

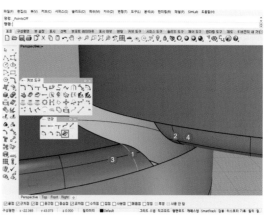

⑭ ✏️ ExtendCrvOnSrf 명령으로 ❶ 커브를 ❸ 서피스
에 연장합니다. ❷ 커브도 ❹ 서피스에 연장합니다.

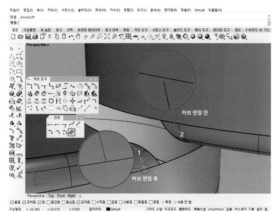

⑮ ❷는 커브 연장하기 전, ❶은 연장 후의 그림입니다.

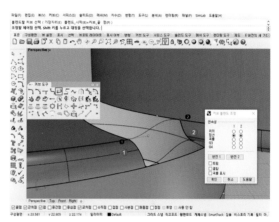

⑯ BlendCrv 명령으로 ❶ 서피스 Edge와 ❷ 서피스
Edge를 그림과 같이 연결합니다. 💡 Show 명령으로 모두
보이게 합니다.

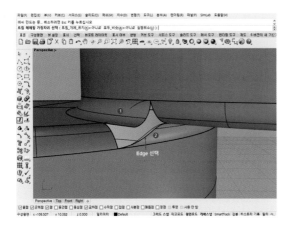

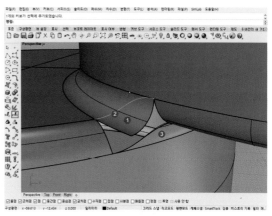

17 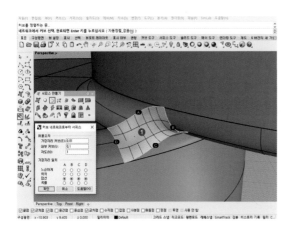 Untrim 명령으로 ❶과 ❷ 서피스의 Edge를 각 각 Untrim합니다.

18 Split 명령으로 ❶ 서피스를 ❷ 커브로 자르고 필 요 없는 서피스는 지웁니다. ❸ 서피스도 같은 방법으로 잘라 그림과 같이 만듭니다.

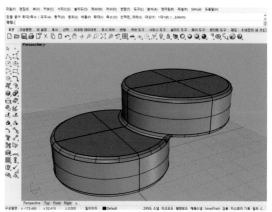

19 NetworkSrf 명령으로 그림과 같이 Edge를 선택 하고 ❶ 서피스를 만듭니다. 반대편도 같은 방법으로 서 피스를 만들고 Join 명령으로 서피스를 결합합니다.

20 필렛을 마무리합니다.

Lesson 03   필렛 예제 03

Edge가 여러 개 모여 있는 지점의 필렛을 해결하는 방법에 대해 알아보겠습니다.

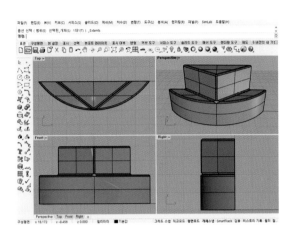

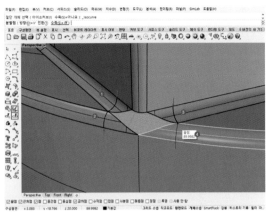

21 📂 Open 명령으로 "fillet03.3dm" 파일을 불러옵니다.

22 🗲 Explode 명령으로 서피스를 분해합니다. 🖭
Split 명령으로 ❶❷❸❹ 서피스의 화살표 지점을 자르고 필요 없는 서피스는 지웁니다.

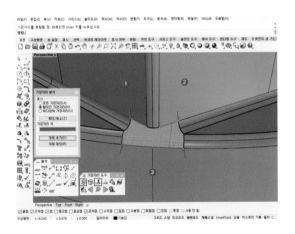

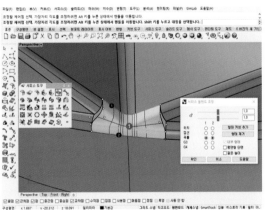

23 🗲 ShowEdge 명령으로 ❶❷❸ 서피스 Edge의 분리점을 확인하고 ⬜ SplitEdge 명령으로 화살표 지점의 끝점 Edge를 자릅니다.

24 🗲 BlendSrf 명령으로 ❶ 서피스를 만듭니다. 🗲
BlendSrf 명령으로 Edge를 선택하기 전에 옵션에서 "가장자리_연속선택"을 선택 후 Edge를 선택해 서피스를 연결합니다.

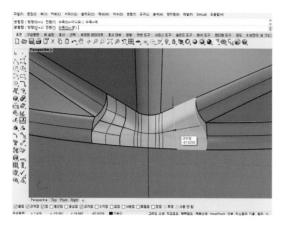

25 Split 명령으로 화살표 지점의 서피스를 U, V 방향으로 자릅니다.

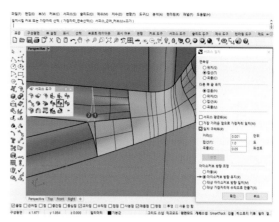

26 MatchSrf 명령으로 ❶ 과 ❷ 서피스의 Edge를 그림과 같이 일치시킵니다.

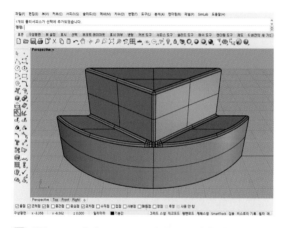

27 Join 명령으로 모든 서피스를 결합하고 필렛을 마무리합니다.

Lesson 04 필렛 예제 04

다양한 명령을 활용하여 필렛을 해결하는 방법에 대해서 알아보겠습니다.

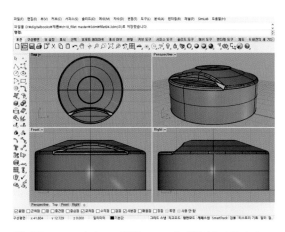

28 Open 명령으로 "fillet04.3dm"를 불러옵니다.

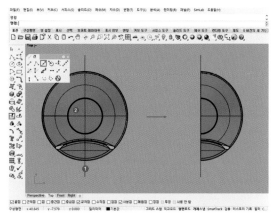

29 Line 명령으로 ❶선을 원점에서 그립니다. Trim 명령으로 ❶선을 경계로 ❷서피스의 반쪽을 선택해 지웁니다.

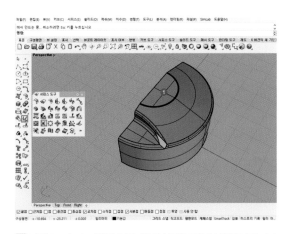

30 Explode 명령으로 ❶오브젝트를 분해합니다. 모든 서피스를 선택하고 ShrinkTrimmedSrf 명령으로 서피스에 제어점을 맞춥니다.

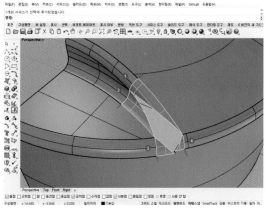

31 Split명령으로 ❶❷❸❹서피스의 화살표 지점을 자르고 필요 없는 서피스는 지웁니다.

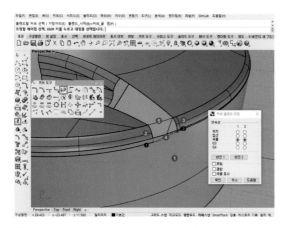

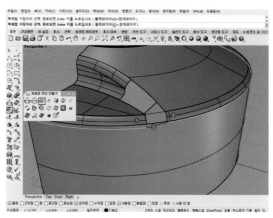

32 Untrim 명령으로 ❶ 서피스의 위쪽 Edge를 선택합니다. BlendCrv 명령으로 ❷❸ 서피스의 Edge를 선택해 ❹와 ❺ 커브를 만듭니다.

33 DupEdge 명령으로 ❶과 ❷ 서피스의 아래 Edge를 커브로 추출합니다. Join 명령으로 추출한 커브와 ❸ 커브를 결합합니다.

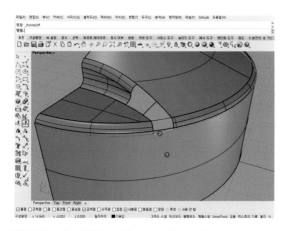

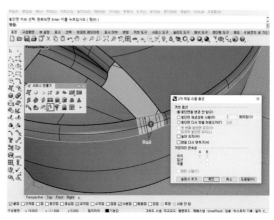

34 Split 명령으로 ❶ 서피스를 ❷ 커브로 자르고 필요 없는 서피스를 지웁니다.

35 Sweep2 명령으로 ❶ 서피스를 만듭니다.

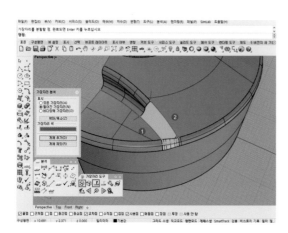

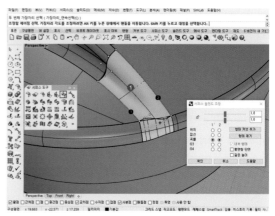

36 ShowEdge 명령으로 ❶과 ❷ 서피스의 Edge를 확인합니다. SplitEdge 명령으로 ❶과 ❷ 서피스의 화살표 지점을 자릅니다.

37 BlendSrf 명령으로 ❶ 서피스를 만듭니다.

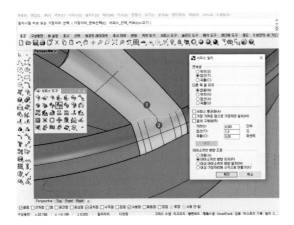

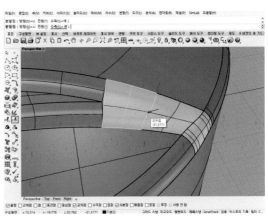

38 🐟 MatchSrf 명령으로 ❶과 ❷ 서피스 Edge를 선택해 서피스를 일치시킵니다.

39 ⬚ Split 명령으로 화살표 지점을 자릅니다.

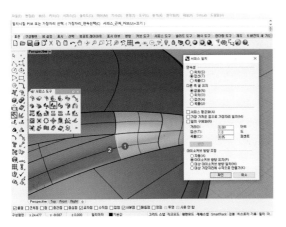

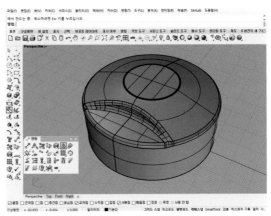

40 🐟 MatchSrf 명령으로 ❶과 ❷ 서피스의 Edge를 선택해 서피스를 일치시키고 🐟 Join 명령으로 모든 서피스를 결합합니다.

41 🔀 Mirror 명령을 대칭 복사한 후 🐟 Join 명령으로 두 오브젝트를 결합합니다.

두 오브젝트의 Edge가 접하는 부분의 필렛에 대해 알아보겠습니다.

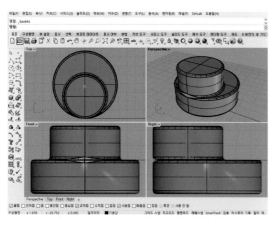

42 📂 Open 명령으로 'fillet05.3dm' 파일을 엽니다.

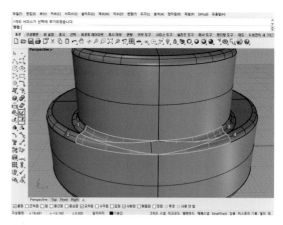

43 ⬚ Explode 명령으로 오브젝트를 분해한 후 ⬚ Split 명령으로 ❶❷❸❹ 서피스의 교차점을 자르고 필요 없는 서피스를 지웁니다.

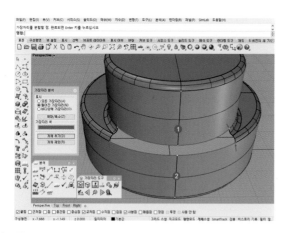

44 ⬚ ShowEdge 명령으로 ❶과 ❷ 서피스 Edge를 확인하고 ⬚ SplitEdge 명령으로 ❶과 ❷ 서피스의 화살표 지점을 자릅니다.

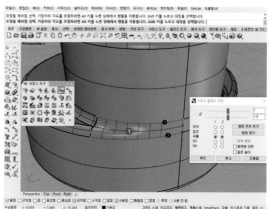

45 ⬚ BlendSrf 명령으로 ❶ 서피스를 만듭니다.

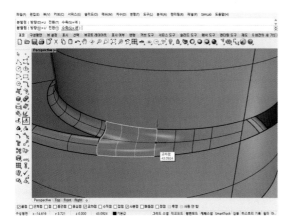

46 Split 명령으로 U, V 방향으로 화살표 지점을 자릅니다.

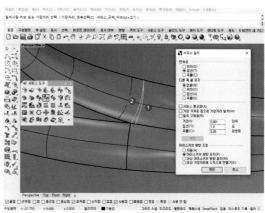

47 MatchSrf 명령으로 ❶과 ❷ 서피스 Edge를 선택해 서피스를 일치시킵니다.

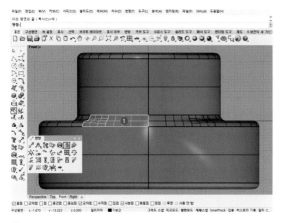

48 Front 뷰에서 Mirror 명령으로 ❶ 서피스를 대칭 복사하고 Join 명령으로 모든 서피스를 결합합니다.

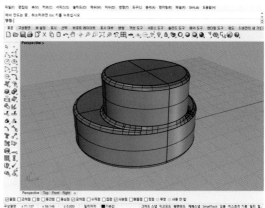

49 필렛을 마무리합니다.

Mesh파일을 stl, obj 등의 포맷으로 내보내기 할 때는 Mesh의 이상 유무를 확인해야 합니다. 메쉬에 많은 수의 길고 가는 패싯이 있다면 STL/SLA 프린터에서 문제가 발생되기도 합니다.

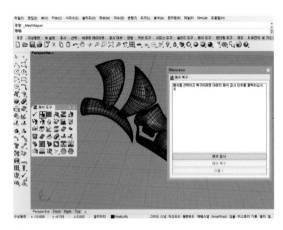

50 예제파일 "Rhino Logo.3dm"을 열고 ⚓MeshRepair 명령을 실행합니다. 메쉬 검사를 클릭합니다.

51 메쉬를 모두 선택하고 (Enter)합니다. 메쉬 복구 창에 문제가 있는 점에 대해서 설명됩니다. ⚓ ShowEdge 명령으로 열려 있는 Edge를 확인하고 다음 항목을 클릭합니다.

52 문제가 있는 항목이 있으면 체크되어 나옵니다. 다음 버튼을 클릭합니다.

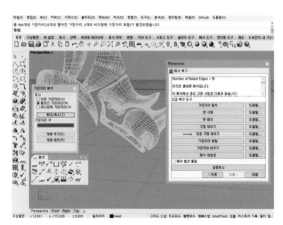

53 열려 있는 구멍이 있으므로 '모든 구멍 채우기' 항목을 클릭하고 열려 있는 메쉬를 선택해 구멍을 모두 메꿉니다.

54  ShowEdge 명령으로 다시 체크하면 열린 메쉬가
없습니다.

55 MeshRepair 명령을 재실행해 보면 문제가 해결되
었습니다. 이와 같은 방식으로 오류를 하나씩 해결해나갈
수 있습니다.

라이노에서 만든 솔리드 데이터의 이상 유무를 확인하고 해결하는 방법을 알아보겠습니다. 항상 이상 유무를 확인하고 메쉬로 변환해야 합니다.

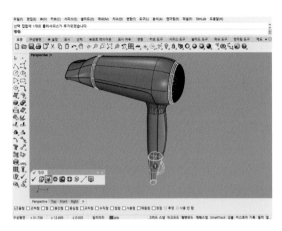

56 예제파일 "dryer_check.3dm"을 엽니다. 🕱 Sel BadObjects 명령을 실행합니다. 이상이 있는 오브젝트가 ❶처럼 노란색으로 선택됩니다.

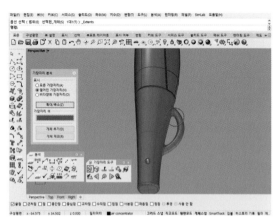

57 🌀 ShowEdges 명령을 선택하고 ❶오브젝트를 선택하면 떨어진 가장자리가 분홍색으로 표시됩니다.

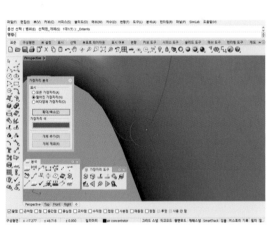

58 확대해 보면 분홍 점만 표시되어 있다는 것을 알 수 있습니다.

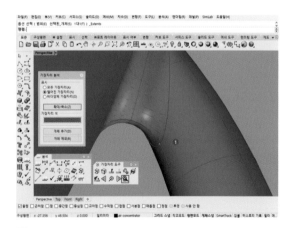

59 이런 점 형태의 열린 엣지는 🔍 RemoveAllNaked MicroEdges 명령을 실행한 다음 열린 엣지가 있는 ❶오브젝트를 선택하고 (Enter)합니다.

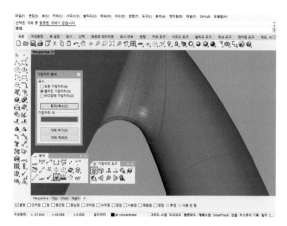

60 📌 SelBadObjects 명령을 다시 실행합니다. 문제점이 발견되지 않습니다. 🔲 ShowEdges 명령을 실행하면 열린 가장자리도 보이지 않게 됩니다. 그런 다음 메쉬로 전환합니다.

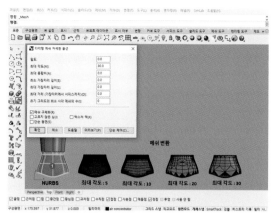

61 ❶ 오브젝트를 선택하고 📌 Mesh 명령을 실행합니다. 다각형 메쉬 옵션 창이 나옵니다. 최대 각도는 평면이 아닌, 즉 곡률이 0이 아닌 곡면에 사용됩니다. 각도가 적을수록 메쉬는 정밀해지며 데이터는 커집니다.

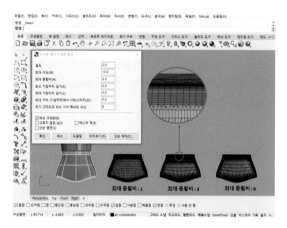

62 최대 종횡비는 메쉬가 나뉠 때 가로, 세로의 비율이라고 보시면 됩니다. 최대 종횡비가 1이면 정사각형 형태로 메쉬가 만들어지고 3이면 1:3 비율 형태로 메쉬가 만들어집니다.

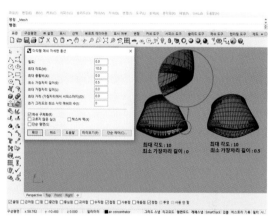

63 최소 가장자리 길이는 메쉬 밀도가 높으면 가장자리 길이를 제어하여 밀도를 낮게 설정하거나 미세 필렛이 메쉬로 표현돼야 할 때는 가장자리 길이를 적게 하여 메쉬 밀도를 제어할 수 있습니다.

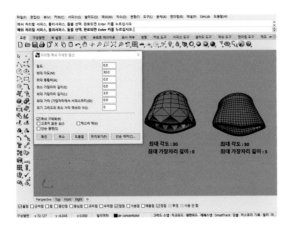

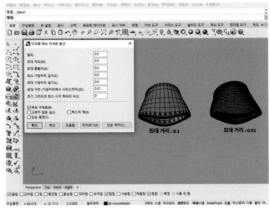

64 최대 가장자리 길이는 메쉬의 매끄러운 부분이 너무 클 때 가장자리 길이를 줄여줌으로써 부드럽게 메쉬를 제어할 수 있습니다.

65 최대 거리는 넙스 서피스가 메쉬로 변환될 때의 거리로 생각하면 됩니다. 거리가 가까울수록 정밀도는 높아지고 데이터는 커집니다. 보통 STL 파일로 변환할 때 이 옵션을 많이 사용합니다.

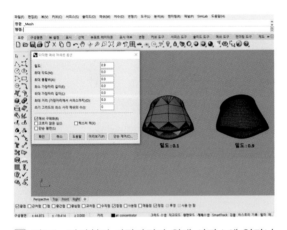

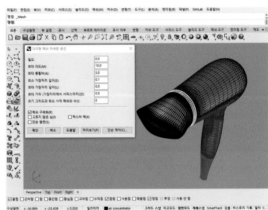

66 밀도는 다각형의 가장자리가 원래 서피스에 얼마나 가까운지를 제어하는 옵션입니다. 값은 0과 1 사이입니다. 값이 크면 다각형의 수가 많은 메쉬가 생성됩니다. 위와 같은 메쉬 옵션은 사용자의 목적에 맞게 변경하여 사용할 수 있습니다.

67 사용자의 목적에 맞게 메쉬 옵션을 사용하면 됩니다.

Memo

18

프레젠테이션과 레이아웃 설정

이 장에서는 평면에 구멍을 뚫는 방법, 프레젠테이션과 레이아웃을 설정하는 방법에 대해서 알아보겠습니다.

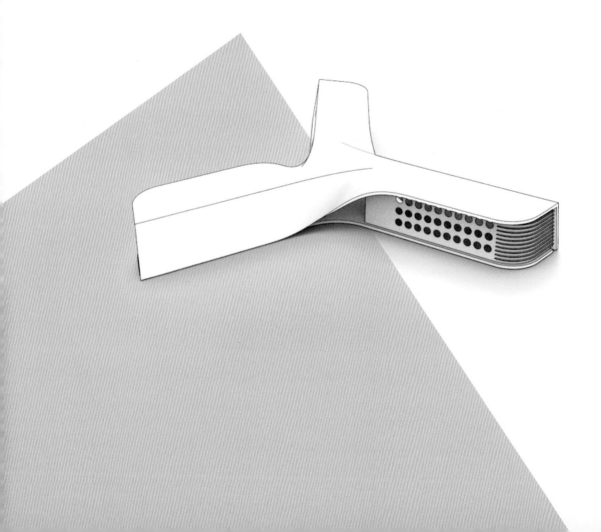

둥근 구멍과 구멍 배열 명령에 대해서 알아보겠습니다.

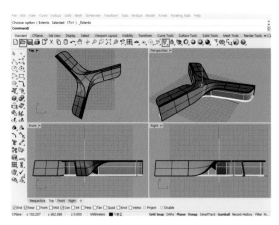

1️⃣ 📂 Open 명령으로 "ch21.3dm" 파일을 불러온 후
❶오브젝트를 선택하고 💡 Hide 명령으로 숨깁니다.

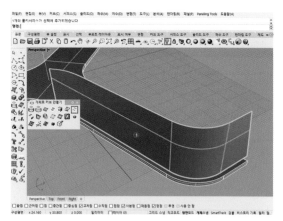

2️⃣ 🔧 ExtractWireframe 명령으로 ❶오브젝트의 와이어
프레임을 추출한 후 ❶오브젝트는 💡 Hide 명령으로 숨깁
니다.

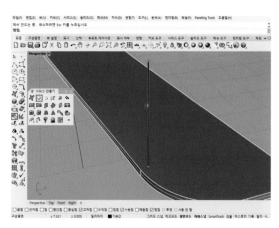

3️⃣ ❶선만 남기고 다른 선들은 선택해서 지웁니다. ❶선
을 선택하고 🔧 Join 명령으로 결합합니다. ⚪ PlanarSrf
명령으로 ❶선을 선택해 평면을 만듭니다.

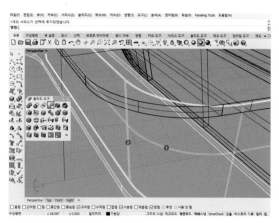

4️⃣ 🔧 Show 명령으로 오브젝트를 보이게 한 후 🔧
Wireframe Viewport 명령을 실행합니다. 🔧 Boolean
Split 명령으로 ❶오브젝트를 ❷서피스로 자릅니다.

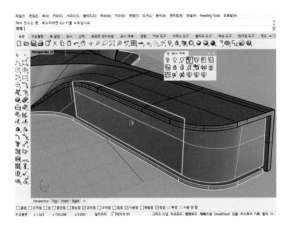

⑤ ❶오브젝트를 선택하고 💡 Isolate 명령으로 나머
지 오브젝트는 숨깁니다.

⑥ ❶오브젝트를 선택하고 ⚡ Explode 명령으로 분해
합니다. 분해된 서피스를 선택하고 F10을 누르면 제어
점이 나옵니다. 분해된 서피스를 모두 선택하고 ▦
ShrinkTrimmedSrf 명령을 실행합니다.

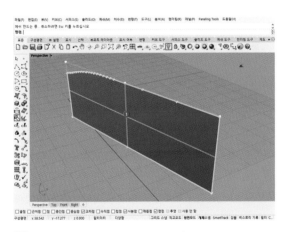

⑦ ❶서피스들을 모두 선택하고 🧷 Join 명령으로 결
합합니다. 💡 Show 명령으로 숨긴 오브젝트를 보이게
합니다.

| 반올림 | ▦ ShrinkTrimmedSrf 한 이유는 무엇 때문인가요? |

▦ ArrayHole 명령 실행 시 잘린 서피스가 ShrinkTrimmedSrf 되지 않으면 구멍을 배열하지 못하는 문제점이
발생합니다. ShrinkTrimmedSrf 후 ArrayHole 명령으로 배열하기 바랍니다.

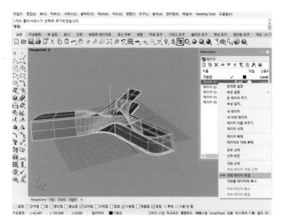

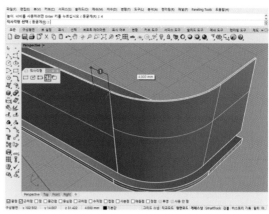

[8] 🔲 Layer 명령을 실행합니다. ❶오브젝트를 선택해 "레이어 01"로 변경하고 레이어는 끕니다.

[9] 🔲 Rectangle 명령으로 4×4mm인 ❶사각형을 만듭니다.

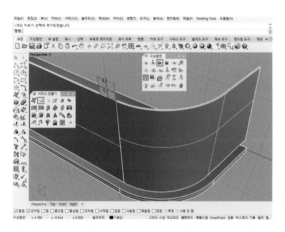

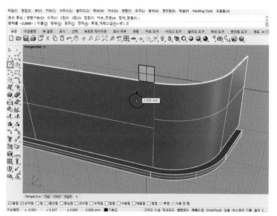

[10] ❶선을 선택하고 ◉ PlanarSrf 명령으로 평면을 만듭니다. ✏️ CPlane 명령을 실행하고 ❷서피스를 선택합니다.

[11] ⊙ Circle 명령으로 반지름이 2mm인 원을 그림과 같이 만듭니다.

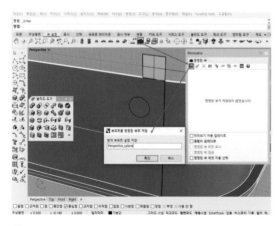

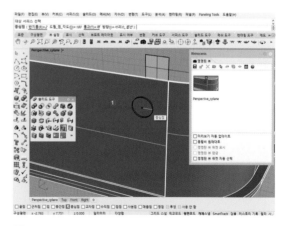

[12] 뷰 설정 탭에서 📷 Named Views 명령을 실행합니다. 💾 Save 명령을 선택하고 "Perspective_cplane" 이름으로 현재 뷰를 저장합니다.

[13] 🔲 RoundHole 명령으로 ❶서피스를 선택하고 원의 중심점에서 반지름이 2mm인 구멍을 뚫습니다.

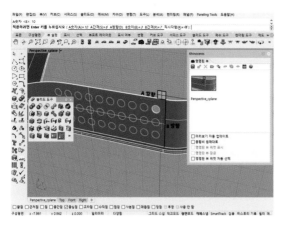

[14] ⊞ ArrayHole 명령을 선택 후 뚫린 구멍을 선택하고
그림과 같이 구멍을 배열합니다.

반올림 단축키 설정하기

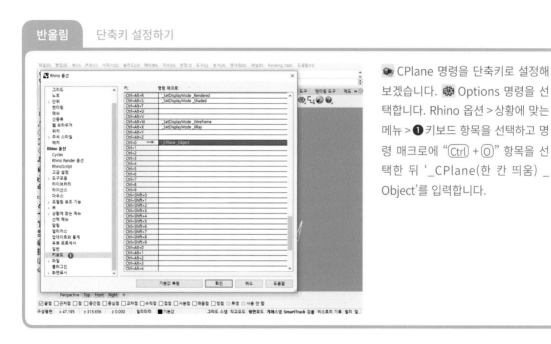

🖱 CPlane 명령을 단축키로 설정해
보겠습니다. 🔧 Options 명령을 선
택합니다. Rhino 옵션 > 상황에 맞는
메뉴 > ❶ 키보드 항목을 선택하고 명
령 매크로에 "Ctrl + O" 항목을 선
택한 뒤 ' _CPlane(한 칸 띄움) _
Object'를 입력합니다.

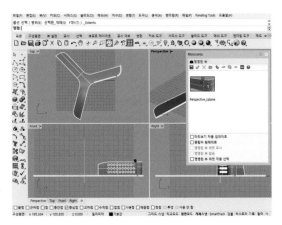

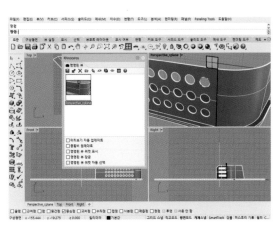

15 ⊞ 4Viewports 명령을 더블클릭하면 CPlane 적용은 해제됩니다. ▣ Extents 명령을 실행합니다. 저장된 ❶ 뷰를 더블클릭하면 저장된 뷰로 전환 됩니다.

16 저장된 뷰로 변환된다는 걸 알 수 있습니다. 다시 ⊞ 4Viewports 명령을 더블클릭합니다.

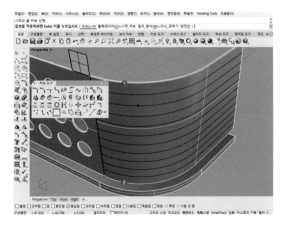

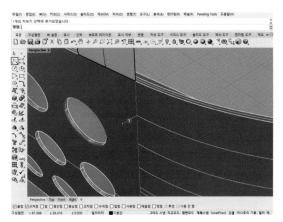

17 ◌ TweenCurves 명령을 실행합니다. ❶과 ❷ 엣지를 선택하고 "수=10"으로 변경하고 커브를 만듭니다.

18 ⋀ Polyline 명령으로 1mm인 ❶ 선을 만듭니다.

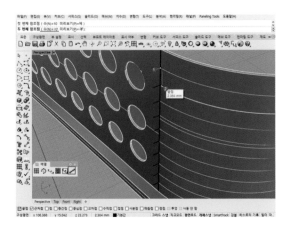

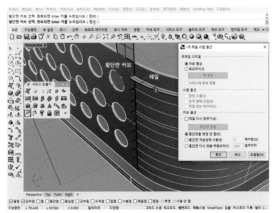

19 ⧉ ArrayLinear 명령으로 ❶ 선과 ❷ 선의 끝점을 참조점으로 하고 10개 선형 배열합니다.

20 ◠ Sweep1 명령으로 ❶ 서피스를 만듭니다.

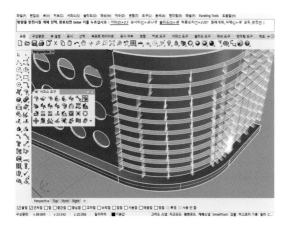

㉑ Sweep1 레일로 만든 서피스를 모두 선택하고 OffsetSrf 명령으로 0.3mm 두께를 줍니다.

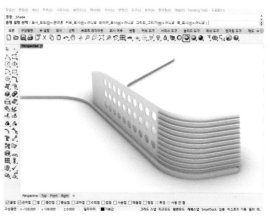

㉒ Shade 명령으로 확인한 결과물입니다.

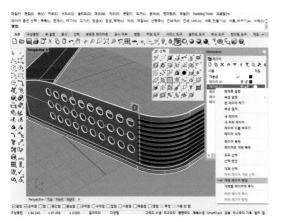

㉓ SelCrv 명령으로 선들을 모두 선택합니다. Shift 키를 누르고 ❶서피스도 선택합니다. Layer 명령을 실행하고 선택된 오브젝트를 "레이어 02"로 변경한 후 레이어는 끕니다.

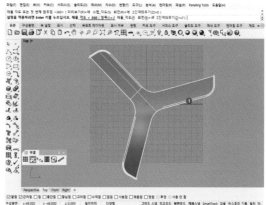

㉔ Top 뷰에서 그림처럼 ❶오브젝트를 선택하고 ArrayPolar 명령으로 원점에서 3개 360° 회전 배열합니다.

테크니컬 모드와 펜 모드에 대해서 알아보고 레이아웃 설정하는 방법에 대해서 알아보겠습니다.

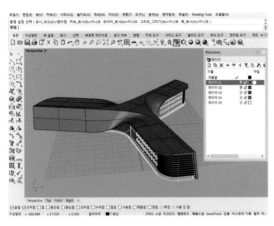

25 Layer 명령을 실행하고 "레이어 01"를 켭니다.

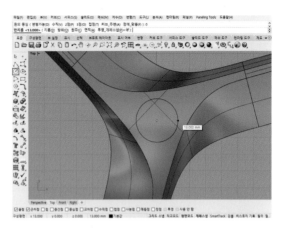

26 Circle 명령으로 원점에서 반지름이 13mm인 원을 만듭니다.

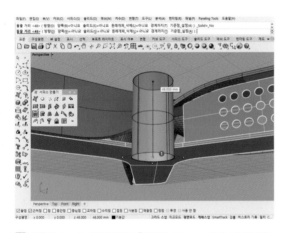

27 Extrude 명령으로 ❶ 원을 48mm 돌출시킵니다.

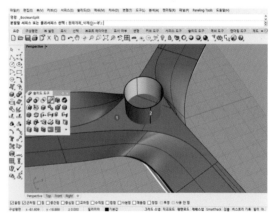

28 BooleanSplit 명령으로 ❶ 오브젝트를 ❷ 서피스로 자릅니다.

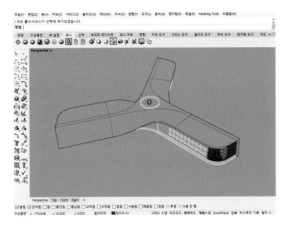

29 Technical Viewport 명령으로 전환합니다. ⊕ SetObjectDisplayMode 명령을 실행하고 ❶오브젝트를 선택합니다.

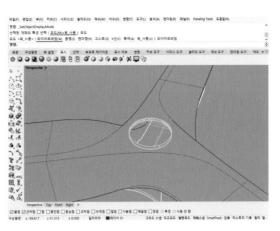

30 SetObjectDisplayMode 명령 옵션에서 "모드 = 뷰_사용"을 선택하고 "와이어프레임" 항목을 선택합니다.

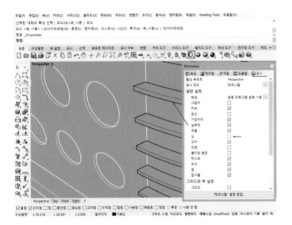

31 ◉ Properties 명령을 선택하고 표시 탭에서 심 항목은 체크 해제합니다. 굵게 보이는 선은 실루엣입니다.

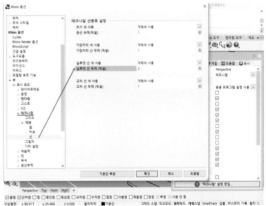

32 ❶항목의 "테크니컬" 설정 편집을 선택합니다. 라이노 옵션의 '테크니컬 > 개체 > 선' 항목에서 실루엣 선을 변경할 수 있습니다.

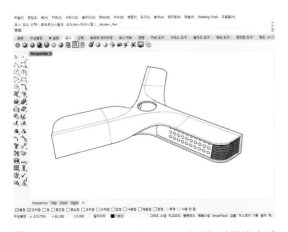

33 표시 탭에서 ◗ Pen Viewport 명령을 실행하여 결과물을 확인합니다.

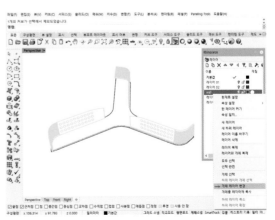

34 그림처럼 오브젝트를 선택 후 ▣ Layer 명령을 선택하고 "레이어 03"으로 변경한 뒤 레이어 이름을 "wall"로 변경합니다. 레이어는 끕니다.

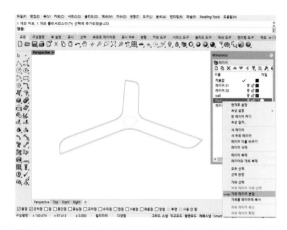

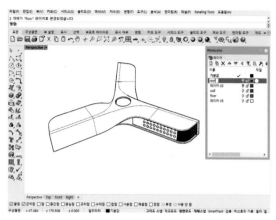

③⑤ 나머지 오브젝트를 모두 선택합니다. "레이어 04"로
변경하고 레이어 이름을 "floor"로 변경합니다.

③⑥ "레이어 01"은 "roof"로 이름을 변경하고 "roof,
wall, floor" 레이어는 켭니다.

명명된 위치 명령으로 프레젠테이션을 만드는 방법과 레이아웃을 설정하는 방법에 대해서 알아보겠습니다.

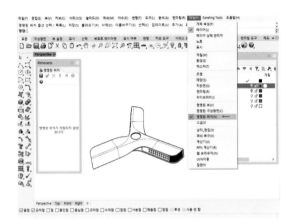

③⑦ '패널 > 명명된 위치' 명령을 선택합니다.

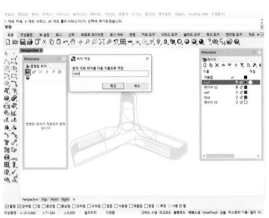

③⑧ 오브젝트를 모두 선택하고 🖫 Save 명령을 실행합니다. 위치 저장에서 "start"로 이름을 저장합니다.

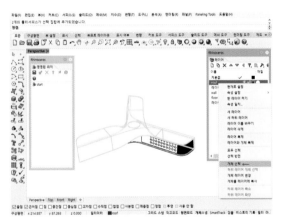

③⑨ "roof" 레이어를 선택하고 RMB 후 개체 선택 항목을 선택합니다.

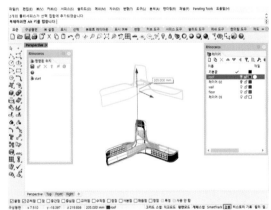

④⓪ 검볼을 활용해 선택된 오브젝트를 Z 방향으로 205mm 이동합니다.

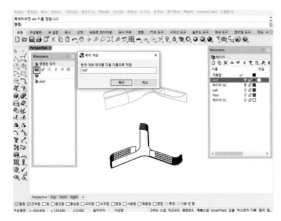

41 🖫 Save 명령을 선택하고 위치 저장에서 "roof"로
이름을 정하고 저장합니다.

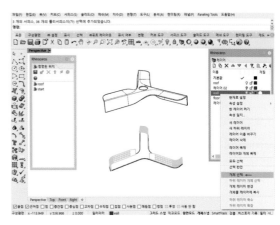

42 "wall" 레이어를 선택하고 RMB 후 개체 선택 항목을
선택합니다.

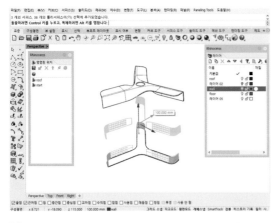

43 선택된 오브젝트를 Z 방향으로 100mm 이동합니다.

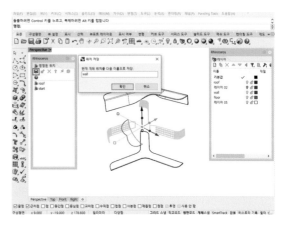

44 오브젝트가 선택된 상태에서 🖫 Save 명령을 실행
하고 위치 저장에서 "wall"로 저장합니다.

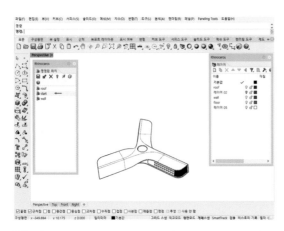

45 명명된 위치에 있는 Start를 더블클릭하면 저장된 위
치로 전환됩니다.

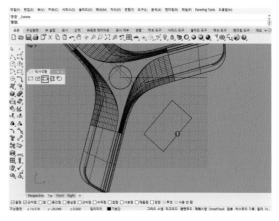

46 Top 뷰에서 ▭ Rectangle 명령으로 적당한 크기로
❶ 사각형을 그림처럼 만듭니다.

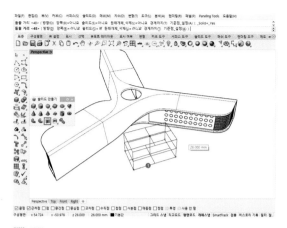

47 📦 Extrude 명령으로 ❶ 사각형을 26mm 돌출합니다.

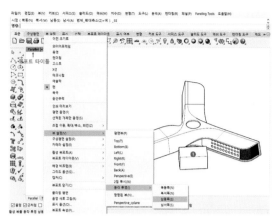

48 뷰포트 타이틀 옆의 역삼각형을 선택하고 '뷰 설정 > 등각 투영 > 남동쪽' 항목을 선택합니다. 원근감이 사라지게 됩니다. ❶ 오브젝트는 지웁니다.

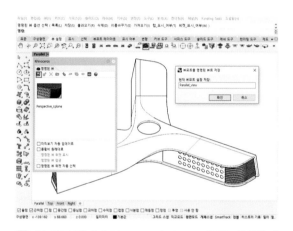

49 뷰 설정 탭에서 📷 Named Views 명령을 실행합니다. 💾 Save 명령을 선택하고 "Perspective_view" 이름으로 현재 뷰를 저장합니다.

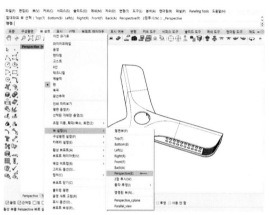

50 '뷰 설정 > Perspective' 항목을 선택합니다.

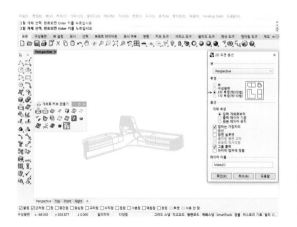

51 🖋 Make2D 명령을 실행하고 옵션을 설정하고 2D 도면을 만듭니다.

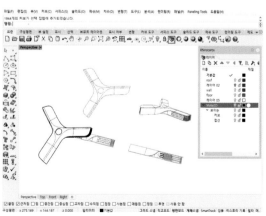

52 📋 Layer 명령을 실행하고 옵션 창을 보면 "Make2D" 레이어가 생성되어 있습니다. Make2D 레이어는 끕니다.

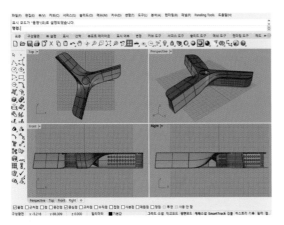

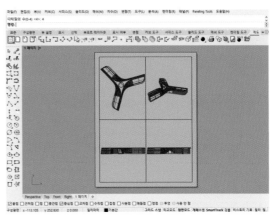

53 4Viewport 명령을 실행한 후 Shade 명령을 실행한 결과입니다.

54 제도 탭에서 Layout 명령을 실행합니다.

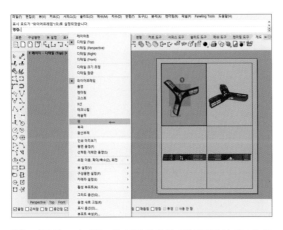

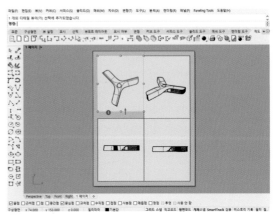

55 편집하고자 하는 ❶사각영역을 더블클릭한 후 펜 모드로 변환합니다. 다른 뷰포트도 펜 모드로 모두 변경합니다.

56 ❶사각형을 선택하면 제어점이 활성화됩니다. 크기를 줄이고자 하는 부분을 선택해 그림처럼 줄입니다.

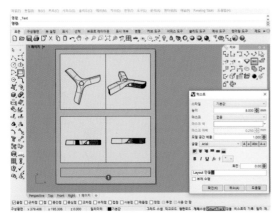

57 Rectangle 명령으로 ❶사각형을 만듭니다. TEXT Text 명령을 실행한 후 글자의 높이를 설정하고 "Layout 만들기"라고 입력합니다. ❶사각형 안에 문자를 삽입합니다.

58 Print 명령을 실행하면 앞에서 만든 Layout을 인쇄할 수 있습니다.

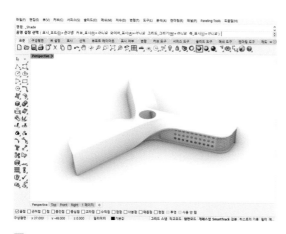

59 ⬤ Shade 명령으로 확인한 결과물입니다.

카메라를 제어하는 방법과 ClippingPlane을 생성하는 방법에 대해서 알아보겠습니다.

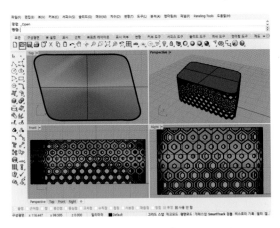

60 📂 Open 명령으로 "box.3dm" 파일을 엽니다.

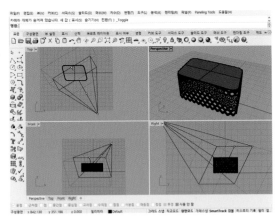

61 Perspective 뷰가 활성화된 상태에서 F6 키를 누르면 카메라가 작업창에 보입니다. F6을 다시 누르면 카메라가 숨겨집니다.

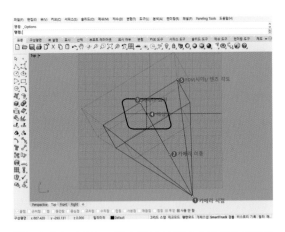

62 카메라 위젯은 그림과 같이 구성되어 있으며 카메라를 조정할 수 있습니다.

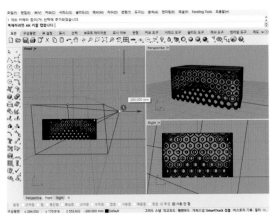

63 Front 뷰에서 ❶카메라 시점을 아래로 이동하면 Perspective 뷰의 오브젝트가 변경되는 것을 알 수 있습니다. 박스 안의 뷰를 보려면 카메라 시점이 박스 안으로 들어가야 합니다.

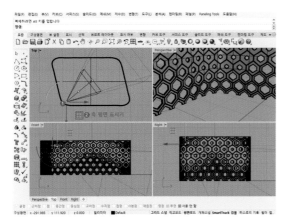

64 ❶카메라 시점이 선택된 상태에서 Top 뷰에서 검볼
의 ❷축 평면 표시기를 박스 안으로 그림처럼 이동합니
다. Front 뷰에서 카메라 시점이 박스 안으로 이동합니다.

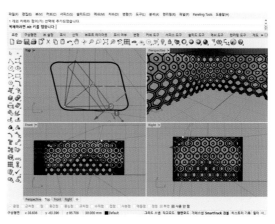

65 빨간 원의 FOV 점을 선택하고 검볼을 활용하여 ❶화
살표를 그림처럼 이동한 후 카메라 뷰를 확대합니다.

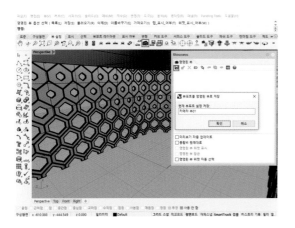

66 Perspective 뷰가 활성화된 상태에서 뷰 설정 탭을
선택합니다. 📷 NamedView 명령을 선택하고 💾 Save
명령을 클릭하고 "카메라 뷰 01"로 저장합니다.

67 ⊞ 4View 명령으로 뷰를 전부 확대합니다.

68 NamedView 명령으로 저장된 ❶ "카메라 뷰 01"를 더
블클릭하면 저장된 뷰가 활성화됩니다. ⊞ 4View 명령을
더블클릭합니다.

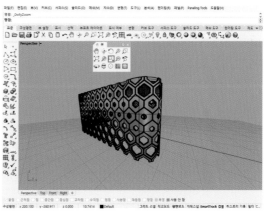

69 Perspective 뷰에서 🔍 DollyZoom 명령을 실행합
니다. 카메라 위치를 이동하고 동시에 렌즈 길이를 변경
하여 뷰를 설정합니다.

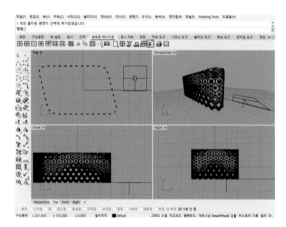

70 뷰포트 레이아웃 탭에서 🔄 ClippingPlane 명령을 선택하고 Top 뷰에서 ❶절단 평면을 만듭니다.

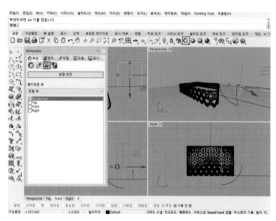

71 ⭕ Properties 명령을 실행합니다. ❶ClippingPlane 을 선택 후 🔄 ClippingPlane 명령을 선택합니다. 모델 뷰 를 Perspective로 설정하고 ❶ClippingPlane 평면을 Z 방향으로 이동합니다.

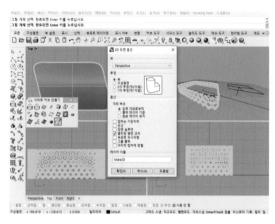

72 📦 Make2D 명령을 실행하고 오브젝트를 모두 선택 합니다. 2D 도면 옵션을 그림처럼 설정하고 확인 버튼을 누릅니다.

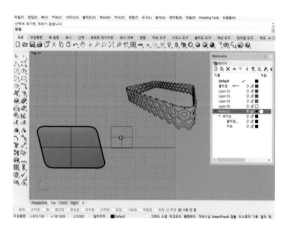

73 📐 Layer 명령을 실행해보면 Make2D 레이어가 만 들어져 있습니다. ❶ClippingPlane은 "Layer 01 ⇨ 클 리핑"으로 레이어와 이름을 변경하고 Make2D 레이어는 끕니다.

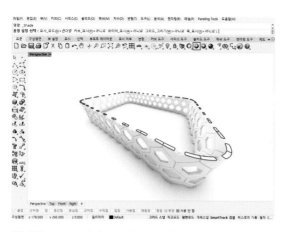

74 ⬤ Shade 명령으로 결과물을 확인할 수 있습니다.

Paneling Tools 활용하기

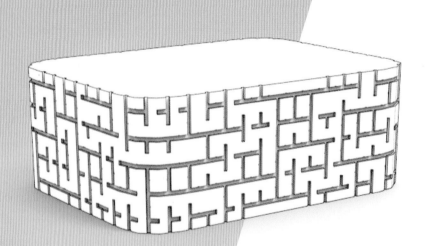

Lesson 01   Panel 2D 적용하기

패널링 툴을 활용한 2D 패턴 적용 방법에 대해서 알아보겠습니다.

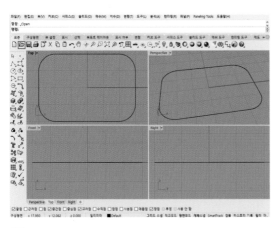

1️⃣ 📂 Open 명령으로 "panel.3dm" 파일을 불러옵니다.

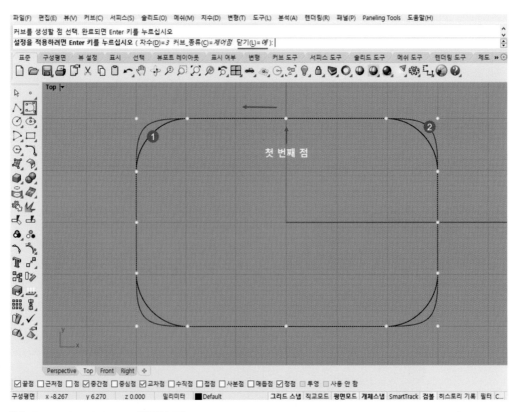

2️⃣ ❶ 커브의 제어점을 켜고(F10) ┊ CurveThroughPt 명령으로 화살표 지점의 점부터 반시계 방향으로 차례대로 선택하여 ❷ 커브를 만듭니다.

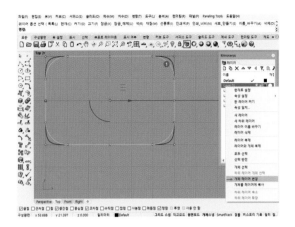

③ ❶커브를 선택합니다. ☑ Layer 명령을 실행해서
"Layer 01"로 변경하고 레이어는 끕니다. 이유는 단일
서피스로 만들기 위해서입니다.

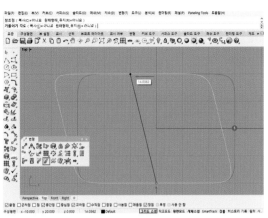

④ ☑ Shear 명령으로 ❶선을 선택하고 중간점(화살
표)을 그림처럼 선택하고 좌측으로 기울입니다.

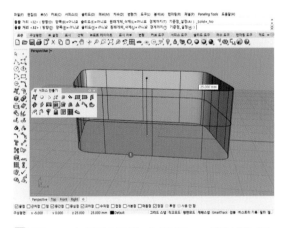

⑤ ⬚ Extrude 명령으로 ❶커브를 25mm 돌출시킵니다.

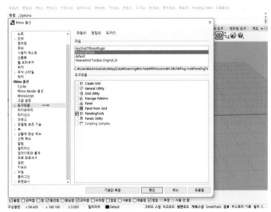

⑥ PanelingTools 툴바가 안 보이면 ⚙ Option 명령
을 실행하고 Rhino 옵션 > 도구 모음에서 Paneling
Tools를 선택합니다.

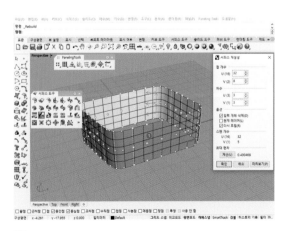

⑦ 🏗 Rebuild 명령으로 ❶서피스를 선택하고 점 개수
U =32, V =8, 차수 =3으로 변경합니다.

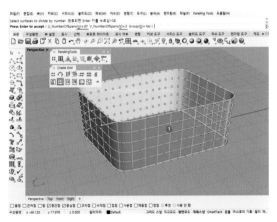

⑧ ⊞ ptGridSurfaceDomainNumber 명령으로 ❶
서피스를 선택하고 U =50, V =5인 포인트 그리드를 만
듭니다.

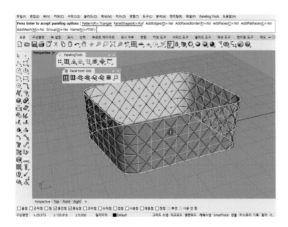

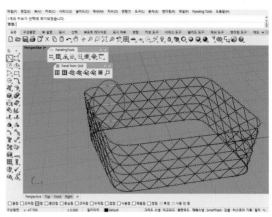

⑨ ⊞ ptPanelGrid 명령으로 포인트를 선택합니다. 옵션을 그림처럼 변경하고 삼각 패턴을 생성합니다. ❶ 서피스는 💡 Hide 명령으로 숨깁니다.

⑩ 빨간 원 부분은 Seam(이음새)이 있는 곳으로 패턴이 없는 부분은 ⋀ Polyline 명령으로 그림처럼 3개의 선을 그립니다.

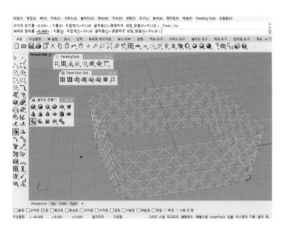

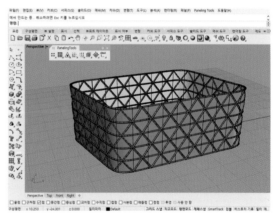

⑪ 앞에서 그린 3개의 선과 패턴을 선택하고 🐵 Group 명령으로 그룹화합니다. 🐛 Pipe 명령으로 그룹화된 선을 선택하고 반지름이 0.3mm인 파이프를 만듭니다. 포인트는 선택해서 지웁니다.

⑫ 💡 Show 명령으로 오브젝트를 보이게 한 다음 🔲 Shade 명령으로 결과물을 확인합니다.

Lesson 02 Panel 2D - 사용자 만든 패턴 적용하기

패널링 툴을 활용한 2D 패턴 적용 방법에 대해서 알아보겠습니다.

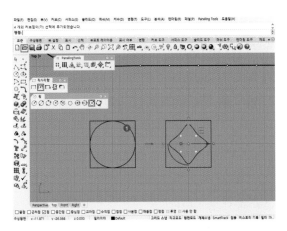

⑬ 📂 Open 명령으로 "panel2duse.3dm" 파일을 불러온 후 Top 뷰에서 그림과 같이 원과 사각형을 만듭니다. ❶ 원의 제어점을 켜고 4개의 제어점을 선택한 뒤 안쪽으로 검볼을 활용하여 줄입니다.

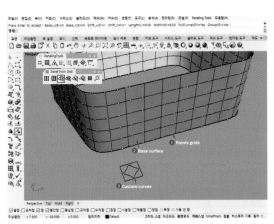

⑭ ⚙ ptPanelGridCustom 명령을 선택하고 ❶❷❸ 순으로 선택하여 패턴을 만듭니다.

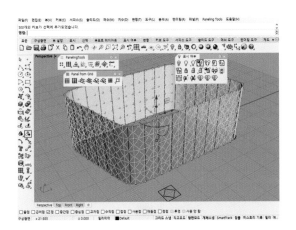

⑮ 적용된 패턴 커브를 선택하고 💡 Isolate 명령으로 나머지 오브젝트는 숨깁니다. 패턴 커브를 선택하고 ⚙ Ungroup 명령으로 그룹을 해제합니다. 서피스는 다시 사용하기 때문에 "Ctrl +C (복사)" 합니다.

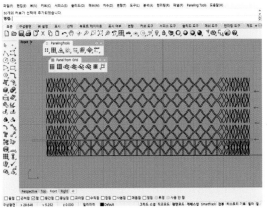

⑯ 그림처럼 필요 없는 선들은 지우고 폐곡선만 남깁니다. 화살표 지점의 선들은 마우스로 드래그하여 선택합니다.

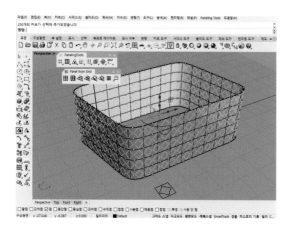

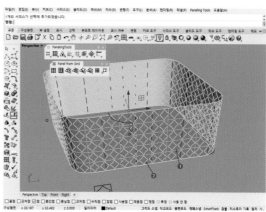

⑰ 폐곡선들을 그림처럼 모두 선택하고 🔵 Group 명령으로 하나로 묶습니다. 💡 Show 명령으로 서피스를 보이게 합니다.

⑱ ⚒ Split 명령으로 ❶ 서피스를 그룹 된 ❷ 커브로 자릅니다.

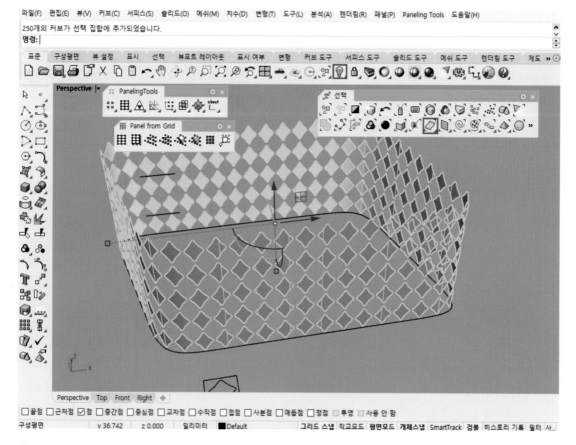

⑲ 잘린 하나의 서피스는 💡 Hide 명령으로 숨기고 ✏ SelSrf 명령을 선택하면 그림처럼 서피스가 모두 선택됩니다. 선택된 서피스를 지웁니다.

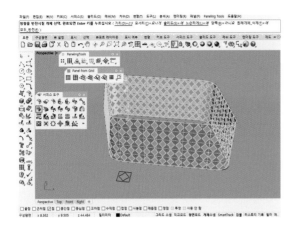

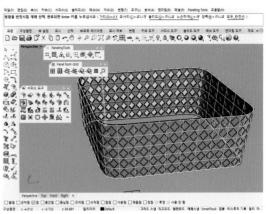

⑳ 💡 Show 명령으로 서피스를 보이게 하고 🐌 OffsetSrf 명령으로 서피스를 안쪽으로 0.5mm 두께를 줍니다.

㉑ 서피스를 "Ctrl + V (붙여넣기)" 합니다. 🐌 Offset Srf 명령으로 안쪽으로 0.5mm 간격 띄웁니다. 옵션은 그림처럼 체크합니다.

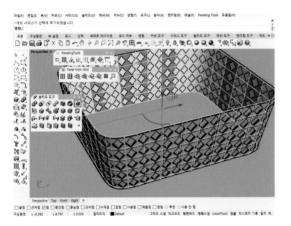

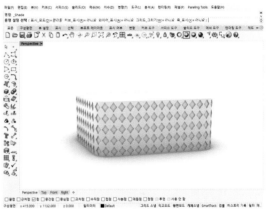

㉒ 바깥 서피스는 지우고 안쪽 서피스를 선택합니다. 🗔 Cap 명령으로 솔리드를 만듭니다.

㉓ ⬤ Shade 명령으로 결과물을 확인합니다.

패널링 툴을 활용해 2D 패턴을 다양하게 넣는 방법에 대해서 알아보겠습니다.

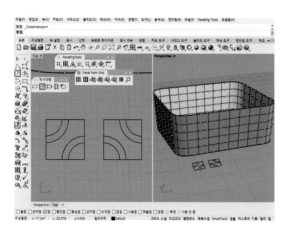

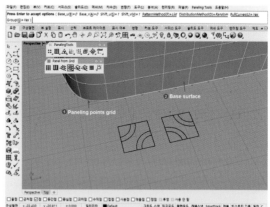

24 📂 Open 명령으로 "panel2duse.3dm" 파일을 불러옵니다. Top 뷰에서 ⊙ Circle 명령과 ▭ Rectangle 명령으로 원과 사각형을 그립니다. ⚒ Trim 명령으로 필요 없는 커브는 지우고 그림처럼 만든 후 복사하고 붙여넣기하여 검볼을 활용해 회전시킵니다. 서피스는 Ctrl + C (복사하기) 해놓습니다.

25 ☼ ptPanelGridCustomVariable 명령을 실행하고 ❶과 ❷ 순으로 선택한 다음 옵션은 그림처럼 변경합니다.

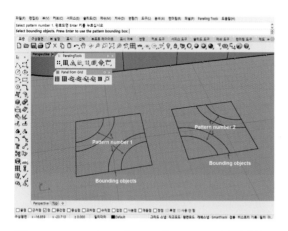

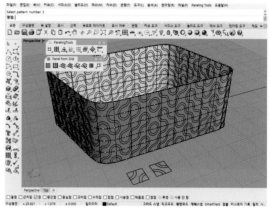

26 Pattern number1과 Bounding Object를 선택하고 Enter 한 다음 Pattern number2와 Bounding Object를 선택하고 Enter 합니다.

27 그림과 같은 패턴으로 만들어집니다.

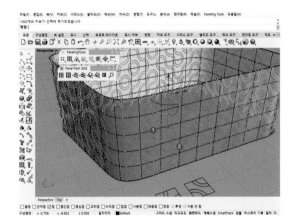

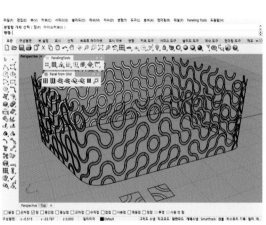

28 Split 명령으로 ❶ 서피스를 ❷ 패턴 커브로 자릅니다.

29 그림처럼 패턴 서피스만 남기고 다른 서피스는 지웁니다.

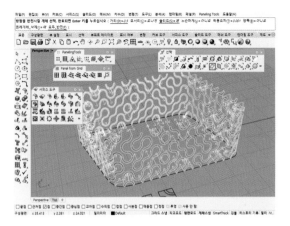

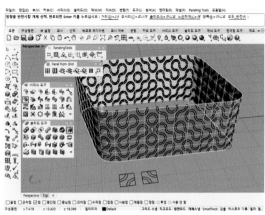

30 SelSrf 명령으로 서피스를 선택한 후 OffsetSrf 명령으로 안쪽으로 0.5mm 두께를 줍니다.

31 Ctrl + V (붙여넣기) 후 ❶ 서피스를 OffsetSrf 명령으로 안쪽으로 0.5mm 간격을 띄우고 ❶ 서피스는 지웁니다. 옵셋된 서피스를 선택하고 Cap 명령으로 솔리드를 만듭니다.

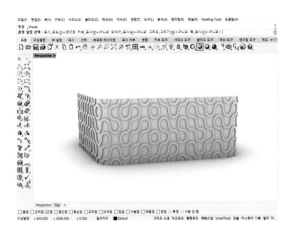

32 Shade 명령으로 결과물을 확인합니다.

패널링 툴을 활용한 3D 패턴을 넣는 방법에 대해서 알아보겠습니다.

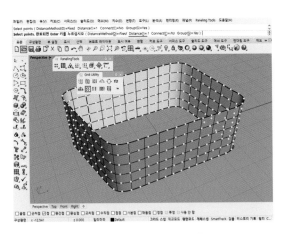

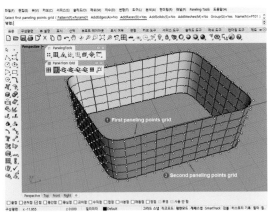

33 📁 Open 명령으로 "panel3d.3dm" 파일을 불러옵니다. ⬚ ptOffsetPoints 명령으로 포인트 그룹을 1mm 옵셋합니다.

34 ⊞ ptPanel3D 명령을 실행하고 옵션은 그림처럼 변경합니다. ❶과 ❷순으로 포인트 그리드를 선택하여 3D 패널링을 합니다.

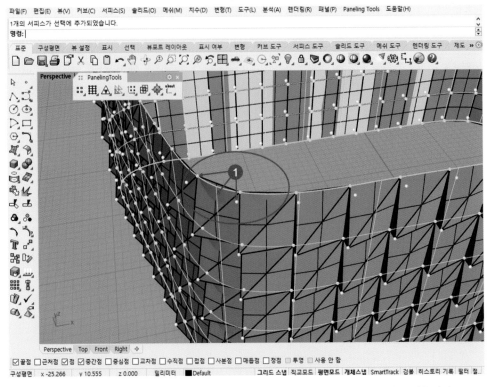

35 빨간 원 부분의 겹친 부분을 수정해야 합니다. ❶ 서피스와 포인트 그룹은 선택하고 지웁니다.

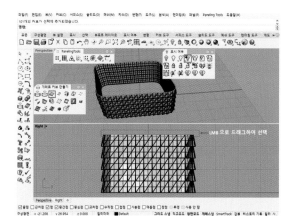

36 Right 뷰에서 ✏ DupEdge 명령으로 그림처럼 엣지를 선택합니다. 🔅 Isolate 명령으로 선택한 엣지만 보이게 합니다.

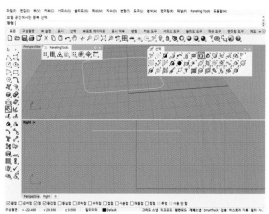

37 🔘 SelDup 명령으로 중복된 선을 선택하고 지웁니다. 🧹 Join 명령으로 선들을 결합합니다.

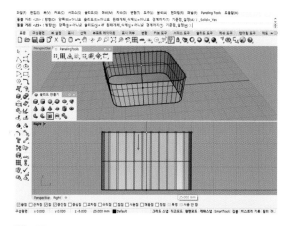

38 🧱 Extrude 명령으로 그림처럼 아래로 25mm 돌출시킵니다.

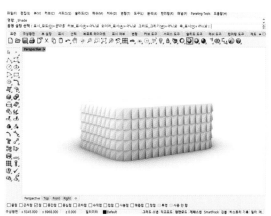

39 🔵 Shade 명령으로 결과물을 확인합니다.

사용자가 만든 3D 오브젝트를 패널링하는 방법에 대해 알아보겠습니다.

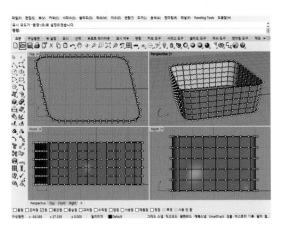

40 📂 Open 명령으로 "panel3duse.3dm" 파일을 불러옵니다.

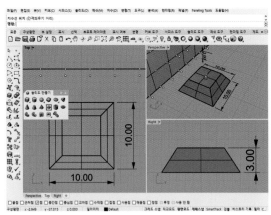

41 ◆ TruncatedPyramid 명령으로 ❶오브젝트를 그림과 같이 만듭니다.

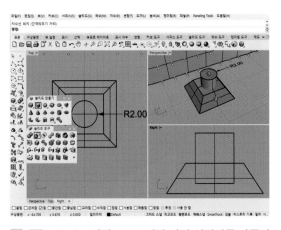

42 ⬡ Cylinder 명령으로 그림과 같이 실린더를 만듭니다. ◆ BooleanDifference 명령으로 ❷오브젝트로 ❶오브젝트를 뺍니다.

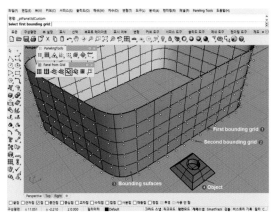

43 ⚙ ptPanel3dCustom 명령으로 ❶❷❸❹ 순서대로 선택하여 패널링을 합니다.

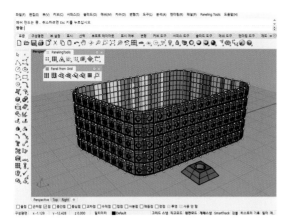

㊹ 결과물을 확인합니다.

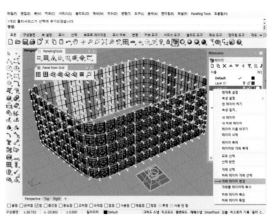

㊺ 패널링된 오브젝트만 제외하고 모든 오브젝트를 선택하고 🗐 Layer 명령을 실행합니다. 선택된 오브젝트를 "Layer 02"로 변경하고 레이어는 끕니다.

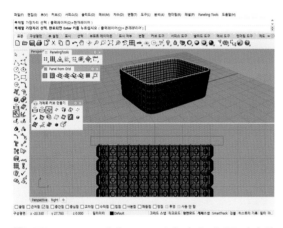

㊻ 🗐 DupEdge 명령으로 그림과 같이 엣지를 추출한 다음 🗐 Join 명령으로 선들을 결합합니다.

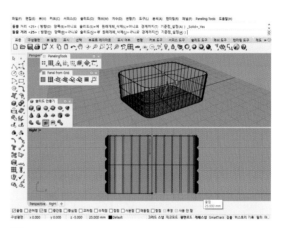

㊼ 🗐 Extrude 명령으로 ❶ 커브를 25mm 아래로 돌출시킵니다.

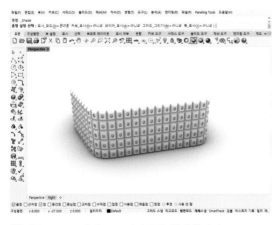

㊽ 🗐 Shade 명령으로 결과물을 확인합니다.

3D 오브젝트 패턴을 다양하게 패널링하는 방법에 대해서 알아보겠습니다.

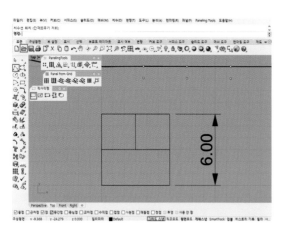

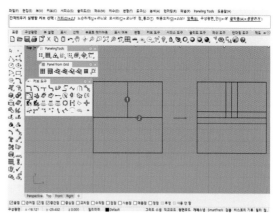

49 📂 Open 명령으로 "panel3duse.3dm" 파일을 불러옵니다. Top 뷰에서 ⬜ Rectangle 명령으로 사각형을 만듭니다. ⋀ Polyline 명령으로 그림과 같이 선을 만듭니다.

50 🗒 Offset 명령으로 각각 ❶과 ❷ 선을 0.5mm 양방향으로 간격을 띄웁니다.

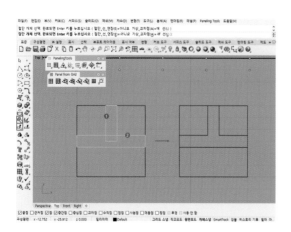

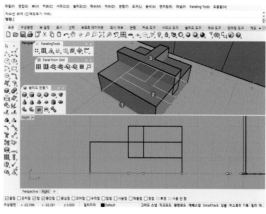

51 ✄ Trim 명령으로 ❶과 ❷ 선을 선택하고 그림처럼 필요 없는 부분은 지운 후 ✥ Join 명령으로 결합합니다.

52 ⬜ Extrude 명령으로 ❶과 ❷ 선을 2mm 돌출시킨 후 그림처럼 ❸오브젝트를 1mm 올립니다.

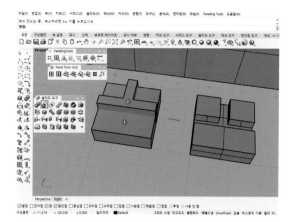

53 ⬡ BooleanDifference 명령으로 ❶오브젝트에서 ❷오브젝트를 뺍니다.

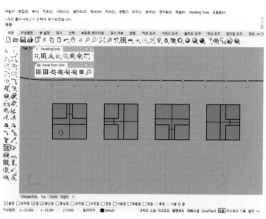

54 Copy 명령으로 ❶오브젝트를 4개 복사한 후 검볼을 활용해 그림처럼 오브젝트를 회전시켜놓습니다.

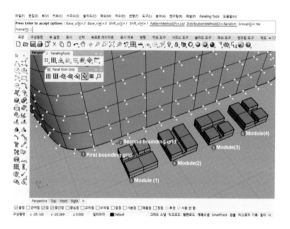

55 ⬡ ptPanel3dCustomVariable 명령을 실행한 후 옵션을 그림처럼 변경합니다. ❶❷❸❹❺❻순서대로 오브젝트를 선택해서 패널링합니다.

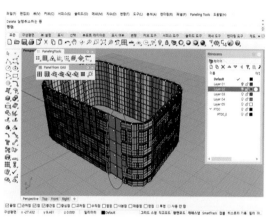

56 결과물을 보면 빨간 원 부분이 패널링이 안 되어 있습니다.

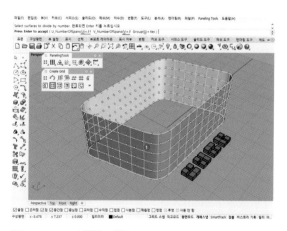

57 ⬡ Undo(Ctrl+Z) 명령으로 작업을 취소하고 포인트 그룹을 모두 지웁니다. ⬚ ptGridSurfaceDomain Number 명령으로 ❶서피스를 선택하고 "U=51, V=5"로 설정하여 포인트 그리드를 만듭니다.

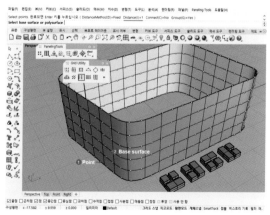

58 ⬡ ptOffsetPoints 명령으로 ❶포인트 그룹 선택 후 ❷Base surface을 선택해 포인트를 1mm 간격으로 띄웁니다.

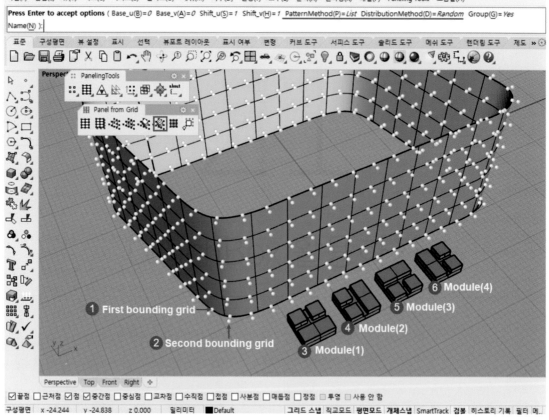

파일(F) 편집(E) 뷰(V) 커브(C) 서피스(S) 솔리드(O) 메쉬(M) 치수(D) 변형(T) 도구(L) 분석(A) 렌더링(R) 패널(P) Paneling Tools 도움말(H)

Press Enter to accept options (Base_u(A)=0 Base_v(A)=0 Shift_u(S)=1 Shift_v(H)=1 PatternMethod(P)=List DistributionMethod(D)=Random Group(G)=Yes Name(N)):

① **First bounding grid**
② **Second bounding grid**
③ Module(1)
④ Module(2)
⑤ Module(3)
⑥ Module(4)

59 ptPanel3dCustomVariable 명령을 실행 후 옵션을 그림처럼 변경하고 ❶❷❸❹❺❻ 순서대로 오브젝트를 선택해서 패널링을 합니다.

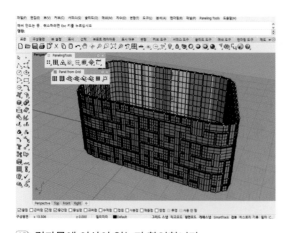

60 결과물에 이상이 없는지 확인합니다.

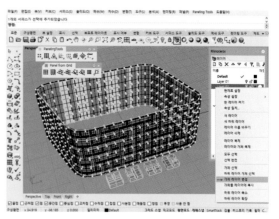

61 패널링된 오브젝트만 제외하고 나머지 오브젝트를 모두 선택합니다. Layer 명령을 실행 후 "Layer 02" 로 변경하고 레이어는 끕니다.

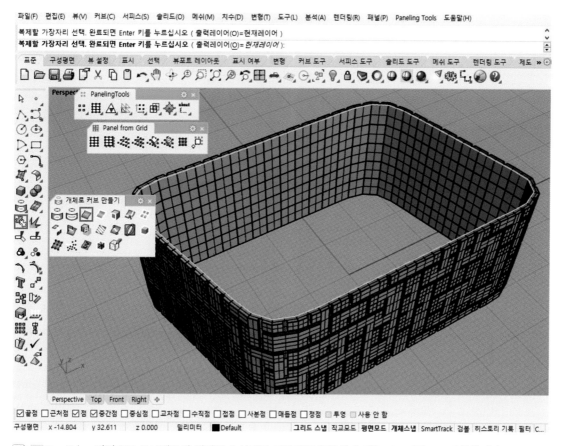

62 DupEdge 명령으로 우브젝트의 엣지를 순서대로 그림처럼 선택한 후 Join 명령으로 결합합니다.

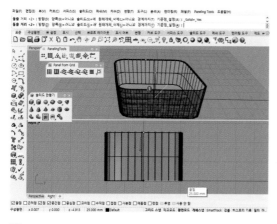

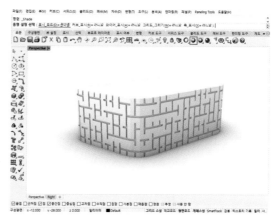

63 결합된 ❶선을 Extrude 명령으로 25mm 아래로 그림처럼 돌출시킵니다.

64 Shade 명령으로 결과물을 확인합니다.

Chapter

20

Weaverbird 활용하기

이 장에서는 Weaverbird를 활용하는 방법에 대해서 간단히 알아보겠습니다.

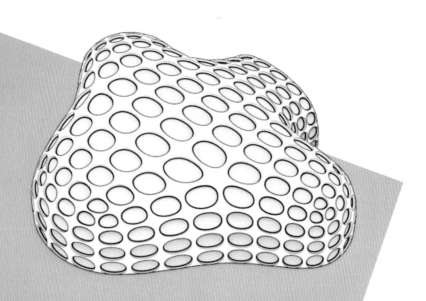

Grasshopper의 플러그인 weaverbird를 활용하여 프레임 만드는 방법에 대해서 알아보겠습니다.

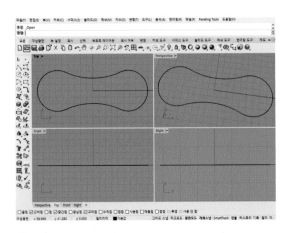

① 📂 Open 명령으로 "weaverbird.3dm" 파일을 불러옵니다.

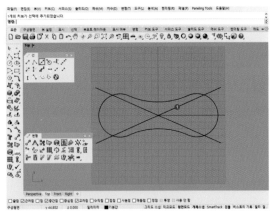

② ✏️ Line 명령으로 원점에서 ❶선을 그립니다. 🔳 Mirror 명령으로 ❶선을 원점에서 그림처럼 대칭 복사합니다.

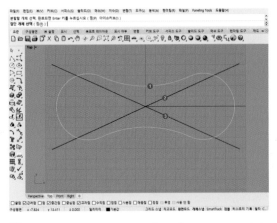

③ 🔳 Split 명령으로 ❶선을 ❷와 ❸ 선으로 자릅니다.

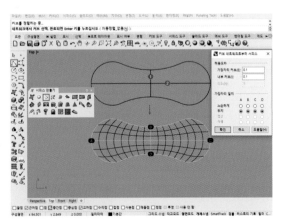

④ 🔳 Polyline 명령으로 ❶과 ❷ 선을 그립니다. 🔳 Network 명령으로 선들을 모두 선택하고 서피스를 그림처럼 만듭니다.

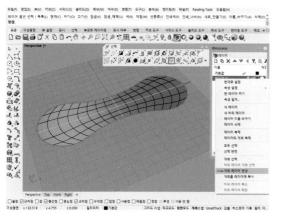

5️⃣ 🖰 SelCrv 명령으로 커브를 선택합니다. 🗂 Layer 명
령을 실행한 후 "레이어 01"로 변경하고 레이어는 끕니다.

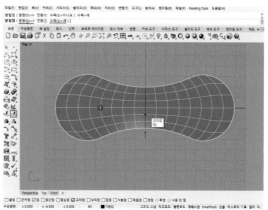

6️⃣ 🖰 Split 명령으로 ❶ 서피스의 중간지점을 V 방향으
로 자릅니다.

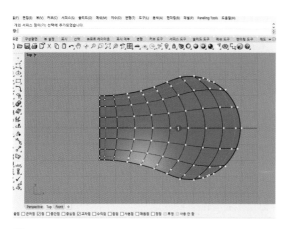

7️⃣ ❶ 서피스의 제어점을 켜고 제어점을 그림처럼 선택
합니다.

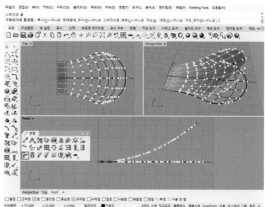

8️⃣ 제어점이 선택된 상태에서 Front 뷰에서 🖰 Bend 명
령으로 원점을 기준으로 그림처럼 서피스를 구부립니다.

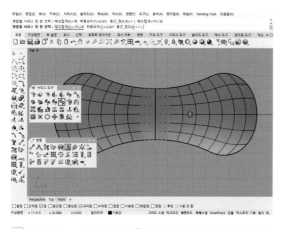

9️⃣ 🖰 Mirror 명령으로 ❶ 서피스를 원점을 기준으로
대칭 복사한 후 🖰 MergeSrf 명령으로 두 서피스를 하나
로 합칩니다.

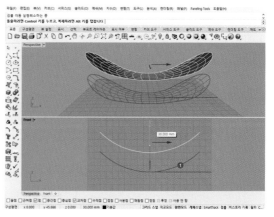

🔟 검볼을 활용해 ❶ 서피스를 Z 방향으로 30mm 이동
시킵니다.

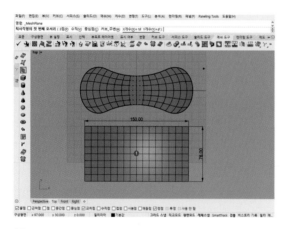

11 MeshPlane 명령으로 ❶메쉬를 만듭니다.

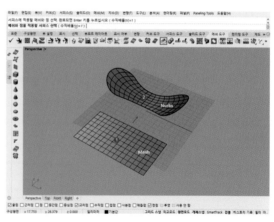

12 메쉬 도구 탭에 있는 🔲 ApplyMeshUVN 명령으로 ❶평면 Mesh를 ❷Nurbs 모양으로 변형합니다.

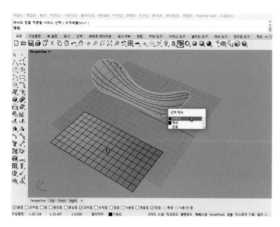

13 ❶서피스와 ❷메쉬를 선택하고 🔲 Layer 명령으로 선택한 오브젝트를 "레이어 01"로 변경합니다. 레이어는 끈 상태로 둡니다.

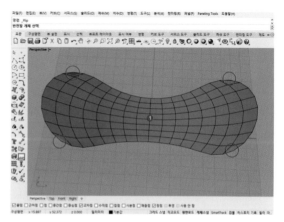

14 🔲 Dir 명령으로 ❶메쉬의 Normal(노멀) 방향으로 바꿉니다. 빨간 원 부분의 메쉬가 어색합니다.

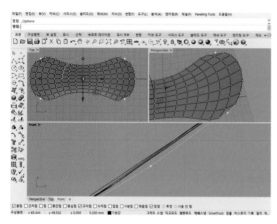

15 F10으로 ❶메쉬의 정점을 켭니다. Shift 키를 누르고 그림처럼 4개의 정점을 선택합니다.

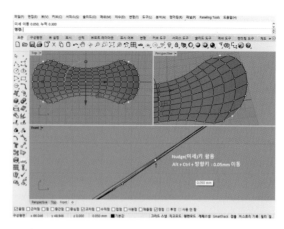

16 Nudge(너지) 키를 활용해 정점을 그림처럼 이동시킵니다.

Nudge(미세 이동) 키 설정은 어디서 하나요?

⚙ Option 명령 실행 후 Rhino 옵션
>모델링 보조 기능 >미세 이동 항목
에서 설정할 수 있습니다.

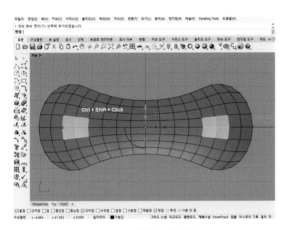

17 Top 뷰에서 마우스로 Ctrl + Shift + LMB로 메쉬를
그림처럼 선택합니다. 선택해제도 같은 방법으로 메쉬를
선택하면 됩니다.

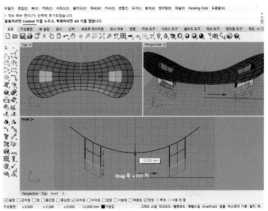

18 선택한 메쉬는 검볼을 – Z 방향으로 이동한 후 Ctrl
키를 누르면 돌출됩니다. 그림처럼 세 번 돌출시킨 후 선
택한 메쉬는 지웁니다.

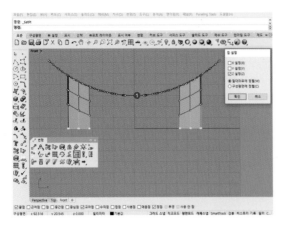

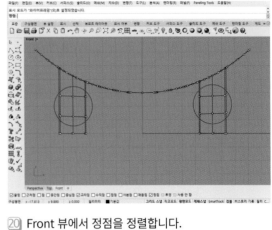

19 ❶메쉬를 선택하고 F10 키로 정점을 켭니다. 그림
처럼 정점을 선택한 후 ⬚ SetPt 명령으로 Z 방향으로
원점에 정렬합니다.

20 Front 뷰에서 정점을 정렬합니다.

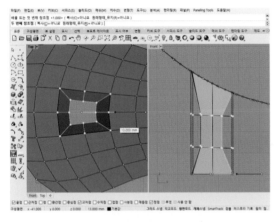

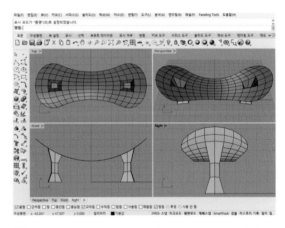

21 Front 뷰에서 정점을 선택합니다. Top 뷰에서 🖰
Scale2D 명령으로 크기를 줄입니다.

22 반대편 부분도 Scale 2D 명령으로 크기를 줄입니다.

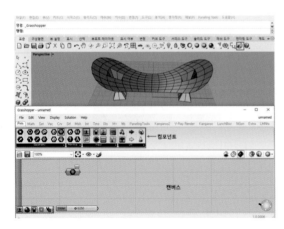

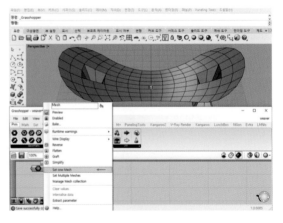

23 🔵 Grasshopper를 실행합니다. ⬡ Mesh와 🔲
Number Slider 컴포넌트를 캔버스에 배치합니다.

24 ⬡ Mesh 컴포넌트에 RMB 후 Set One Mesh 항목
을 선택하고 ❶메쉬를 선택합니다. ❶메쉬는 💡 Hide
명령으로 숨깁니다.

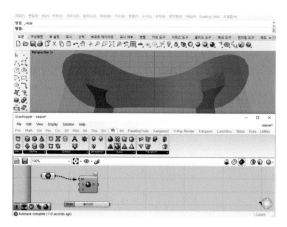

25 Wb탭에서 wbloop 컴포넌트를 캔버스에 놓고 Mesh 컴포넌트를 wbloop 컴포넌트에 그림과 같이 연결합니다.

> **반올림** WeaverBird란?
>
> WeaverBird는 메쉬 편집, 세분 및 메쉬 변환을 할 수 있는 Grasshopper 플러그인입니다.
> 다운로드는 http://www.giuliopiacentino.com/weaverbird/에서 admin rights 항목을 클릭해 이름과 메일 주소를 입력한 후 메일을 확인하고 설치하면 됩니다.

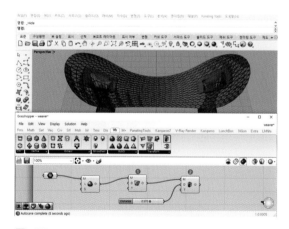

26 wbFrame 컴포넌트와 wbThicken 컴포넌트를 캔버스에 놓고 그림과 같이 컴포넌트들을 연결합니다.

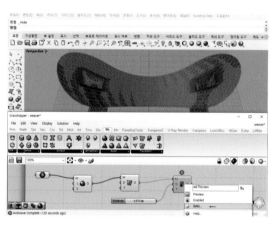

27 ❶ wbThicken 컴포넌트를 RMB로 누른 후 Bake 항목을 선택합니다.

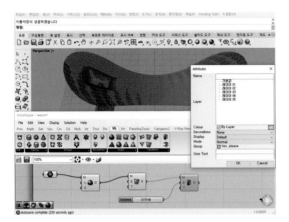

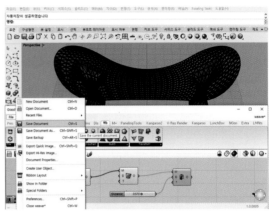

28 Group 항목을 체크하고 OK 버튼을 선택합니다.

29 File 메뉴의 Save Document 항목에서 작업을 저장하고 Grasshopper를 닫습니다.

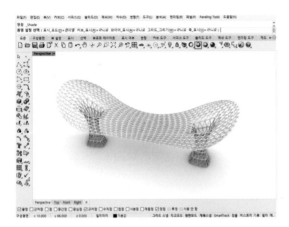

30 ● Shade 명령으로 결과물을 확인합니다.

라이노 명령과 Weaverbird를 활용하여 메쉬를 SubD로 변환하는 방법에 대해 알아보겠습니다.

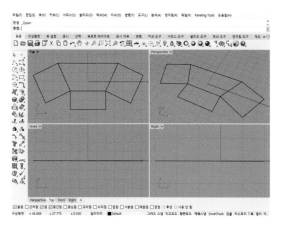

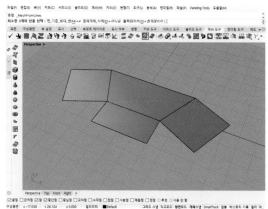

③① 📂 Open 명령으로 "weaverbird02.3dm" 파일을 불러옵니다.

③② 🔳 MeshFromLines 명령으로 선들을 모두 선택하여 메쉬를 만듭니다. MeshFromLines 명령으로 메쉬를 만들 때는 선들은 분해되어 있어야 합니다.

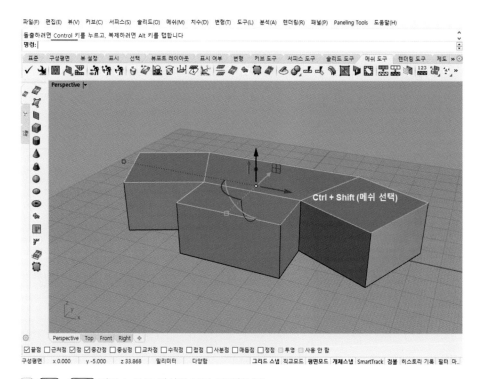

③③ (Ctrl) + (Shift) 키를 누르고 메쉬를 모두 선택합니다.

검볼을 활용하여 Z 방향으로 20mm 이동 후 (Ctrl) 키를 눌러서 메쉬를 그림처럼 돌출시킵니다.

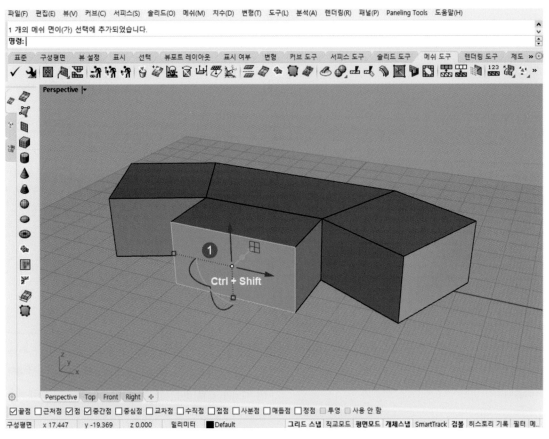

34 Ctrl + Shift 키를 누르고 ❶ 메쉬를 선택하여 지웁니다.

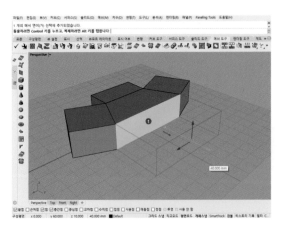

35 뒤쪽 Ctrl + Shift 키를 누르고 ❶ 메쉬를 선택해 40mm 이동 후 Ctrl 키를 눌러 메쉬를 돌출시킵니다.

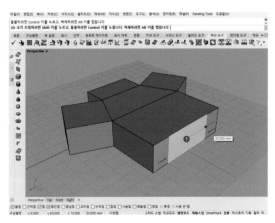

36 ❶ 메쉬가 선택된 상태에서 검볼을 활용해 양방향으로 20mm 줄입니다.

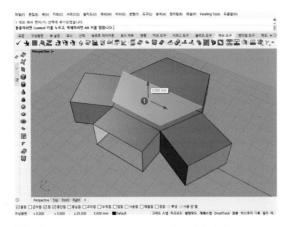

37 ❶메쉬를 Z 방향으로 5mm 이동시킵니다.

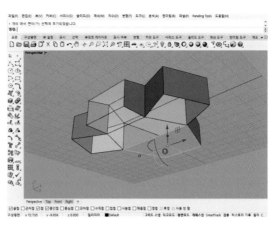

38 바닥면의 ❶메쉬도 선택하여 지웁니다.

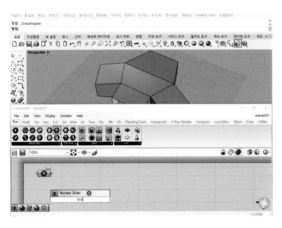

39 🌐 Grasshopper 명령을 실행하고 🔷 Mesh 컴포넌트를 캔버스에 가져다 놓습니다. 캔버스를 더블클릭한 뒤 "0<3"을 입력하여 ❶Number Slider를 만듭니다.

40 ❶ 🔷 Mesh 컴포넌트를 RMB 후 Set One Mesh 항목을 선택하고 ❷메쉬를 선택합니다.

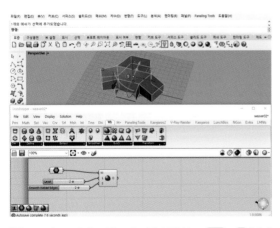

41 Number Slider 컴포넌트를 선택하고 Ctrl + C (복사하기) 한 후 Ctrl + V (붙여넣기)합니다. Wb 탭을 선택하고 🌑 wbCatmullClark 컴포넌트를 캔버스에 놓고 그림과 같이 컴포넌트를 연결합니다. ❶메쉬는 💡 Hide 명령으로 숨깁니다.

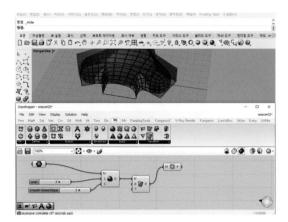

42 🔲 wbFrame 컴포넌트와 🔲 wbFacePolys 컴포넌트를 작업 창에서 그림과 같이 연결합니다.

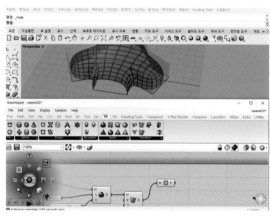

43 ❶ Mesh 컴포넌트를 MMB로 선택합니다. 🎭 Disable Preview 명령으로 미리 보기를 끕니다.

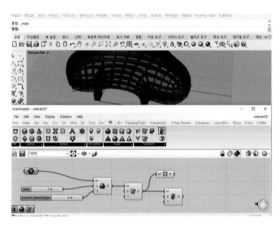

44 🔲 wbThicken 컴포넌트를 그림과 같이 연결합니다.

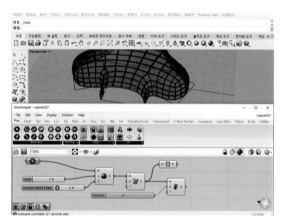

45 ❶ Number Slider 컴포넌트를 선택하고 Ctrl+C (복사하기) 후 Ctrl+V (붙여넣기)합니다. 그림처럼 wbThicken 컴포넌트에 연결합니다.

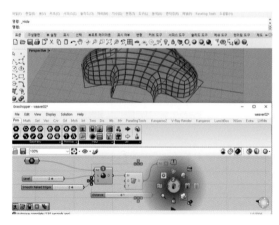

46 ❶과 ❷ 컴포넌트를 선택하고 MMB 후 🎭 Bake 컴포넌트를 선택합니다. File 메뉴에서 저장하고 Grasshopper를 종료합니다.

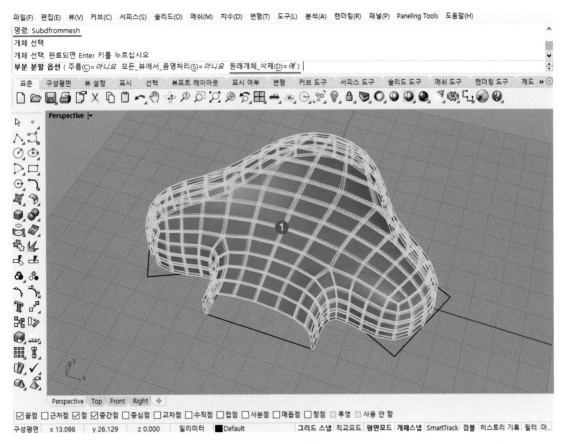

파일(F) 편집(E) 뷰(V) 커브(C) 서피스(S) 솔리드(O) 메쉬(M) 치수(D) 변형(T) 도구(L) 분석(A) 렌더링(R) 패널(P) Paneling Tools 도움말(H)

명령: Subdfrommesh
개체 선택
개체 선택. 완료되면 Enter 키를 누르십시오
부분 분할 옵션 (주름(C)= *아니요* 모든_뷰에서_음영처리(S)= *아니요* 원래개체_삭제(D)= *예*):

☑끝점 ☑근처점 ☑점 ☑중간점 □중심점 □교차점 □수직점 □접점 □사분점 □매듭점 □정점 □투영 □사용 안 함
구성평면 x 13.098   y 26.129   z 0.000   밀리미터 ■Default   그리드 스냅 직교모드 평면모드 개체스냅 SmartTrack 검볼 히스토리 기록 필터 마...

47 명령어 입력창에 "SubdFromMesh" 명령을 입력하고 (Enter)합니다. ❶ 오브젝트를 선택하고 (Enter)하고 "원래 객체_삭제=예"로 변경하고 메쉬를 섭디로 변환합니다.

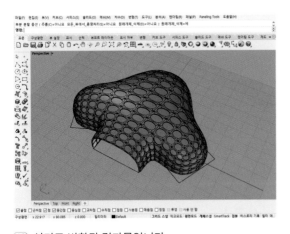

48 섭디로 변환된 결과물입니다.

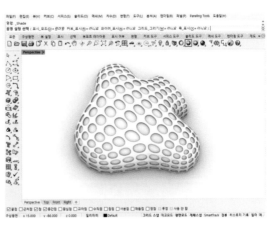

49 ◐ Shade 명령으로 결과물을 확인합니다.

Chapter

21

LunchBox 활용하기

이 장에서는 Lunchbox를 활용하여 간단하게 패널링하는 방법에 대해서 알아보겠습니다.

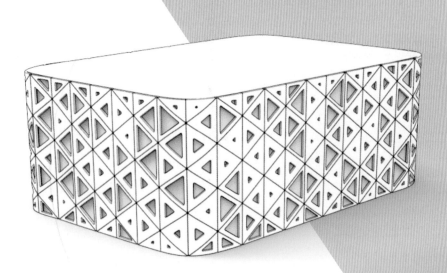

Lesson 01 LunchBox 활용하기

Grasshopper의 플러그인 Lunchbox를 활용하여 패널링하는 방법에 대해서 알아보겠습니다.

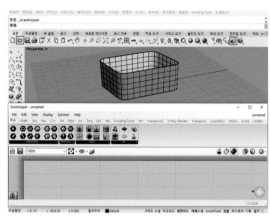

① 🗁 Open 명령으로 "lunchbox01.3dm" 파일을 불러온 후 🌐 Grasshopper 명령을 실행합니다.

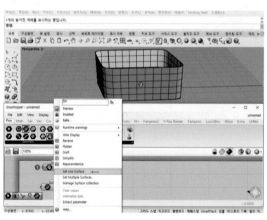

② 🖋 Curve 컴포넌트와 🔲 Surface 컴포넌트를 캔버스에 놓습니다. ❶🔲 Surface 컴포넌트를 RMB 후 Set One Surface 항목을 선택하고 ❷ 서피스를 선택합니다. 💡 Hide 명령으로 ❷ 서피스를 숨깁니다.

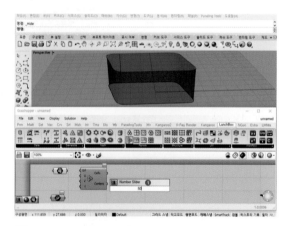

③ LunchBox 탭에서 🔷 Hex 컴포넌트를 캔버스에 가져옵니다. 캔버스를 더블클릭한 후 ❶ Number Slider 수를 "50"으로 입력합니다.

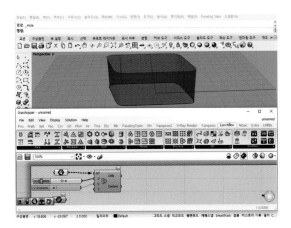

④ ❶Number Slider를 Ctrl + C(복사하기) 후 Ctrl + V(붙여넣기)합니다. 컴포넌트를 그림과 같이 연결합니다.

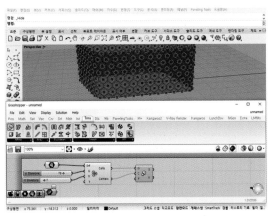

⑤ Transform 탭에서 ◈ Scale 컴포넌트를 그림과 같이 연결합니다.

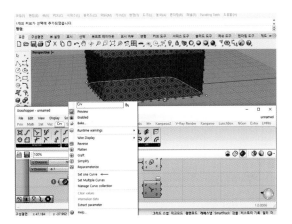

⑥ ❶◈ Curve 컴포넌트를 RMB 후 Set One Curve 항목을 선택하고 ❷커브를 선택합니다. Curve 탭에서 ⌇ Curve Closest Point 컴포넌트를 캔버스에 놓습니다.

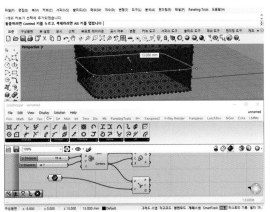

⑦ 컴포넌트를 그림과 같이 연결하고 선을 선택합니다. 검볼을 활용해 Z 방향으로 13mm 이동시킵니다.

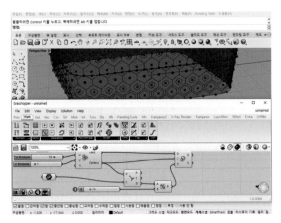

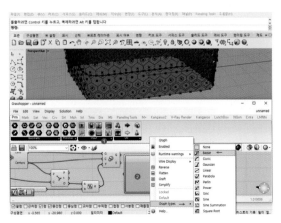

⑧ ❶Number Slider 컴포넌트를 복사, 붙여넣기합니다. Maths 탭에서 🔣 Division 컴포넌트를 캔버스에 가져온 후 그림과 같이 연결합니다.

⑨ Params 탭에서 ❶Input 항목을 클릭하고 🔲 Graph Mapper 컴포넌트를 캔버스에 가져옵니다. ❷ Graph Mapper 컴포넌트를 선택하고 RMB 후 Graph types>Bezier를 선택합니다.

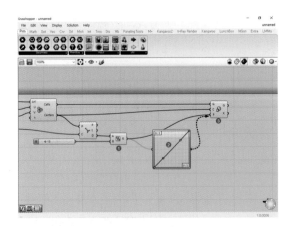

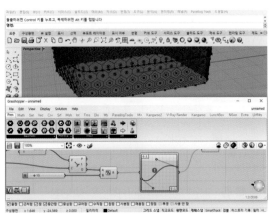

⑩ ❶❷❸ 컴포넌트를 그림과 같이 연결합니다.

⑪ ❶Graph Mapper의 베지어 곡선을 그림과 같이 변경합니다.

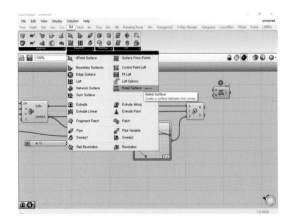

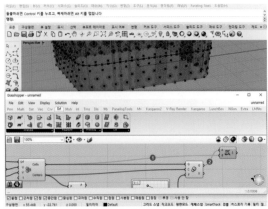

⑫ Surface 탭의 Freeform 항목에서 ❶🗵 Ruled Surface 컴포넌트를 가져옵니다.

⑬ Ruled Surface 컴포넌트에 그림과 같이(❶과 ❷) 연결합니다.

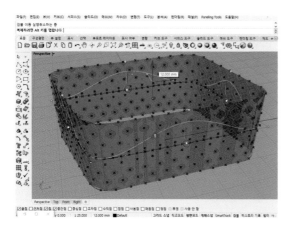

⑭ ❶커브의 제어점을 켜고 빨간 원의 제어점을 선택합니다. 검볼을 활용해 Z 방향으로 12mm 이동시킵니다.

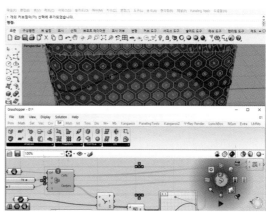

⑮ ❶과 ❷컴포넌트를 선택하고 MMB 후 🔄 Bake 명령을 선택합니다.

⑯ File 메뉴에서 Save Document 항목을 선택하고 작업을 저장한 후 그래스호퍼를 종료합니다.

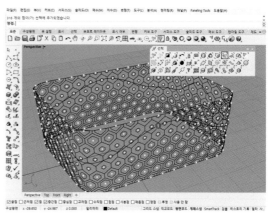

⑰ 🔡 SelPt 명령으로 점들을 모두 선택하고 지웁니다. ❶커브는 💡 Hide 명령으로 숨깁니다.

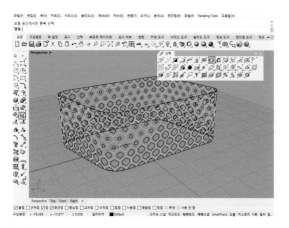

⑱ 커브를 모두 선택하고 🔀 Explode 명령으로 선들을 분해합니다. 🔘 SelDup 명령으로 중복된 객체를 선택하고 지웁니다.

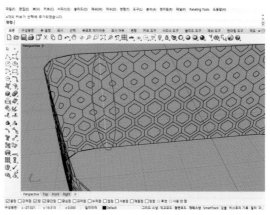

⑲ 빨간 원 부분의 불필요한 선들도 선택해 지웁니다.

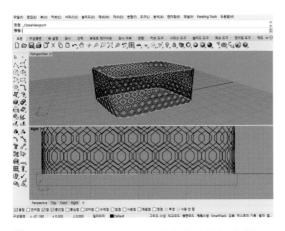

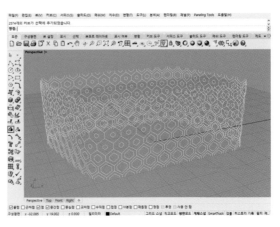

20 Right 뷰에서 마우스로 그림처럼 위쪽과 아래쪽 부분의 선들을 선택하고 지웁니다.

21 선들을 모두 선택하고 ⬤ Group 명령으로 하나로 묶습니다. 💡 Show 명령으로 서피스가 보이게 합니다.

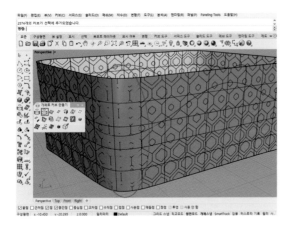

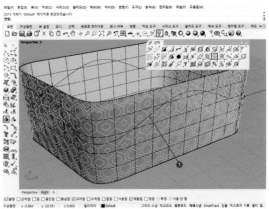

22 빨간 원 부분을 보면 서피스와 선이 간격이 있어 Split 명령 시 문제가 됩니다. 🖐 Pull 명령으로 그룹이 된 육각형들을 서피스에 투영합니다. "원래객체_삭제 = 예" 로 설정합니다. 서피스는 Ctrl + C (복사하기)합니다.

23 ❶커브는 💡 Hide 명령으로 숨깁니다. ◉ SelCrv 명령으로 커브를 선택하고 커브는 제외하고 ⬤ Group 명령으로 묶어줍니다.

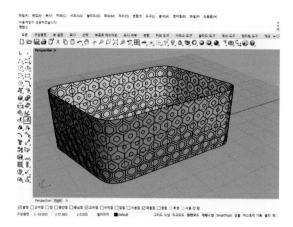

24 ⬛ Split 명령으로 서피스를 모든 선을 선택하여 그림과 같이 자릅니다.

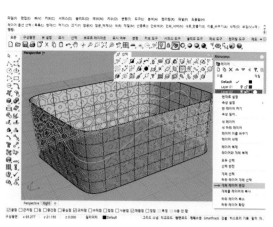

25 🐾 Show 명령으로 커브를 보이게 합니다. 🐾 SelCrv 명령으로 선들을 선택하고 🔖 Layer 명령으로 선택된 선들을 "Layer 02"로 변경하고 레이어는 끕니다.

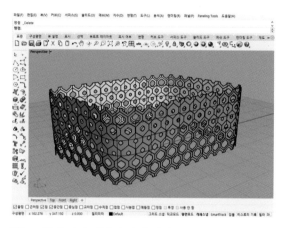

26 그림과 같이 안쪽의 잘린 서피스를 마우스로 선택하여 지웁니다.

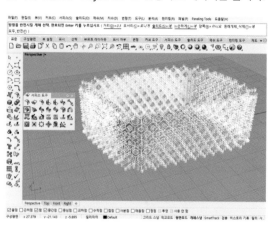

27 🔵 OffsetSrf 명령으로 0.5mm 두께를 줍니다.

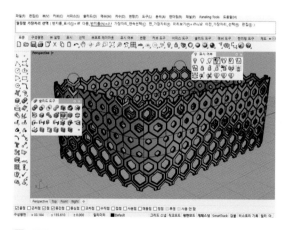

28 🔲 FilletEdge 명령으로 마우스로 모든 엣지를 선택하고 0.1mm 필렛합니다. 연산이 오래 걸립니다. 안쪽 면의 색상이 보이는 (빨간 원) 서피스를 모두 선택하고 🔲 Isolate 명령으로 선택 안 된 오브젝트는 숨깁니다.

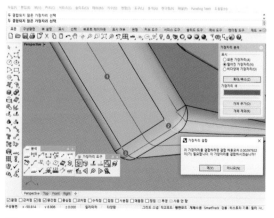

29 🔲 ShowEdge 명령으로 ❶ 오브젝트를 선택하면 떨어진 가장자리가 보입니다. 🔲 JoinEdge 명령으로 떨어진 가장자리 ❷와 ❸을 결합합니다.

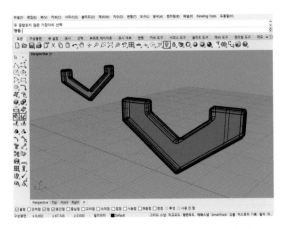

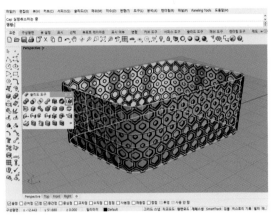

30 나머지 부분도 같은 방법으로 떨어진 가장자리를 결합하여 솔리드로 만듭니다. 음영에 문제가 발생하므로 오브젝트들을 모두 선택하고 ⬚ Explode 명령으로 분해한 후 모든 서피스를 다시 🖧 Join 명령으로 결합합니다. 🖋 Show 명령으로 오브젝트를 보이게 합니다.

31 Ctrl + V (붙여넣기)합니다. 붙여넣기한 서피스를 🖾 Cap 명령으로 솔리드를 만듭니다.

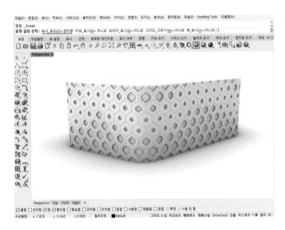

32 ⬤ Shade 명령으로 결과물을 확인합니다.

Lunchbox를 활용하여 삼각 패널 만드는 방법에 대해서 알아보겠습니다.

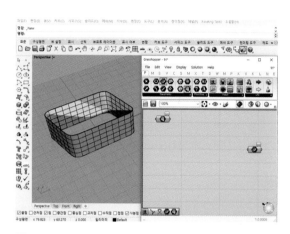

33 📂 Open 명령으로 "lunchbox02.3dm" 파일을 불러온 후 🟡 Grasshopper 명령을 실행합니다. 캔버스에 🟦 Surface와 ⚫ Curve 컴포넌트를 가져옵니다.

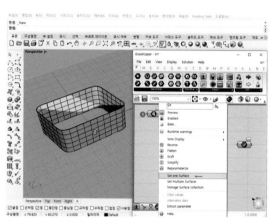

34 🟦 ❶ Surface 컴포넌트를 RMB 후 "Set One Surface" 항목을 선택하고 ❷ 서피스를 선택합니다. ❷ 서피스는 💡 Hide 명령으로 숨깁니다.

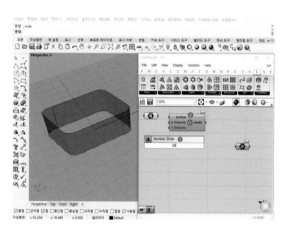

35 캔버스를 왼쪽 마우스로 더블클릭 후 "50"을 입력하여 ❶ Number Slider를 만듭니다. LunchBox 탭의 Panels 탭에서 ⚙ ❷ Triangle Panels B 컴포넌트를 캔버스에 가져옵니다.

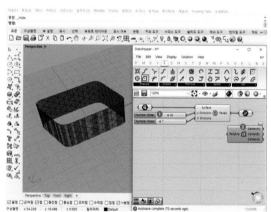

36 ❶ Number Slider를 선택하고 Ctrl + C (복사하기) 후 Ctrl + V (붙여넣기)합니다. Curve 팔레트의 Analysis 탭에서 ⬜ ❷ Polygon Center 컴포넌트를 캔버스에 가져옵니다. 그림처럼 컴포넌트들을 연결합니다.

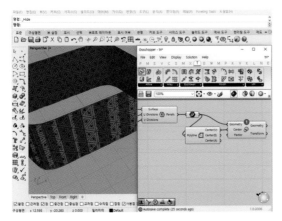

[37] Transform 팔레트의 Affine 탭에서 🔍 ❶Scale 컴포넌트를 캔버스에 가져온 후 그림처럼 연결합니다.

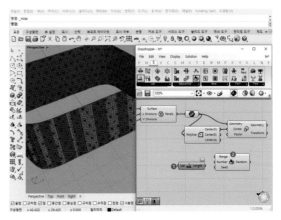

[38] Sets 팔레트의 List 탭에서 🔧 ❶List Length 컴포넌트를 가져온 후 Sequence 탭에서 👆 ❷Random 컴포넌트를 캔버스에 가져옵니다.

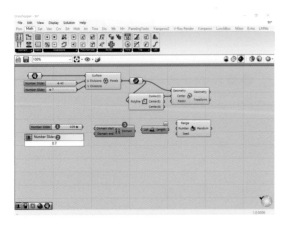

[39] 캔버스를 더블클릭하여 "0.09"와 "0.7" Number Slider 컴포넌트 ❶과 ❷를 만듭니다. Math 팔레트의 Domain 탭에서 ⇟⇟ ❸Construct Domain 컴포넌트를 가져옵니다.

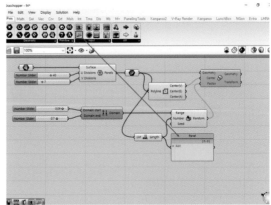

[40] Params 팔레트의 Input 탭에서 🔳 Panel 컴포넌트를 가져오고 컴포넌트들은 그림처럼 연결합니다.

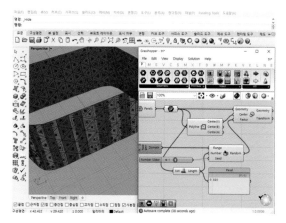

41 캔버스를 더블클릭하여 "5"를 입력한 후 ❶ Number Slider를 만듭니다. 수치를 1로 변경하고 그림처럼 연결합니다.

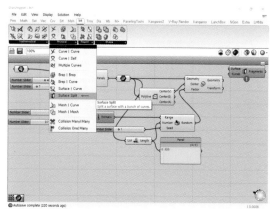

42 Intersect 팔레트의 Physical 탭에서 ❶ Surface Split 컴포넌트를 가져옵니다.

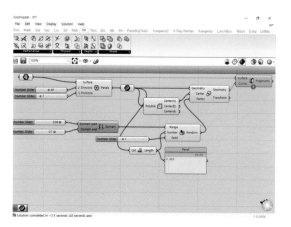

43 ❶ Surface Split 컴포넌트를 그림처럼 연결합니다.

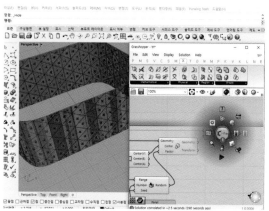

44 ❶ Surface Split 컴포넌트 선택 후 MMB를 누르고 Bake 명령으로 라이노 데이터화 시킵니다.

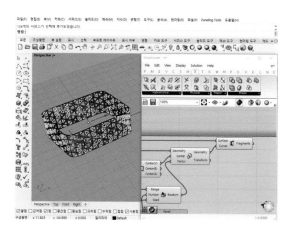

45 라이노 작업 창에서 그림처럼 마우스로 잘린 서피스를 선택해서 지웁니다.

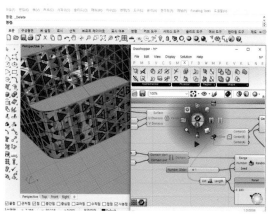

46 ❶ Curve 컴포넌트를 MMB 후 Bake 명령으로 커브를 생성합니다.

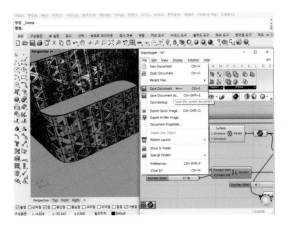

47 File > Save Document 항목을 선택해 작업을 저장하고 Grasshopper를 종료합니다.

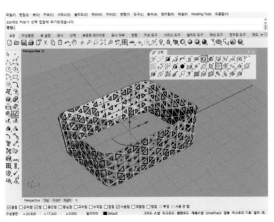

48 SelCrv 명령으로 커브를 모두 선택하고 Explode 명령으로 선들을 분해합니다. SelDup 명령으로 중복된 선들을 선택하고 지웁니다.

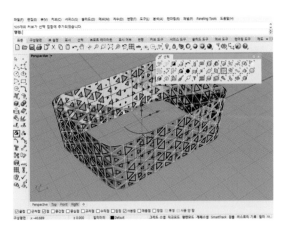

49 SelCrv 명령으로 커브를 모두 선택하고 Group 명령으로 하나로 묶습니다.

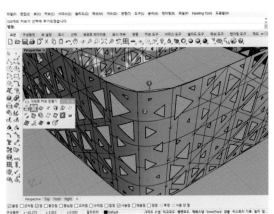

50 Pull 명령으로 ❶그룹 커브를 ❷서피스의 Normal (법선) 방향으로 끌어옵니다.

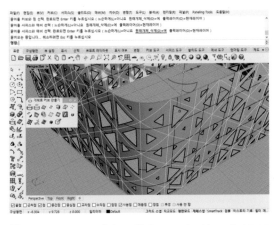

51 "원래객체_삭제(D)=예" 항목을 체크하고 명령을 종료합니다.

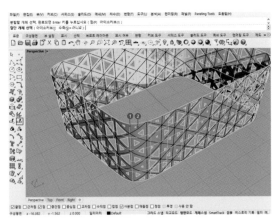

52 Split 명령으로 ❶서피스를 ❷그룹 커브로 자릅니다.

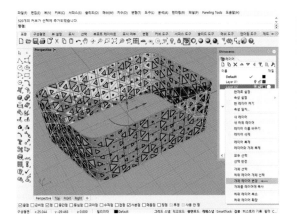

53 그룹 커브를 선택하고 Layer 명령으로 "Layer 02"로 변경하고 레이어를 끕니다.

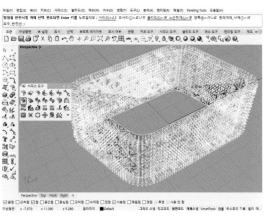

54 OffsetSrf 명령으로 서피스를 선택하고 0.5mm 두께를 줍니다.

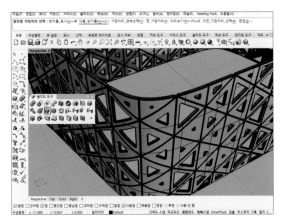

55 FilletEdge 명령으로 서피스의 모든 엣지를 마우스로 드래그하여 선택한 다음 0.1mm 필렛합니다. 오브젝트가 많이 포함되어 다소 시간이 걸립니다. 열린 오브젝트는 Lesson 01에서 했던 방법으로 해결하여 솔리드로 만들면 됩니다.

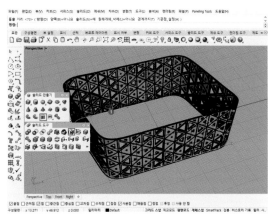

56 Unlock 명령으로 잠긴 커브를 잠금 해제합니다. Extrude 명령으로 ❶커브를 25mm 돌출시킵니다. 돌출된 서피스를 선택하고 Cap 명령으로 솔리드를 만듭니다.

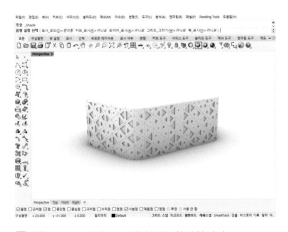

57 Shade 명령으로 결과물을 확인합니다.

Chapter

22

Grasshopper 활용하기

이 장에서는 Grasshopper의 기본 명령어를 활용하는 방법에 대해서 알아보겠습니다.

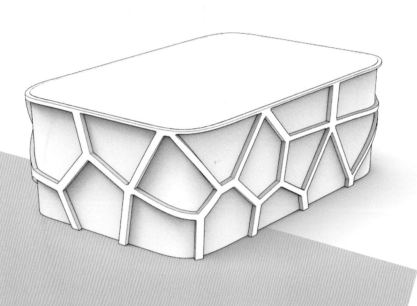

Lesson 01   Contour 명령 활용하기

Grasshopper의 Contour 명령을 활용하여 오브젝트를 솔리드로 자르는 방법에 대해서 알아보겠습니다.

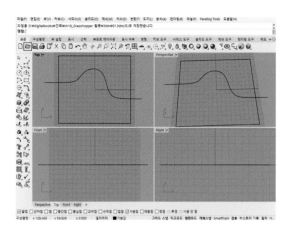

① 📂 Open 명령으로 "01.3dm" 파일을 불러옵니다.

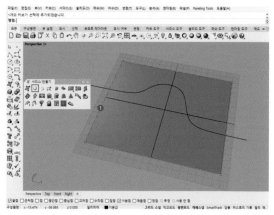

② ❶사각형을 선택하고 ⓞ PlanarSrf 명령으로 평면을 만듭니다.

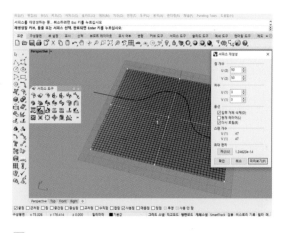

③ 🏠 Rebuild 명령으로 ❶서피스를 점 개수 U, V =50 차수 U, V =3으로 변경합니다.

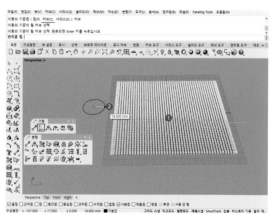

④ ❶서피스를 선택하고 (F10) 키를 눌러 제어점을 켭니다. 🔬 SoftMove 명령을 실행합니다. 제어점을 모두 선택하고 (Enter) 후 이동 기준점을 커브로 설정합니다. ❷커브를 선택하고 반지름을 18mm로 설정합니다.

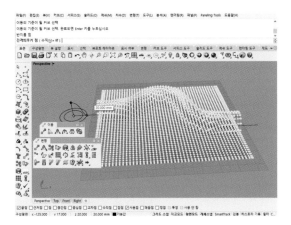

⑤ 높이를 20mm로 설정합니다.

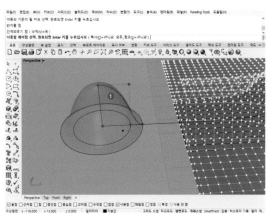

⑥ ❶조정자를 통해 형상을 변경을 할 수 있습니다. 여기서는 기본으로 설정하고 작업을 진행합니다.

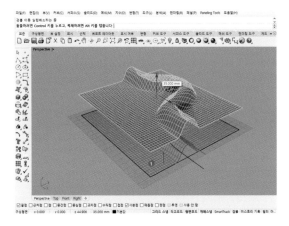

⑦ 검볼을 활용해 ❶서피스를 Z 방향으로 35mm 이동시킵니다.

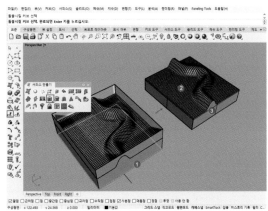

⑧ 🔲 Extrude 명령으로 ❶사각형을 그림과 같이 돌출시킵니다. 🔲 Trim 명령으로 ❷서피스를 기준으로 ❸서피스의 튀어나온 부분을 그림처럼 지워줍니다.

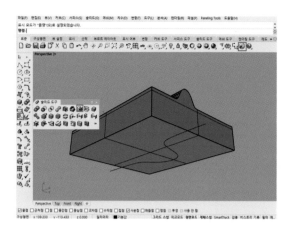

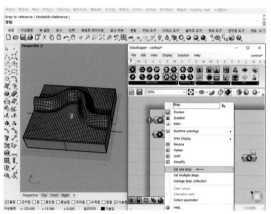

⑨ 🖌 Join 명령으로 서피스를 모두 선택해 결합합니다. 🗗 Cap 명령으로 결합한 서피스를 선택하고 솔리드로 그림처럼 만듭니다. 🌐 Grasshopper 명령을 실행합니다.

⑩ ✖ Point 🔵 Brep 🔷 Surface 컴포넌트를 캔버스에 가져옵니다. 🔵❶Brep 컴포넌트를 RMB로 선택 후 "Set one Brep" 항목을 선택하고 ❷오브젝트를 선택합니다.

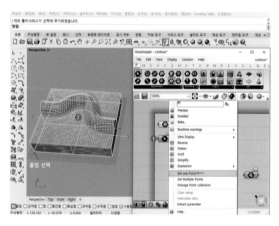

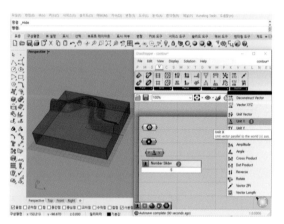

⑪ ✖❶Point 컴포넌트를 RMB 후 "Set one Point" 항목을 선택하고 화살표 지점의 끝점을 선택합니다. ❷ 오브젝트는 💡 Hide 명령으로 숨깁니다.

⑫ Vector 팔레트의 Vector 탭에서 ⚊❶Unit X 컴포넌트를 가져옵니다. 캔버스를 더블클릭하고 "5"를 입력하여 ❷Number Slider 컴포넌트를 만듭니다.

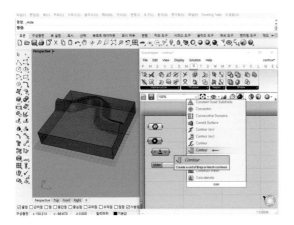

⑬ Intersect 팔레트의 Mathmetical 탭에서 Contour 컴포넌트를 가져옵니다.

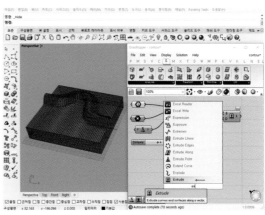

⑭ Surface 팔레트의 Freeform 탭에서 Extrude 컴포넌트를 가져옵니다. 캔버스에서 더블클릭 후 "ex"를 입력하고 Extrude 컴포넌트를 선택할 수 있습니다.

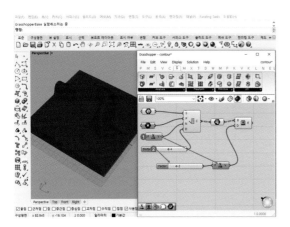

⑮ ❶Unit X 와 ❷Number Slider를 선택하고 Ctrl + C(복사하기) 후 Ctrl + V(붙여넣기)합니다. 컴포넌트들은 그림처럼 연결합니다.

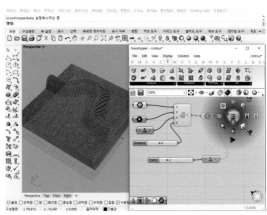

⑯ ❶Extrude 컴포넌트를 MMB후 Bake 명령을 선택하여 라이노 파일로 변환합니다.

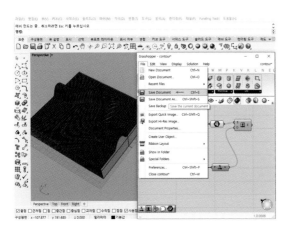

⑰ File > Save Document 항목을 선택하고 파일을 저장합니다. Grasshopper를 종료합니다.

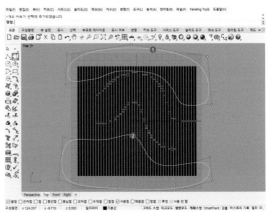

⑱ Top 뷰에서 Curve 명령으로 그림처럼 ❶과 ❷ 커브를 만듭니다.

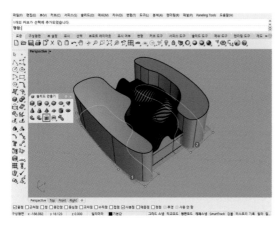

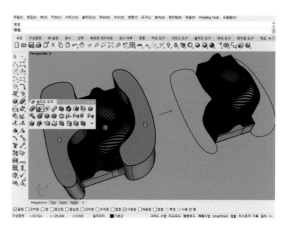

[19] 📦 Extrude 명령으로 ❶과 ❷커브를 그림처럼 돌출시킵니다.

[20] 🌐 BooleanDifference 명령으로 ❶오브젝트에서 ❷와 ❸ 오브젝트를 뺍니다.

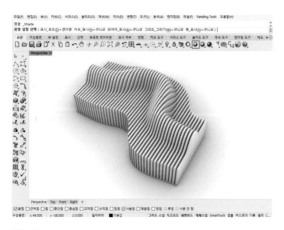

[21] 🌐 Shade 명령으로 결과물을 확인합니다.

Lesson 02 MetaBall 활용하기

Metaball Custom을 활용하는 방법에 대해서 알아보겠습니다.

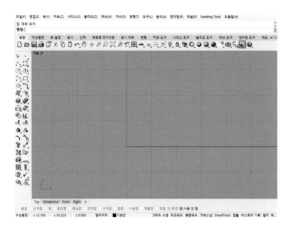

22 📂 Open 명령으로 "02.3dm" 파일을 불러온 후 🌐 Grasshopper 명령을 실행합니다.

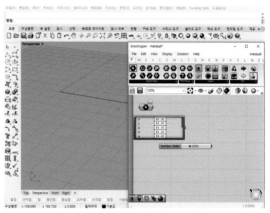

23 ✴ Point 컴포넌트와 ▦ Number Slider 컴포넌트와 🔩 Gene Pool 컴포넌트를 캔버스에 가져옵니다.

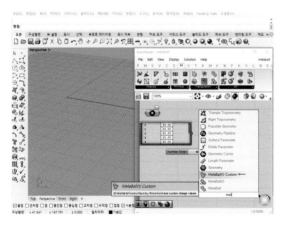

24 캔버스를 더블클릭한 후 "met"를 입력합니다. 🐾 Metaball Custom 컴포넌트를 선택합니다.

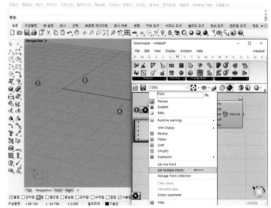

25 ✴ Point 컴포넌트를 RMB 후 "Set Multiple Points" 항목을 선택합니다. 라이노 작업 창의 ❷❸❹ 세 점을 선택하고 (Enter)합니다.

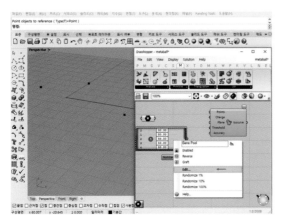

26 🔬 ❶Gene Pool 컴포넌트를 RMB 후 "Edit" 항목을 선택합니다.

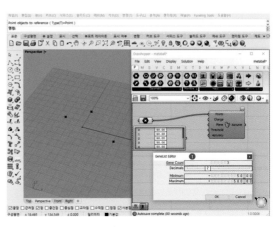

27 ❶GeneList Editor를 그림과 같이 변경합니다.

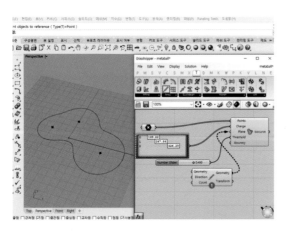

28 Transform 팔레트의 Array 탭에서 ✏️❶Linear Array 컴포넌트를 캔버스에 가져온 후 컴포넌트들을 그림처럼 연결합니다. 슬라이더를 움직여 그림처럼 만듭니다.

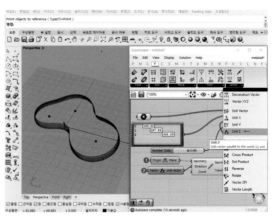

29 Vector 팔레트에서 🔲 ❶XY Plane 컴포넌트와 ╱ ❷Unit Z 컴포넌트를 캔버스에 가져온 후 그림처럼 연결합니다.

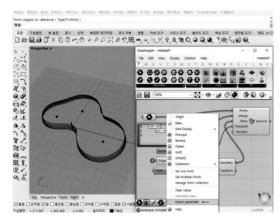

30 🔲 ❶XY Plane 컴포넌트를 RMB 후 "Extract parameter" 항목을 선택합니다.

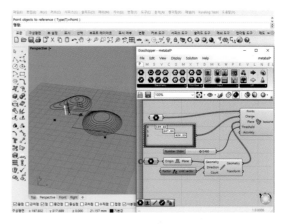

31 ⊗ ❶Point 컴포넌트가 생성되고 라이노 작업 창에 이동조정자가 나타납니다.

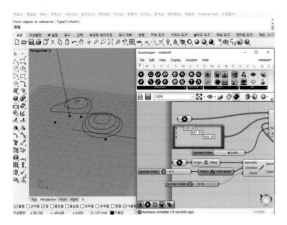

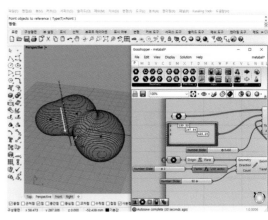

32 캔버스를 더블클릭하고 "50"을 입력해 Enter한 후 ❶ Number Slider를 만듭니다. Number Slider를 복사, 붙여넣기합니다. 슬라이더를 조정하여 Number Slider 값을 변경한 후 그림과 같이 연결합니다.

33 ❌ ❶ Point 컴포넌트를 선택하고 라이노 작업 창에서 이동조정자를 아래로 이동시켜 그림처럼 만듭니다.

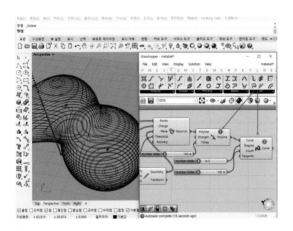

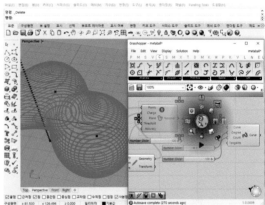

34 Curve 팔레트의 Util 탭에서 🖌️ ❶ Smooth Poly line과 🔧 ❷ Rebuild Curve 컴포넌트를 가져옵니다. ❸ ❹ ❺ Number Slider는 기존의 Number Slider를 복사해서 붙여넣기한 후 그림과 같이 연결합니다.

35 🔧 ❶ Metaball Custom과 🖌️ ❷ Smooth Polyline 컴포넌트를 MMB 후 🚫 Disable Preview 명령을 선택합니다.

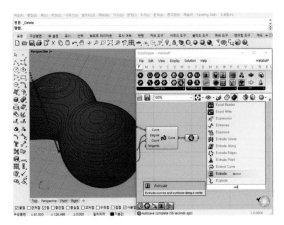

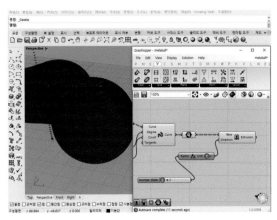

㊱ Params 팔레트의 Geometry 탭에서 Surface 컴포넌트를 가져와 그림처럼 연결합니다. 캔버스를 더블클릭하고 "ex" 입력 후 Extrude 컴포넌트를 선택합니다.

㊲ Vector 팔레트의 Vector 탭에서 ❶ Unit Z 컴포넌트를 가져옵니다. ❷ Number Slider 컴포넌트는 캔버스를 더블클릭하고 "5"를 입력 후 Enter 합니다. Number Slider가 생성됩니다. 그림처럼 연결하고 슬라이더 값을 변경합니다.

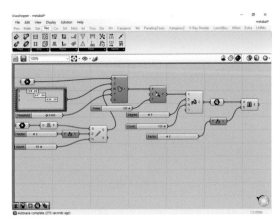

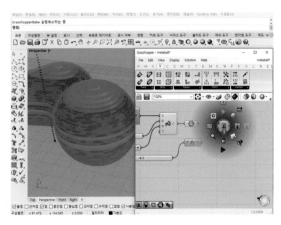

㊳ 모든 컴포넌트의 연결이 올바르게 되었는지 확인하고 수치도 확인합니다.

㊴ ❶ Extrude 컴포넌트를 MMB 후 Bake 명령을 선택합니다.

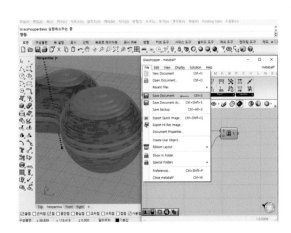

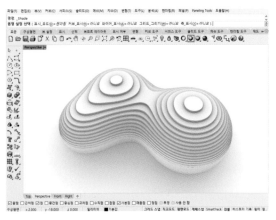

㊵ File > Save Document 항목을 선택해 저장하고 Grasshopper를 종료합니다.

㊶ Shade 명령으로 결과물을 확인합니다.

Voronoi 3D를 이용하여 패턴을 적용하는 방법에 대해서 간략히 알아보겠습니다.

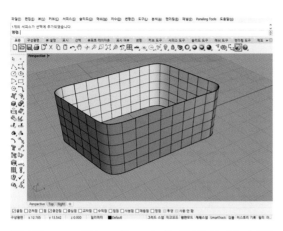

42 📁 Open 명령으로 "03.3dm" 파일을 불러온 후 🌐 Grasshopper 명령을 실행합니다.

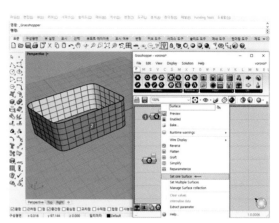

43 🔲 Box와 🔷 Surface 컴포넌트를 가져옵니다. ❶ Surface 컴포넌트를 RMB 후 "Set one Surface" 항목을 선택하고 ❷ 서피스를 선택합니다. ❷ 서피스를 선택하고 💡 Hide 명령으로 숨깁니다.

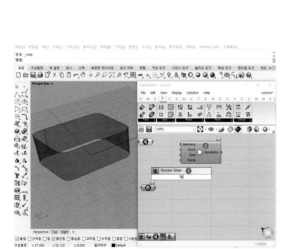

44 캔버스를 더블클릭한 후 "30"을 입력하고 ❶ Number Slider를 만듭니다. Vector 팔레트의 Grid 탭에서 🔲 ❷ Populate Geometry 컴포넌트를 캔버스에 가져옵니다.

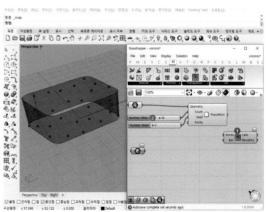

45 Mesh 팔레트의 Triangular 탭에서 🔳 ❶ Voronoi 3D 컴포넌트를 가져옵니다. ❷ Number Slider 컴포넌트는 복사, 붙여넣기한 뒤 그림처럼 연결합니다.

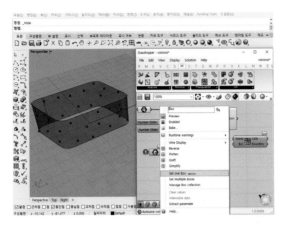

46 🔘 Box 컴포넌트를 RMB 후 "Set one Box" 항목을 선택합니다.

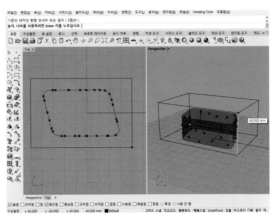

47 라이노 작업 창에서 그림처럼 Box를 만듭니다.

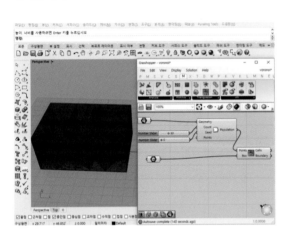

48 컴포넌트를 그림처럼 연결합니다.

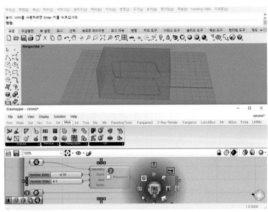

49 Shift 키를 누르고 ❶❷❸ 컴포넌트를 선택합니다. MMB로 🔘 Disable Preview 명령을 선택합니다.

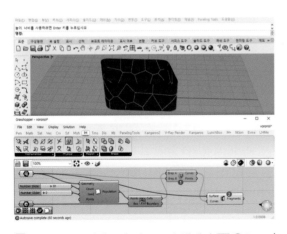

50 Intersect 팔레트의 physical 탭에서 🔲 ❶Brep/Brep과 🔳 ❷Surface Split 컴포넌트를 가져온 후 그림처럼 연결합니다.

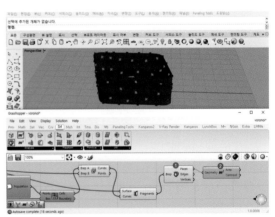

51 Surface 팔렛트의 Analysis 탭에서 🔘 ❶Deconstruct Brep과 m² ❷Area 컴포넌트를 가져온 후 그림처럼 연결합니다.

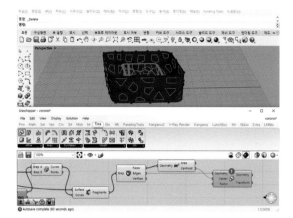

52 Transform 팔레트의 Affine 탭의 ◎ ❶ Scale 컴포넌트를 가져온 후 그림처럼 연결합니다.

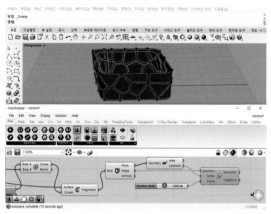

53 ▦ ❶ Number Slider 컴포넌트를 가져와 그림과 같이 연결해 크기를 조절합니다.

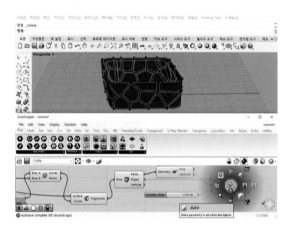

54 ◎ ❶ Scale 컴포넌트를 MMB 후 ◉ Bake 명령으로 라이노 파일로 변환합니다.

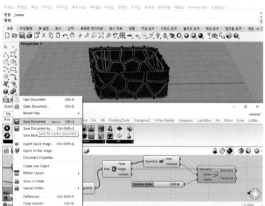

55 File > Save Document 항목을 선택해 파일을 저장하고 Grasshopper를 종료합니다.

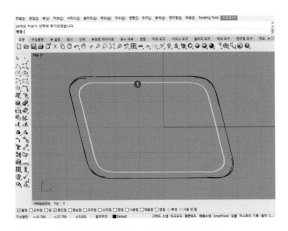

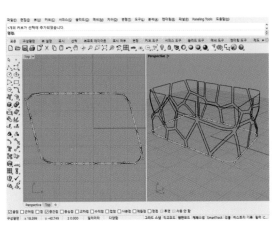

56 Top 뷰에서 ❶커브를 선택하고 지웁니다.

57 그림처럼 커브를 선택하고 지웁니다.

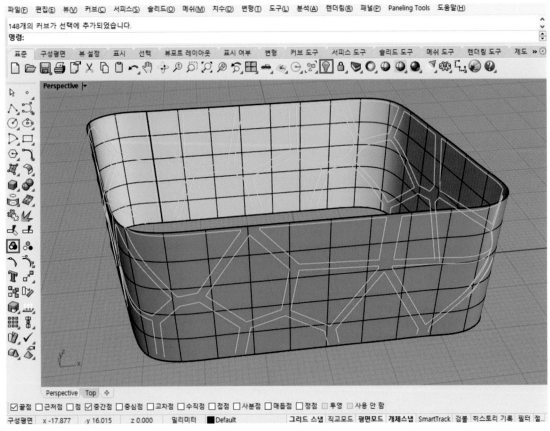

58 💡Show 명령으로 서피스를 보이게 합니다. 커브를 모두 선택하고 ⬢ Group 명령으로 커브들을 하나로 묶습니다.

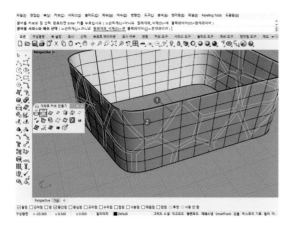

59 🝢 Pull 명령으로 ❶그룹 커브를 ❷서피스의 Normal(법선) 방향으로 투영합니다.

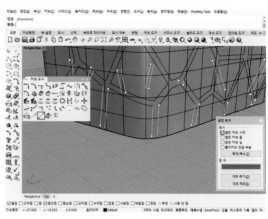

60 ✏ 그림처럼 커브들을 선택하고 ShowEnds 명령을 실행한 후 옵션 창에서 열린 커브 시작만 체크합니다.

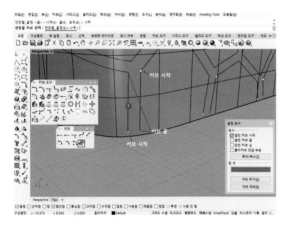

61 ✏ ExtendCrvOnSrf 명령을 실행한 후 "연장할 끝점 = 시작"으로 설정합니다. ❶커브의 시작점 부근을 선택하고 서피스를 선택하여 커브를 연장합니다.

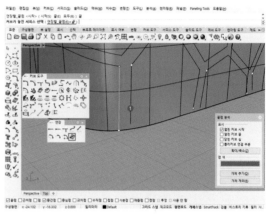

62 ✏ ExtendCrvOnSrf 명령을 실행한 후 "연장할 끝점 = 끝"으로 설정하고 ❶커브의 끝점 부근을 선택한 다음 서피스를 선택합니다.

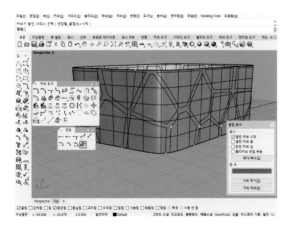

63 다른 커브들도 이와 같은 방법으로 서피스에 커브를 연장합니다.

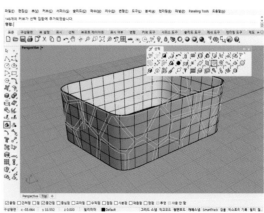

64 ✒ SelCrv 명령으로 커브를 선택하고 🝢 Group 명령으로 하나로 묶습니다.

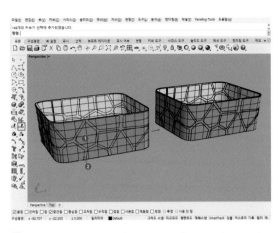
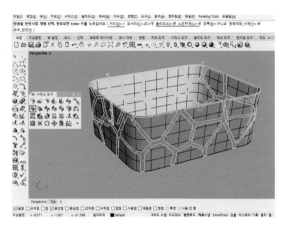

65 ⬛ Split 명령으로 ❶서피스를 ❷그룹 커브로 자릅니다.

66 🌀 OffsetSrf 명령으로 그림과 같이 서피스를 선택하고 두께가 1mm인 솔리드를 만듭니다.

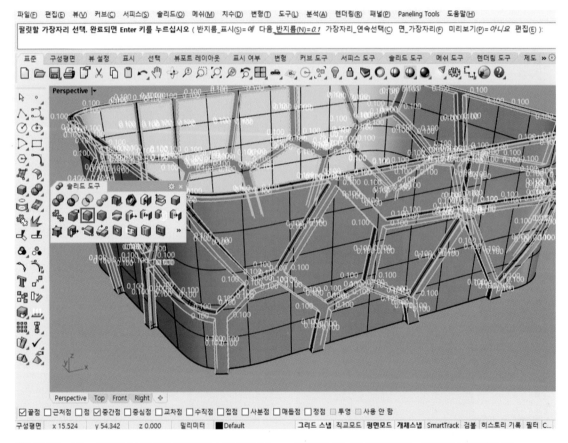

67 🧊 FilletEdge 명령으로 엣지를 그림처럼 선택하고 0.1mm 필렛합니다. 맨 아래 엣지는 선택에서 제외합니다.

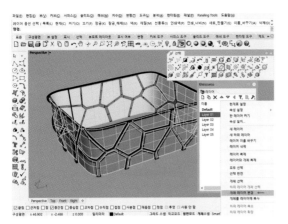
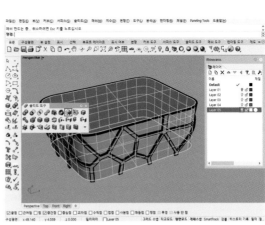

68 SelSrf 명령으로 서피스를 선택하고 Layer 명령을 실행해 선택된 서피스를 "Layer 02"로 변경하고 레이어는 끕니다.

69 Layer 05를 켭니다. 서피스를 선택하고 Cap 명령으로 솔리드를 만듭니다.

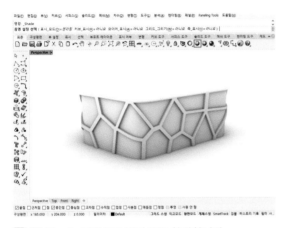

70 Shade 명령으로 결과물을 확인합니다.

Rhino 3D 렌더링

이 장에서는 Rhino 3D의 개선된 렌더링 과정과 간단하게 포토샵에서 합성하는 방법에 대해서 알아보겠습니다.

Lesson 01 부위별로 재질 적용하기

라이노에서 기본적으로 지원하는 재질을 적용하는 방법과 캡처를 활용하는 방법에 대해서 학습합니다.

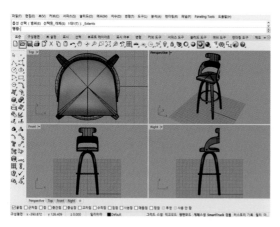

1 📂 Open 명령으로 "chapter23.3dm" 파일을 엽니다.

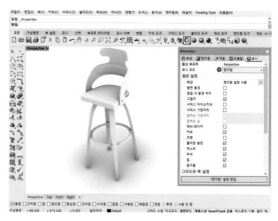

2 ◉ Properties 명령을 선택하고 표시 탭의 표시모드에서 "❶ 렌더링"으로 설정합니다.

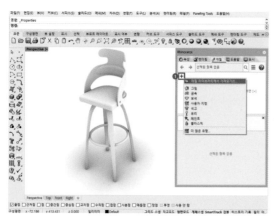

3 재질 탭을 선택하고 ❶➕ 재질 라이브러리 항목을 선택합니다.

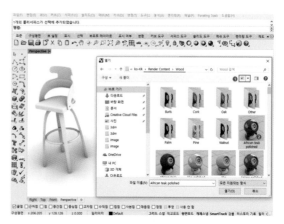

4 Render Content > Wood 항목을 선택합니다. ❶ 미리보기를 큰 아이콘으로 설정하고 ❷African teak polished 재질을 선택합니다.

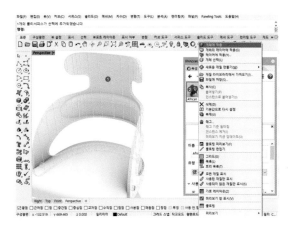

⑤ ❶오브젝트를 선택한 뒤 ❷재질을 선택합니다. RMB
후 개체에 적용 항목을 선택합니다.

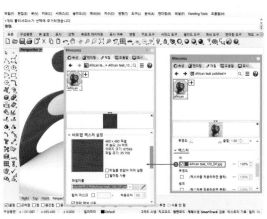

⑥ '텍스처 > 색' ❶항목의 이미지를 클릭합니다.

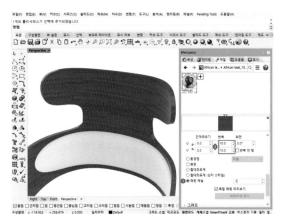

⑦ ❶매핑 채널을 "1"로 설정하고 ❷반복을 U 10, V
10으로 변경합니다.

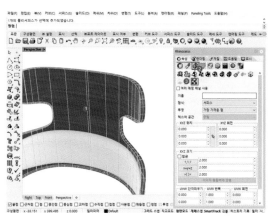

⑧ ❶오브젝트를 선택하고 속성 탭에서 ❷ 🔷 텍스처
매핑을 선택한 후 ❸ 🔲 UV 편집기를 실행합니다.

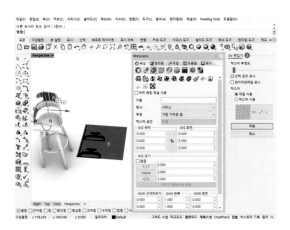

⑨ Perspective 뷰에서 X, Y 평면에 사각형을 그리면
❶처럼 텍스처와 메쉬가 만들어집니다.

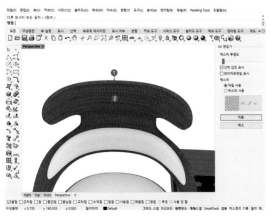

⑩ 뷰를 확대해 보면 ❶면의 텍스처와 ❷면의 텍스처의
방향이 서로 다릅니다.

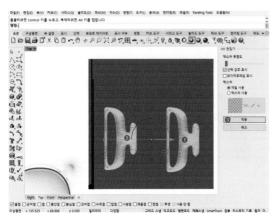

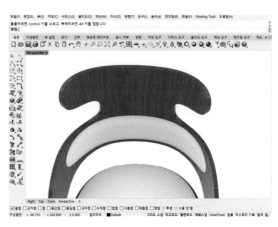

[11] 🔘 Shade 명령이 실행된 상태에서 검볼을 활용해 ❶과 ❷메쉬를 그림과 같이 회전시킨 후 ❸적용 항목을 선택합니다.

[12] 뷰를 확대해 보면 텍스처 방향이 변경되었다는 것을 알 수 있습니다.

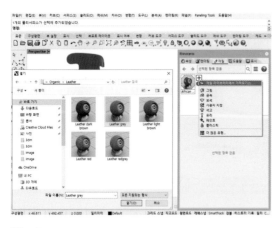

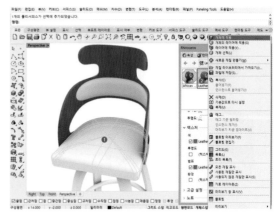

[13] ❶➕ 재질 라이브러리를 선택합니다. Organic > Leather 폴더를 선택하고 ❷Leather grey 재질을 선택합니다.

[14] ❶오브젝트를 선택하고 ❷Leather grey 재질을 선택합니다. RMB 후 개체에 적용 항목을 선택합니다.

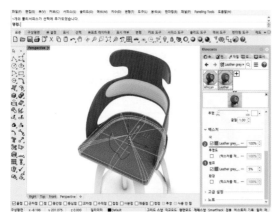

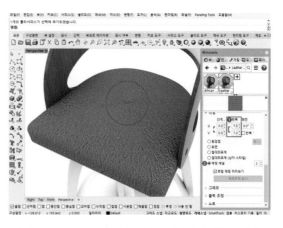

[15] ❶범프를 5%로 변경하고 ❷Leather grey 항목을 선택합니다.

[16] ❶반복을 U 7, V 7로 변경하고 ❷매핑 채널을 "2"로 설정합니다. 빨간 원의 부분을 보면 매핑에 문제가 있습니다.

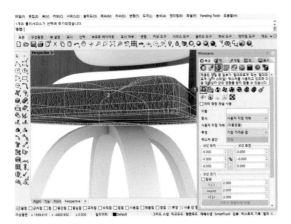

⑰ 속성 탭에서 ❶ 🔍 Unwrap 명령을 선택하고 ❷오
브젝트를 선택합니다.

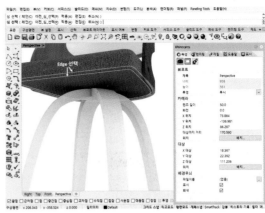

⑱ 그림과 같이 Edge를 선택하고 Unwarp 명령을 종료
합니다.

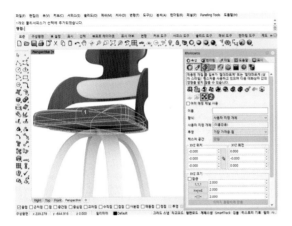

⑲ ❶오브젝트를 선택하고 ❷ ▦ UV 편집기를 선택합
니다.

⑳ Perspective 뷰에서 X, Y 평면에 직사각형을 그리면
텍스처와 메쉬가 만들어집니다. UV 편집기에서 투명도
를 변경하고 ❶적용 버튼을 선택합니다.

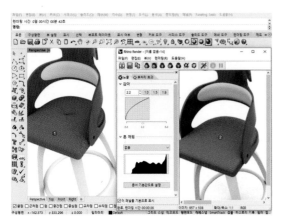

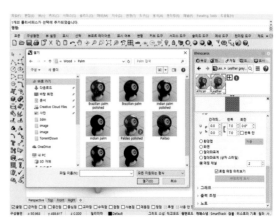

21 ◉ Shade 명령을 적용해 보면 ❶부분의 맵핑이 변경되지 않았습니다. 이 문제점이 버그인 것 같습니다. ◉ Render 명령을 실행하면 변경된 매핑 좌표로 ❷렌더링됩니다.

22 ❶⊞ 재질 라이브러리를 선택하고 'Wood > Palm' 폴더에서 ❷Paldao polished 재질을 선택합니다.

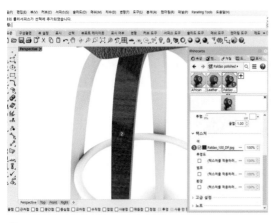

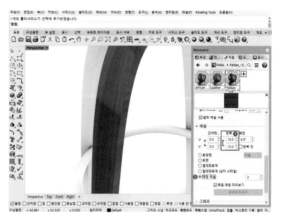

23 ❶Paldao polished 재질을 ❷오브젝트에 적용합니다. ❸이미지를 선택합니다.

24 ❶반복 U 10, V 10으로 변경하고 ❷매핑 채널을 "3"으로 변경합니다.

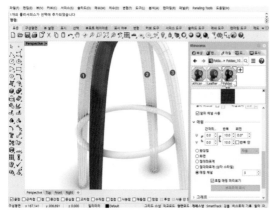

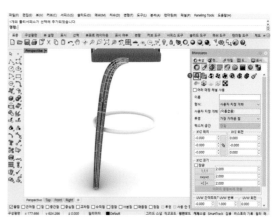

25 ❶❷❸오브젝트를 선택하고 지웁니다.

26 속성 탭에서 ❶◈ Unwrap 명령을 선택하고 ❷오브젝트를 선택합니다.

27 Edge를 모두 선택합니다.

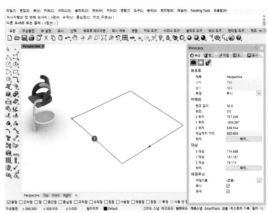

28 Perspective 뷰에서 X, Y 평면에 ❶ 사각형을 만듭니다.

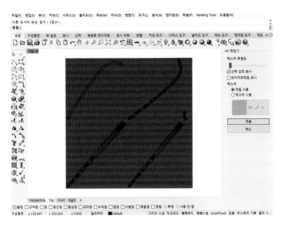

29 메쉬와 텍스처가 사각형 안에 만들어집니다.

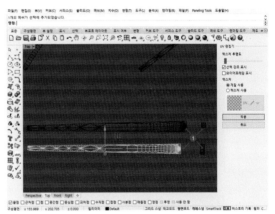

30 ❶ 메쉬 4개를 선택해 검볼을 활용해 수평으로 맞춥니다.

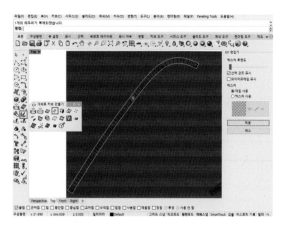

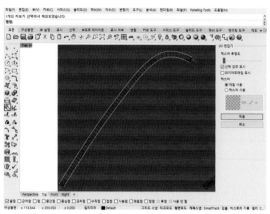

③1 ✏ DupBorder 명령을 선택하고 ❶메쉬를 선택해 경계선을 추출합니다. 추출한 선을 ∥ Explode 명령으로 분해합니다.

③2 Ctrl 키를 누르고 화살표 지점의 선을 클릭해 선택 해제합니다. ⌨ Join 명령으로 결합합니다.

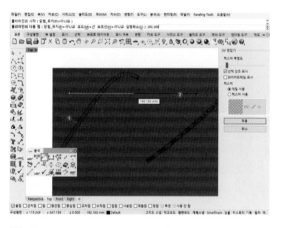

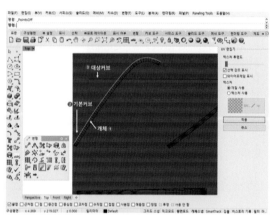

③3 ∕ Length 명령을 실행하고 ❶선의 길이를 잽니다. ⋀ Polyline 명령으로 길이가 192.163mm인 ❷선을 만 듭니다.

③4 ✏ Flow 명령으로 ❶❷❸ 순으로 선택합니다.

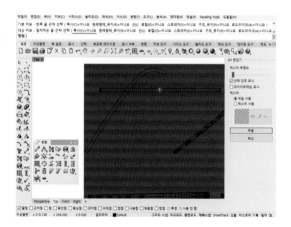

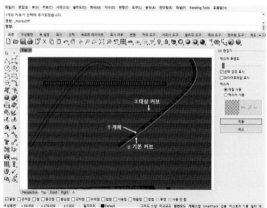

③5 Flow 명령의 옵션에서 "복사 = 아니오"로 변경합니다. 구부러졌던 메쉬가 수평으로 ❶처럼 펴집니다.

③6 나머지 부분도 같은 방법으로 선을 추출한 후 '분해 > 해제 > 결합 > 길이 > Flow' 순으로 명령을 실행합니다.

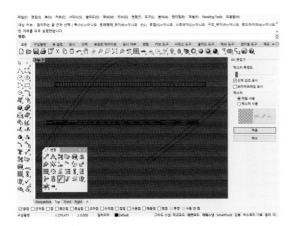

37 Flow 명령의 결과물입니다.

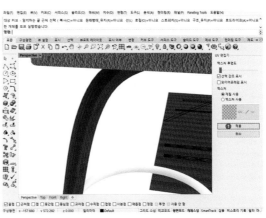

38 UV 편집기에서 ❶ 적용 버튼을 선택합니다. 변경된 결과물을 확인할 수 있습니다.

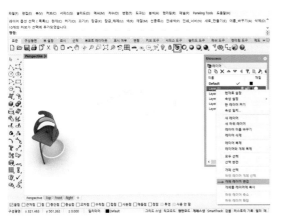

39 Layer 명령을 실행합니다. 커브를 선택하고 "Layer 01"로 변경 후 레이어는 끕니다.

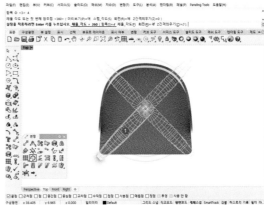

40 Top 뷰에서 ArrayPolar 명령으로 ❶ 오브젝트를 4개 360° 복사합니다.

41 ❶ ⊞ 재질 라이브러리 버튼을 클릭하고 금속 항목을 선택합니다.

42 ❶ 금속 재질을 ❷ 오브젝트에 재질 적용합니다.

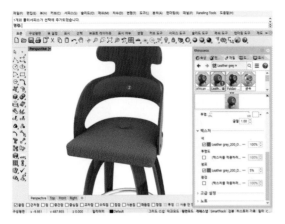

43 ❶Leather 재질을 ❷오브젝트에 적용합니다.

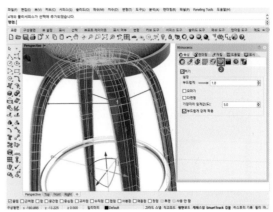

44 ⬤ Properties 명령을 실행하고 ❶오브젝트와 3개의 오브젝트를 선택합니다. ❷⬤ Edge Softening 명령을 선택하고 켜기를 활성화한 후 부드럽게 "1"로 변경해 부드럽게 강제 적용도 선택합니다. Edge가 렌더링 시 필렛된 것처럼 보입니다.

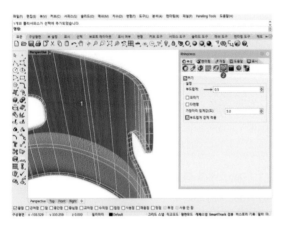

45 ❶오브젝트를 선택하고 ❷⬤ Edge Softening 명령으로 부드럽게 "0.5"로 설정합니다.

46 ⬤ Option 명령을 선택하고 ❶렌더링 항목을 선택한 후 ❷화질 : 최종 화질, ❸태양 항목을 체크합니다.

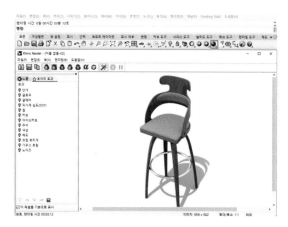

47 ⚫ Rendering 명령을 실행하여 렌더링 결과물을 얻습니다.

Chapter

24

Twinmotion 활용하기

이 장에서는 3D Realtime 건축 시각화 소프트웨어인 Twinmotion2019에 대해서 알아보겠습니다.

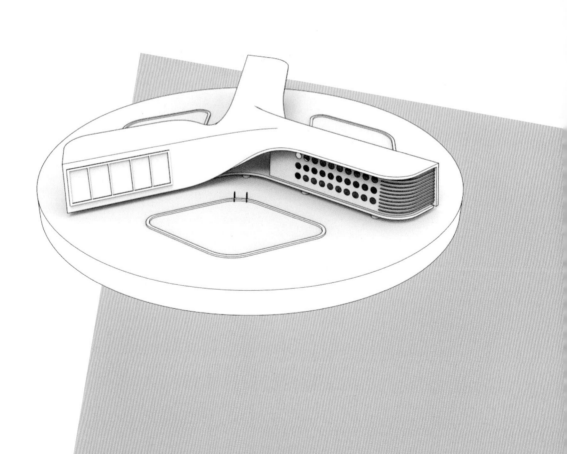

라이노에서 Twinmotion으로 내보내기 전에 설정할 사항을 알아보겠습니다.

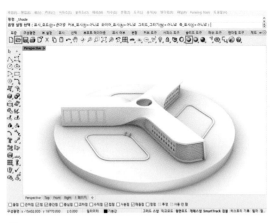

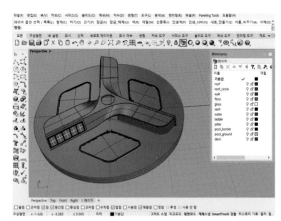

① 📂 Open 명령으로 "ch24.3dm" 파일을 불러온 후 🔵 Shade 명령을 실행합니다.

② 🛡 Layer 명령을 실행합니다.

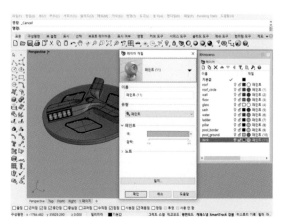

③ 레이어 창에 있는 "roof" 레이어의 ❶ 재질 항목을 선택합니다. 레이어 재질에서 ❷ 유형을 페인트로 변경하고 확인 버튼을 누릅니다.

④ 이와 같은 방법으로 레이어 재질을 페인트로 설정하고 색상을 다르게 지정합니다.

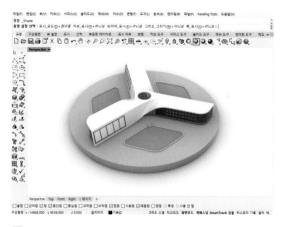

5 ⊙ Shade 명령으로 결과물을 확인합니다.

반올림 라이노 파일을 Twinmotion으로 SKP 파일로 내보내기 할 때, 유리나 물 등의 면을 만들 때 유의할 점

Twinmotion에서 투명재질을 줄 때 오브젝트에 두께가 있으면 투명재질이 부자연스럽게 적용됩니다.
라이노에서 유리나 물 같은 재질을 적용할 면은 두께가 없는 단일 면으로 만든 후 내보내기 하면 됩니다.

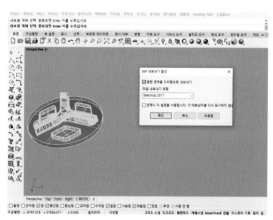

6 ▣ Export 명령을 실행하고 오브젝트를 모두 선택한 뒤 "ch24export.skp" 파일로 저장합니다.

7 SKP 내보내기 옵션을 그림과 같이 체크하고 확인을 누릅니다.

Twinmotion 활용하기

Twinmotion의 다양한 기능에 대해서 알아보겠습니다. 홈페이지(https://twinmotion.abvent.com/en/downloads/)의 Twinmotion 2019 무료 시험 버전은 20일 동안 완벽한 기능을 수행한 후 데모 모드로 실행됩니다. (저장 또는 내보내기 기능 제외)

⑧ Twinmotion을 실행하면 마우스 ❶Navigation(조작 방법)이 나옵니다. 숙지하고 ❷Skip 버튼을 누릅니다.

반올림

시작하기 전에 단축키를 읽어보면 사용법을 더 자세히 알 수 있습니다.
단축키는 메뉴의 Help > Shortcuts > 한국어 항목에서 확인할 수 있습니다.

⑨ ❶Import 항목을 선택하고 ❷Open 항목을 선택합니다.

⑩ "ch24export.skp" 파일을 선택합니다. Option > Collapse(분리) > ❶Collapse by material로 변경하고 OK를 누릅니다.

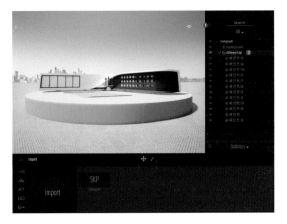

⑪ 마우스 스크롤 버튼(회전)으로 스케일을 조정한 후 MMB(PAN기능)를 누른 후 뷰를 조정합니다. ❶Search 버튼을 선택한 후 ❷ch24export.skp 항목을 선택합니다. 작업창에서 조정자를 Z 방향으로 그림처럼 지면과 맞닿게 이동시킵니다.

⑫ ❶Search 버튼을 선택하고 ❷Materials 항목을 클릭합니다.

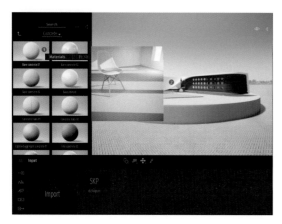

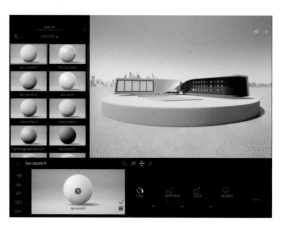

13 Concrete 항목에서 ❶Bare concrete01 재질을 선택하고 끌어다 ❷오브젝트에 가져다 놓습니다.

14 재질을 적용하고 나면 작업창 하단에 적용된 ❶재질과 색상, 반사, 크기 등을 조정할 수 있습니다.

15 Glass 항목에서 ❶Clear glass 재질을 창문에 끌어다 놓습니다.

16 ❶ch24export.skp 레이어에서 "페인트" 레이어를 끕니다. Wood 항목에서 ❷Redcedar01A 재질을 ❸오브젝트에 적용합니다.

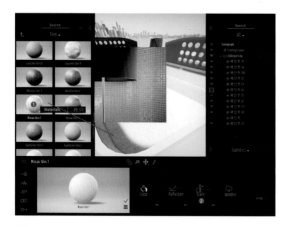

17 우측의 레이어 창에서 "페인트(6)" 레이어를 끕니다. Tiles 항목에서 ❶Mosaic tiles1 재질을 적용하고 ❷Scal 항목을 선택해 타일의 크기를 조정합니다.

18 레이어 창에서 "페인트(6)" 레이어를 켭니다. Water 항목에서 ❶Sea01 재질을 ❷오브젝트에 적용하면 그림과 같습니다.

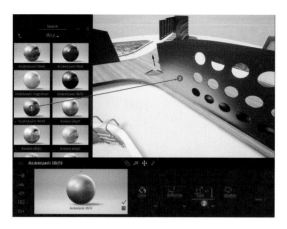

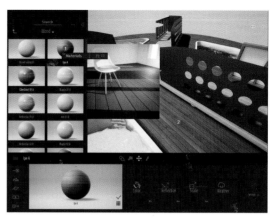

⑲ Metal 항목에서 ❶Alucobond panels 300×150 재질을 ❷오브젝트에 적용한 후 ❸Scale 항목에서 크기를 줄입니다.

⑳ Wood 항목에서 ❶IpeA 재질을 ❷오브젝트에 적용합니다.

㉑ Glass 항목에서 ❶Reflective glass 재질을 적용합니다. 이와 같은 방식으로 나머지 ❷❸❹❺오브젝트도 특성에 맞게 재질을 각각 적용합니다.

㉒ Library > Furnitures > Home > Livingroom > Tables 항목에서 ❶Eames Table 11 오브젝트를 마루 위에 끌어다 놓습니다.

23 Library > Furnitures > Home > Livingroom > Plants 항목에서 ❶Gladiolus와 Pachira 화분을 끌어다 놓습니다.

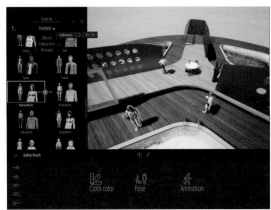

24 Library > Characters > Humans 항목에서 ❶ AudreyBeach와 Brianbeach 사람을 그림과 같이 배열합니다.

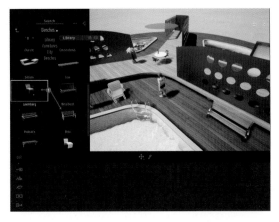

25 Library > Furnitures > City > Benches 항목에서 ❶ Luxembourg와 Mota 벤치를 끌어다 배치합니다.

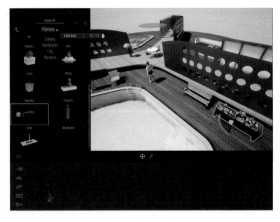

26 Library > Furnitures > City > Planters 항목에서 ❶ Urbe 화분을 끌어다 배치합니다.

27 Library > Vegetation and landscape > Landscapes 항목에서 ❶Flat 배경을 ❷지면에 끌어다 놓습니다.

28 Library > Vegetation and landscape > Trees 항목에서 다양한 나무들을 각자 배치해 봅니다.

29 Library > Funitures > City > Streetlights 항목에서
❶ Lamp ext3을 배치합니다.

30 ❶ Nature 항목에서는 지역, 날씨, 빛 등을 재조정할
수 있습니다. 마우스를 활용해 뷰를 그림과 같이 조정합
니다.

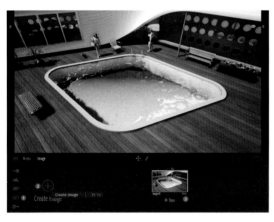

31 ❶ Media > Image 항목을 선택하고 현재 뷰를 저장
하고 싶으면 ❷ Create images 항목을 클릭합니다.
❸ More 항목을 클릭합니다.

32 ❶ Camera Settings 항목을 선택합니다.

33 ❶Camera Settings 항목에서 출력 크기와 화각 등을 조정할 수 있습니다.

34 ❶Export 항목을 선택하고 앞에서 저장한 ❷image 02를 체크합니다. ❸Start export 항목을 선택하고 이미지를 저장합니다. ❹Back to media 항목을 선택합니다.

35 ❶More 항목을 다시 클릭합니다.

36 ❶Visual effects 항목을 클릭합니다.

37 ❶Filter 항목을 클릭합니다.

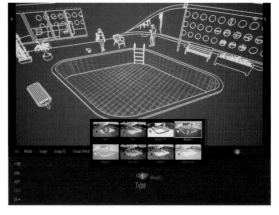

38 ❶Type 항목을 선택하면 다양한 이미지 효과를 볼 수 있습니다. ❷Blueprint1을 선택하면 그림과 같이 표현됩니다. 원상복귀 시 ❸None을 선택합니다. ❹Quit media mode 항목을 선택합니다.

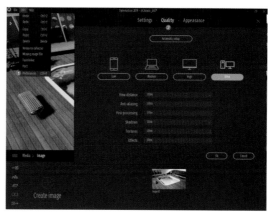

39 ❶항목을 클릭하고 ❷Views를 클릭하고 ❸ Custom 항목을 선택하면 그림과 같은 결과물을 얻습니다. ❹Perspective를 클릭하면 원래 뷰로 되돌아옵니다.

40 메뉴의 Edit > Preferences > ❷ Quality 항목에서 화면에 보이는 품질과 렌더링 이미지 품질을 동시에 조정할 수 있습니다.

41 카메라 뷰를 조정하여 건물 안쪽의 뷰도 이미지 저장합니다. 다양하게 각자 뷰를 저장해보기 바랍니다. 이미지는 Export(내보내기)한 폴더에 저장됩니다.

디지털 건축을 위한
Rhino 3D 6
REALITY

1판 1쇄 인쇄 2018년 12월 15일
1판 1쇄 발행 2018년 12월 20일

지 은 이 이행종
발 행 인 이미옥
발 행 처 디지털북스
정　　가 30,000원
등 록 일 1999년 9월 3일
동록번호 220-90-18139
주　　소 (03979) 서울 마포구 성미산로 23길 72 (연남동)
전화번호 (02) 447-3157~8
팩스번호 (02) 447-3159

ISBN 978-89-6088-243-0 (93000)
D-18-24

www.digitalbooks.co.kr

D·J·I BOOKS
DESIGN STUDIO

굿즈 ——————— D·J·I BOOKS
캐릭터   DESIGN STUDIO
광고   2018
브랜딩
출판편집   J&JJ BOOKS
                           2014

                           I THINK BOOKS
                           2003

                           DIGITAL BOOKS
                           1999

facebook.com/djidesign

Book · Character · Goods · Advertisement · Graphic · Marketing · Brand consulting

D · J · I
BOOKS
DESIGN
STUDIO

facebook.com/djidesign